雄潮 一 张丽 一 赵婷婷 著

同声异调

中国广播影视出版社

图书在版编目（CIP）数据

同声异调 / 诸雄潮，张丽，赵婷婷著. -- 北京：
中国广播影视出版社，2020.4（2025.2重印）
ISBN 978-7-5043-8363-1

Ⅰ. ①同… Ⅱ. ①诸… ②张… ③赵… Ⅲ. ①新闻工
作-研究-中国 Ⅳ. ①G219.2

中国版本图书馆CIP数据核字(2019)第269939号

同 声 异 调

诸雄潮　张丽　赵婷婷　著

责任编辑	许珊珊
封面设计	嘉信一丁

出版发行	中国广播影视出版社
电　　话	010-86093580　010-86093583
社　　址	北京市西城区真武庙二条 9 号
邮　　编	100045
网　　址	www.crtp.com.cn
电子信箱	crtp8@sina.com

经　　销	全国各地新华书店
印　　刷	三河市同力彩印有限公司

开　　本	710毫米×1000毫米　1/16
字　　数	240（千）字
印　　张	15.75
版　　次	2020 年 4 月第 1 版　2025 年 2 月第 2 次印刷

书　　号	ISBN 978-7-5043-8363-1
定　　价	69.80元

目 录 🎧

新媒体视域下对港澳广播新脉象

随着香港、澳门回归祖国后形势的不断变化,对港澳广播发挥着更为独特的作用。中央人民广播电台对港澳节目中心"华夏之声"是全国唯一覆盖香港、澳门和珠江三角洲地区的使用普通话和粤语双语播出的国家级电台;香港之声是主要服务香港听众的数字广播,除了内地可以收听,还通过香港数码广播第32台在香港落地,实现全天24小时不间断播音。

作为新型主流媒体建设的重要一环,对港澳广播在新媒体环境下如何更好地作为,值得研究和探讨。本文将从新媒体语境下传播新格局,顶层政策设计战略新要求,港澳媒介生态新变化,对港澳广播的新策略、新作为等方面分析新媒体视域下对港澳广播的新脉象。

一、新媒体语境重塑传播新格局

新媒体意味着技术的进步、传播语境的改变、传统话语权的解构和内容生产方式的转变。2014年正值中国接入世界互联网20年,在新兴媒体(Emerging Media)环境下,尼葛洛庞帝曾经在《数字化生存》中预言信息技术的发展将变革人类的学习方式、工作方式、娱乐方式,最终,信息技术将改变人们的生存方式。新的媒介环境,实现了"去中心化",终结了"以传者为中心"的特权传播方式,从传者中心转移到受众中心。传播主体从"媒体"到"全民"。新媒体出现后,受众对传播有了更多参与权和话语权。传播向度从"单向"到"互动"。新媒体,特别是自媒体的出现,"双向""多向"传播模式使传受双方互动交流。传播受众从"广众"至"分众"至新的"聚众"。在传统媒体时代,大量不同的受众同时接收为数不多的节目,使受众不得不出现聚集现象(Audience Aggregation)。新媒体的应用使人们开始形成自己的"圈子",世界开始重新"部落化",出现了从广众至分众再至新的聚众的传播模式。传播范围从"区域"到"全球"。在新媒体的平台上,所发布的每个内容都可以面对全球所有的网络使用者,成为"网络化的全球公民"。传播形态从"单一"到"融合"。新媒体的这种消解力量使得人们可以在任何时间、任何地点,通过任何方式享受数字音频、视频、照片和游戏等消费模式。

新媒体的优势毋庸置疑,但新媒体的优势并非新媒体的专利。新媒体的传播方式虽然对传统媒体构成了相当大的威胁,同时它又为传统媒体提供了扩大影响力的新空间。对港澳广播媒体可以通过"拥抱"新技术,推进传统媒体与新兴媒体深度融合,开启新媒体媒介环境下的全新空间。

二、顶层政策设计提出战略新要求

2014年是媒体融合发展的关键之年。《关于推动传统媒体和新兴媒体融合发展的指导意见》于8月18日通过,习近平总书记将媒体融合作为全面深化改革的重要战略,强调要推动传统媒体和新兴媒体融合发展,要遵循新闻传播规律和新兴媒体发展规律,强化互联网思维,着力打造一批形态多样、手段先进、具有竞争力的新型主流媒体,建成几家拥有强大实力和传播力、公信力、影响力的新型媒体集团,形成立体多样、融合发展的现代传播体系。[①]

中宣部部长刘奇葆发表署名文章《加快推动传统媒体和新兴媒体融合发展》[②] 提出"整合新闻媒体资源,推动传统媒体和新兴媒体融合发展"。可以说"媒体融合"从学界、业界讨论到最终进入最高决策层的顶层设计,是一种质的飞跃。

新媒体语境重构传播新格局,在此视域下探讨新型主流媒体建设具有迫切性与重要性。对港澳广播又是新型主流媒体建设重要的一环,新媒体视域下对港澳广播新脉象值得思考。

三、港澳媒介生态发生新变化

经历了殖民统治的香港和澳门回归祖国后,广大港澳地区民众已逐步开始理解并接受"一国两制"。但是,由于长期的历史、政治、经济、文化等复杂

---

① 中央全面深化改革领导小组第四次会议文件:《关于推动传统媒体和新兴媒体融合发展的指导意见》,http://www.gapp.gov.cn/news/1656/223719.shtml。
② 《人民日报》2014年4月23日。

原因，静水中也有涟漪，香港"占中"行动、"公投"闹剧、香港政改风波等都是集中表现。

在此背景下，中央人民广播电台华夏之声、香港之声在新媒介环境下的重要角色尤为凸显。除了日常报道，更要做好舆论引导工作，为港澳了解内地搭建窗口和交流合作平台。

"后回归时代"港澳媒介格局发生变化，传统广播应当更加重视新媒体融合发展。香港的广播市场相对不开放，香港的广播电台数量比较少。[①] 目前，香港的广播电台主要有商营、公营和非持牌三大类。商营电台主要有以下四个电台：香港数码广播电台、香港商业电台、凤凰优悦、香港新城广播。香港电台是香港唯一的公营电台，从体制上看，它是香港政府部门下设的单位，其身份处于政府部门与公营广播机构之间。[②] 非持牌电台则是指没有获得牌照的电台。香港民间电台和FM101都属于这一类型。[③] 目前，香港的广播电台基本完成了数字化平台的落地，在2010年、2011年就实现了网络直播、重播。

澳门方面，香港的新闻媒体在澳门也有相当的受众群，澳门回归后仍有所延续。澳门电台是澳门重要的广播媒体。澳门电台中文频道的频率为FM100.7，作为特区政府的交流平台，逐渐向年轻化及本土化靠近。该频率全天24小时采用普通话广播。节目编排模式与香港的电台类似，诸如推出早间"Call In"（电话热线）节目。澳门电台葡文频道频率为FM98.0，采用葡萄牙语广播，分为自办节目和转播"葡萄牙广播电台第一频道"两部分。上述两个频道分别于2001年、2009年实现网上直播。

随着新媒体时代的到来，香港与澳门的本土广播媒体采取了相应的举措，如节目内容的新媒体元素、探索新平台的影响力、注重用户体验等。其全媒体趋势主要呈现出利用新媒体扩大听众范围等特点，"后回归时代"媒介格局变化呼唤对港澳广播媒体创新。

---

① 杜耀明、欧赞年、林旭华、袁颖娴：《香港广播业的困局与未来的发展路向》，社区发展动力培育，2010年8月，http://w w w.cdiorg.hk/attachments/research_broadcast_9.pdf。转引自陈譞懿：《香港广播网络平台的开发与利用》，《中国广播》2013年第12期。

② 《香港电台的公营广播角色》，http://rthk.hk/mediadigest/20051115_76_120675.html。转引自陈譞懿：《香港广播网络平台的开发与利用》，《中国广播》2013年第12期。

③ 陈譞懿：《香港广播网络平台的开发与利用》，《中国广播》2013年第12期。

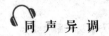

四、对港澳广播的新策略新作为

(一)跨界:联通、落地,扩大节目在港澳地区影响力

目前,单纯的传统中波、调频方式已经难以适应新媒体环境的要求,中央人民广播电台对港澳节目中心推进传统广播与新兴媒体深度融合,借助央广网平台,用户可以实现24小时的直播收听和点播回放。通过双向互通、合制联播、联采各播、共办活动、同构同享等形式探索媒体传播新模式,扩大节目在港澳地区的影响力。

香港之声通过香港电台数码广播32台实现了在香港落地。此外,华夏之声推出每天一小时的《魅力中国》节目,开创了中央媒体联合港澳媒体共同制作、播出广播节目的新方式。节目由中央人民广播电台华夏之声和香港电台普通话台联合制作,在香港电台、华夏之声播出。《魅力中国》节目向港澳听众介绍祖国各地的风光风貌、人文特点、经济政策,用文化作为主线,从而让港澳居民了解到内地的情况,实现了良好的传播效果。

又如,2014年为庆祝澳门回归祖国15周年,对港澳节目中心联合澳门电台、《澳门日报》策划推出10集大型系列专题《幸福澳门》,包括《"苦尽甘来"杏仁饼》《"小城大爱"映莲花》《"千里婵娟"京澳情》等——记录"大时代"中"小人物"的幸福生活,讲述"大背景"下感人至深的"小故事"。除了在华夏之声、香港之声播出外,系列专题还在澳门电台同步播出。节目播出后,澳门各界对报道给予了高度评价,《澳门日报》《澳门商报》《澳门晚报》《澳门会展经济报》、澳门电台、香港电台纷纷转发和转播,在港澳社会产生了广泛影响。与此同时,中国国际广播电台也进行了转播,大大加强了传播力。

华夏之声从2010年起举办"港澳媒体采访团内地行"活动,联手港澳主流媒体,赴内蒙古、贵州、山东等地采访,吸引了近20家港澳主流媒体,为港澳与内地的交流合作搭建了平台,探索了内地与港澳媒体合作的新路径。[①]

(二)融合:借势微平台,提升移动传播力

媒介终端的改变不仅带来传播方式的变革,更深刻地影响着人们的生活方式。最新数据显示,截至2014年6月,中国网民规模达6.32亿。其中,手机网民

---

① 邵丽丽:《探索对港澳广播新路径,助推港澳与内地经贸合作》,《中国广播》2013年第2期。

规模5.27亿，网民上网设备中，手机使用率达83.4%，手机作为第一大上网终端的地位更加巩固。[①] 在移动互联时代，没有移动传播力，难言舆论引导力。传统对港澳广播媒体也应该顺势而为，拓展移动终端，适应新兴媒介形态，推动媒体融合向移动化、微平台转型。

2014年，微信用户自制内容（UGC, User Generated Content）利用社交网络的关系资源实现了传播新模式。在微信方面，新闻节目搭建"央广港澳新闻"微信平台，开展"微信达人秀"推广活动，微信公众账号"央广港澳新闻"依托对港澳节目中心新闻评论节目《香江观潮》和《新闻论道》等优质节目资源，充分发挥新媒体传播平台在时效性、互动性等方面的传播优势，致力打造"对港澳广播的微信版"。该微信平台聚焦内地、香港和澳门三地的新闻焦点事件、舆论热点话题和社会现象，以深度解析与独家评论为特色，成为沟通内地、香港与澳门三地的崭新的交流平台。"央广港澳新闻"微信公众平台在系列评论节目《2014报告》直播中及时反馈，与广大听众就当期节目内容和话题进行互动，广泛征集网友和听众评论并由主持人在节目中播出。以此为话题的探讨内容传播迅速，影响广泛，形成了良好的报道效果和舆论氛围。

在数字广播方面，IT Conversations等国外成熟播客的实践经验增添了数字频道专业化新内涵，对港澳广播积极拓展移动平台，仅以蜻蜓FM平台为例，中央电台对港澳节目中心拥有广泛的粉丝听众：CNR华夏之声84.8万、CNR香港之声46.8万，利用新媒体平台，更好地实现了用户互动。

App平台让广播电台突破了传统广播覆盖范围的限制，同时也扩大了受众范围。人们可以通过移动互联网随时随地收听电台栏目，并轻松反馈互动。2014年10月"华夏之声香港之声"App上线，实现了华夏之声、香港之声节目的实时直播、点播收听及历史回放。App尊重香港受众的使用习惯，在各个细节处注重用户的体验，专门设置了繁体版、简体版，一键可以实现轻松转化；App下设新闻（包括新闻、文化、生活、音乐、广州、深圳等子项目）、点播、活动等版块。同时，通过图文等形式公众还能了解到中央电台对港澳节目中心的最新动态，参与节目互动与投票调查等活动，根据新闻议题以轻松活泼的方式适时推出了《粤港澳新主张》《发仔转两会》等专题设计。在新媒体时代实现了传统

---

① 中国互联网络信息中心（CNNIC），《第34次中国互联网络发展状况统计报告》http://www.cnnic.net.cn/hlwfzyj/hlwxzbg/hlwtjbg/201407/t20140721_47437.htm，2014年11月。

广播媒体与节目受众更广泛、深入的沟通与交流,变单向传播为互动交流。

华夏之声、香港之声手机App界面

总之,对港澳媒体紧跟最新媒介发展前沿,以港澳视角传播内地声音,整合传播信息,加强了与港澳同行以及对港澳媒体的交流与合作,提升了新媒体语境下的话语权和影响力。

(三)引导:重大热点事件第一时间发声,积极引导舆论

对港澳广播在话题选择上紧紧围绕港澳地区热点话题,积极配合中央政府和香港、澳门特区政府工作,高屋建瓴,发出主流声音,积极引导舆论。例如针对受到广泛关注的香港"占中"行动,评论《在法治的通道上不允许有违章建筑》一针见血地指出"占中"行动违反基本法。再如,针对敏感的"公投"话题第一时间发出声音,广播评论《只有依法普选才能依法治港》指出,这种"公投"闹剧是违背香港基本法的,没有任何法律效力和参考价值,辨明了是非曲直。又如,西方一些政要干扰香港内政事务,部分反对派以所谓"国际公约"为借口,企图把香港完全当成独立政治实体对待,评论《西方一些政要正在充当香港民主道路的绊脚石》有理有据地批判了上述西方政要扰乱视听的观点。在新媒介环境下,第一时间发出主流权威声音,对港澳广播的作为可圈可点。

(四)整合: 线上线下结合, 增强用户黏性

文化节目超越意识形态的藩篱,成为对港澳广播的天使之翼。《网络文化看点》和《青青草有约》轻松时尚,拥有高黏性的微博粉丝,数量分别达到7万和1万。主持人通过节目微博与听众进行深度互动,《网络文化看点》与腾讯微讲堂达成合作,将网络内容与广播进行整合,发挥资源优势,提供优质内容,形成播出合力,在直播间实现了与听众一对一交流,目前在线人数已经超过10万。《网络文化看点》举办听众见面会,实现了从线上到线下再到线上的传播模式,双向互动传播。

(五)合作: 精致打磨大型系列专题节目, 形成对港澳广播合力

合作是对港澳广播联盟的生命力和节目传播力的纽带。虽然一些短平快的节目在网络上大行其道,但真正经过精致打磨的经典节目更能打动人的心灵。合作正是以此为切入点,精做专题,反复推敲,构建声音场景,给听众带来听觉盛宴。

对港澳广播推出的大型系列节目《历史的回响》《共赢之路》《融合》《古街纪事》《幸福澳门》《城市风骨》等均为媒体合作的结晶,多由中央人民广播电台华夏之声、香港电台普通话台、广州电台、珠海电台、中山电台等十余家电台共同合作完成。《历史的回响》《共赢之路》均获得广播影视大奖,《历史的回响》还成为内地广播作品中唯一入选澳门教科书的节目。

在新媒体环境下,专题作品特别是成就报道如何跳脱远离平民语态的窠臼,实现听众可听、好听、爱听,这是对港澳广播着力的课题。

以广播特写系列报道《融合》为例,报道立足祖国内地与港澳三十年来的交流与发展,在祖国内地与港澳文化方面取得的巨大成就,分为六集,每一集都有一个标志性的时间节点,即港澳与内地文化融合的阶段性发展标志。

《融合》将听觉元素运用到了极致,把大量小说、音乐等文艺作品片段有机地衔接起来。借用小说、电影蒙太奇等各种艺术表现形式,设置各种场景,用现场情景的描写和环境气氛的烘托,不断变化和转换报道的视角和场景,

凸显典型细节和情节。采访人物包括内地与港澳著名的艺人，他们也都是历史事件的亲历者和当事人，保证了节目的权威。节目文辞优美，配以有时代特色和地域特点的音乐，成为新媒体快餐式报道中的听觉盛宴。

新媒体平台和优质内容是对港澳广播应对新挑战的着力点。合作延伸了对港澳广播的传播力，加深了对港澳媒体间的交流，加强了内地与港澳文化的融合、情感的认同，形成了对港澳广播合力。

"对台传播"研究新析：
新课题、新挑战与新对策

一、新课题："对台传播"研究方兴未艾

(一)大陆研究现状述评

作为两岸尚未完成统一的特殊历史形势下的一种特殊传播——"对台传播"的战略目标是为实现两岸统一创造有利的舆论环境及进行充分的民意动员(杨胜云，2009)。与两岸对峙时期的对台宣传不同，对台传播有意识地淡化"宣教味"，更强调新闻传播的角色，强化信息双向沟通交流。对台传播不是从地理区域界分(台湾地区与中国大陆)，也不是从内容层面界分(涉及台湾问题的涉台传播)，而是从传播对象划分，其传播对象是同属于一个中国但又处于某些方面政治对立状态下的台湾同胞。例如，上海人民广播电台浦江之声是大陆针对在沪台商开办的栏目，在地理上节目并没有在台湾岛内播出，但仍属于对台传播的范畴。对台传播研究正是针对"对台传播"而做出的基于理论与实践层面的研究成果。

通过CNKI跨库检索，1996~2014年间大陆有关对台传播的论文有31篇，且直接探讨对台传播效果的文献数量更少。相关文献主要涉及对台传播中的大陆形象的塑造(付钰，2010；安拴虎，2012、2013；艾然，2014)；对台传播中的文化认同与国家认同(黄德展，2010)；海峡之声广播电台、泉州广播电台等具体对台传媒机构中的对台传播特色(郑金洪，1996；张传昆，2009；何燕、陈秀芬，2011；丁聪辉，2013；陈希阳，2014)。

新形势下大陆对台传播要从转换理念、创新手段、分工协作、设置议程等几方面调整策略(张君昌、张文静，2012；连子强，2013)；新媒介环境下对台传播策略应当从受众视域出发重新思考(周建国，2011；谢清果、刘文娟，

2013）；对台传播应当拓展网络广播电视台对台传播的优势（何竞平，2014）；王丰、郑力仁从台湾移动互联网的发展现状、智能手机普及情况着手，分析台湾青少年手机上网行为习惯，拓展对台传播管道（王丰、郑力仁，2013）。

在著作方面，以台湾问题为研究对象的并不鲜见，但更多侧重于台湾地区社会、政治等方面，其中陈孔立的《台湾学导论》是"台湾学"的奠基之作。新闻传播学方面的著作多论述台湾传媒发展，如《解析台湾媒体》《台湾报业史》等。杨胜云所著《对台传播引论》是关于对台传播的第一部专著（2009），专著对对台传播的基本概念、对台传播历史、对台传播媒体、台湾受众等基本问题做了梳理与厘清；遗憾的是，专著现难以适应台湾地区当前最新变化，且"引论"的某些方面内容有待深化。

（二）大陆以外地区研究现状述评

台湾方面多将大陆对台传播理解为"中共对台宣传""统战"，带有强烈的意识形态色彩。相关论文主要集中于对《人民日报》中台湾问题报道的分析，如《大陆报业报道内容变革——以中共对台报道为例》（张裕亮，2006）；《中国大陆驻站记者报道台湾新闻内容呈现之研究——以新华社、〈人民日报〉与中央人民广播电台为例》（石敬梅，2002）等。

海外学界的相关研究主要有《共产中国的群众说服》（*Mass Communication in Communist China*, Frederick T.C Yu'1964），《传播与中共的国家整合》（*Communication and National Integration in Communist China*, Alan P.D Liu），学者何舟、陈怀林从定量方式入手，指出1980~1993年，大陆传媒对台湾政治新闻报道量增加，报道集中在"统一问题"及台湾党政话题上，从单一管道到多种传媒报道。影响对台报道的因素为意识形态、对台政策、对内政策、传媒组织形式、记者素质与消息来源等（何舟、陈怀林，1998）。

由于意识形态、历史遗留问题等原因，台湾地区与海外的有关研究对大陆对台传播多有误读，如何针对误读，促进两岸交流也将成为对台传播研究所应当重点关注的问题。

二、新挑战：关注网络媒体，关注青年一代

总体看来，过往对台传播研究多有洞见，而当前对台传播面对新背景，也给对台传播研究带来新挑战。由于两岸特殊的背景，目前，大陆方面的电视频

道还不能直接在岛内落地, 报纸难以在岛内直接出版发行, 对台广播媒体多采用传统中波入岛。现有研究更多关注对台广播媒体, 对于在台湾影响力更大的电视媒体、新兴媒体的关注不足, 有待增强。此外, 研究对象也较为单一, 往往仅从某一对台传播媒体个案分析, 缺乏整体性宏观梳理。

另外, 现有对台传播研究多从大陆方面审视对台传播, 往往跳脱台湾岛内人们的大陆认知与台湾的媒体环境, 缺乏既立足对台传播实践又具有台湾实地长期调研的经验性成果。同时台湾当前的最新背景也给对台传播研究提出新要求——如何适应波诡云谲的政治新变化、互联网时代的媒介新生态、青年一代政治参与的新态象。

当今的互联网时代, 大陆与台湾两岸媒体的信息传播、沟通交流尤为关键, 甚至影响着两岸交流的走向。在崭新的媒介环境下, Facebook、YouTube、Flickr、Google +、Line、PTT等多种社交网络成为台湾社会运动的孵化平台。岛内政治变化波诡云谲, 除传统 "蓝" "绿" 阵营外, 公民团体不可小觑, 衍生出红衫军倒扁、白衫军运动、反服贸学运 (太阳花运动)。此外, 台湾 "九合一"选举中所折射的网络媒体与青年选民的力量不容小觑。这些都将成为对台传播研究应当关注的问题。被誉为 "政治素人 (新人)" 的独立候选人柯文哲利用网络动员, 吸引青年选民, 击败国民党候选人连胜文, 当选台北市市长。柯文哲充分利用社交媒体, 调动青年一代参与, 采用政见视觉化等手段, 塑造个性化的 "真" 柯文哲形象。而连胜文则因循传统思维, 重视传统电视媒体而轻视新媒体, 其竞选广告剪辑精美、价格昂贵却效果不佳, 宣讲多空洞说理, 试图塑造完美领导者的形象, 却最终难以脱离 "权贵" 标签。

数字时代对台传播研究如何跳脱传统政治框架, 如何从新闻传播学角度, 兼顾大陆与台湾进行分析? 如何突破现有定性研究居多的现状? 如何针对台湾受众, 特别是青年一代, 进行对台传播效果相关实证性调研? 这些问题都是新背景下对台传播研究所面临的新挑战。

三、新对策: 系统思维、两岸视角、"学""术"兼顾

面对新挑战, 首先应当具有系统思维。未来的对台传播研究应当拓展研究对象, 力图对不同级别 (中央—省级—市县)、不同媒介形态 (报刊、广播、电视、网络) 的大陆 "对台传播" 媒体进行系统性、实地调研性的分析与梳理, 如

《台声》(杂志)、《人民日报(海外版)》、中央人民广播电台新闻综合频率中华之声及方言频率神州之声、专门对台媒体海峡之声、中央电视台海外中心对台部、你好台湾网、中国台湾网等。

其次应当具备两岸视角。研究对台传播问题在关注大陆媒体的同时不应忽略台湾的媒介环境。台湾新闻媒体极度发达,有超过400家报纸、6000余种杂志,电子媒体密集,拥有台湾中国广播公司、中央广播台、TVBS、东森、中天、三立、民视等数百家广播电视台以及难以计数的地下电台与网络频道。未来对台传播研究应当进行纵向深入剖析,力图将典型案例"深描式"展现。研究立足大陆,但应当辐射台湾,未来研究可以通过对台湾现有相关节目的分析,梳理台湾对大陆传播机构的现状,探究如何更有效地达成两岸媒体沟通交流,实现有效传播。

再次要注重"学""术"兼顾,重视理论与实践相结合理。论方面应当深化现有学者相关著述,将定性与定量方法相结合,拓展针对台湾受众的对台传播效果相关实证性调研。实践层面尤其应当拓展长期蹲点调研工作,力求对接大陆对台传播媒体机构与台湾大陆新闻报道部门,探索总结两岸媒体合作新模式。比如,大陆专门对台媒体海峡之声广播电台举办的《闽台走亲乡镇行》大型活动就突出一个"亲",该活动是海峡之声与《台湾导报》合作的一部分,《台湾导报》报社社长林文雄提出一个在两岸分隔60年后共同走访福建乡镇的宏大的闽台乡亲寻根工程。对台传播研究不妨通过两岸媒体合作案例,如海峡之声广播电台与台湾非凡音联播网合作,CCTV与东森电视台、年代电视台等合作,探索两岸媒体传播新样态(双向互通、合制联播、联采各播、共办活动、同构同享)。现有对台媒体由于其特殊性,其移动传播方面不及大陆普通媒体。移动互联时代,两岸传播新媒体策略将成为对台传播研究的新领域。此外,台湾岛内互联网时代的媒介生态下对台传播增效策略、岛内青年一代受众的培养也值得特别关注。

对台传播如何"走心"

——海峡之声节目创新实践谈

在这样一个需要"走心"的时代,"无心便无真情,无心便无高效,无心便无稳健",对台传播更是如此。作为两岸尚未完成统一的特殊历史情势下的一种特殊传播,对台传播的战略目标是为实现两岸统一创造有利的舆论环境及进行充分的民意动员,传播对象是同属于一个中国但又处于政治对立状态下的台湾同胞。[①] 由于两岸特殊的背景,目前,大陆方面的电视频道还不能直接在岛内落地[②]、报纸难以在岛内直接出版发行,因此,广播媒体在对台传播方面发挥着特殊的作用。对台传播媒体海峡之声从实践中推动节目创新,不仅努力"入岛",更求对台传播"走心"。

一、新闻报道靠服务意识"走心"

"善传必达情,达情必近人。"海峡之声在新闻选择方面尤其侧重台海局势、两岸资讯、美日关系等。《666新闻特快》(7:00~7:55)是海峡之声广播电台的旗舰节目,以直播形式,第一时间传递最新资讯,该节目是大陆第一个被台湾地区广播媒体长期固定转播的新闻节目。在重大新闻事件发生时,力争第一时间派出记者为台湾地区的受众带来最新消息。例如,2014年8月3日下午发生的云南鲁甸地震,海峡之声连夜派出记者,第二天清晨发出鲁甸最新情况的报道。此外,早上8点、中午12点、下午2点、晚上7点各时间段推出5分钟《整点快报》。以中午12点《整点快报》为例,它以直播的形式、用最快的速度呈现上午的最新动态,截至每天11点45分的最新动态都可以第一时间囊括。《整点快

---

① 杨胜云:《对台传播引论》,中国广播电视出版社2009年版。
② 2003年起,当时的台湾当局禁止了原本在岛内播出的CCTV-4。目前大陆相关对台电视节目等主要靠与台湾岛内媒体合作的方式实现"落地"。

报》虽然只有短短5分钟，但每条新闻要做到"小"而不失"精"，不是蜻蜓点水般带过，要尽量做到信息有效。

海峡之声在组稿阶段就从台湾受众心理出发，考虑他们需要哪些信息，传播力求"艺术"，并强化服务意识。例如，2014年7月29日正值海上军演，海峡之声《午间快报》节目在消息末尾加上"请渔民朋友注意避开演习区域，确保航行安全"，这一温馨提示，以"暖"走心。

同时，在军事报道等敏感的问题上，对台湾受众可能不知道的背景信息加以补充说明，使隔阂降到最低，为传播增效。例如，2014年7月底至8月初，解放军展开了大面积军演，如果不交代清楚背景，可能会造成台湾地区民众的恐慌，不利于两岸互信。海峡之声在消息处理上的做法值得借鉴：

按照年度军事训练计划，解放军将陆续在甘肃省等地举行10场陆军兵种部队跨区基地化实兵实弹演练，除此之外，还将在渤海、黄海、东海和北部湾四大海域同期开展军演。然而有外媒对中国正常系列演习给予了过多的关注和猜测。

海峡之声在编辑消息时添加了"按照年度军事训练计划""不刻意针对一时一事""例行性训练活动"等国防部发言人的语句，打消了不必要的猜忌和顾虑。

此外，海峡之声还重视节目可听性处理，靠优化打磨"走心"。文字新闻的可听化处理是新闻编辑最后一步，也是考量是否"走心"的关键。因为文字新闻是基于视觉表达的，而声音表达是另一种符号系统，需要将两者进行转换。例如，要将单音节词语改为双音节词语；书面语词汇改为口语词汇；句子简化，长句变为短句，修饰的定语、状语等置后；最重要信息反复和延后，满足收听习惯等。好的广播稿需要细细打磨，虽然在实际工作中时间紧迫，但也应当予以重视，"走心"之作才能悦耳动听。

作为对台媒体，在新闻编播中既要注意两岸用词的差异——让台湾同胞听懂、爱听，同时也要正确、清晰地传播大陆的方针、立场。避免将"台湾与中国"并列使用，避免出现"立法院"等词语（可在前面添加"台湾当局"等定语），避免出现"军队"（容易造成指代不明与紧张气氛）。这些字词虽然是很小的组成部分，但细究起来却是牵扯两岸关系的大问题，不可小觑。

二、典型报道靠深采入情"走心"

典型报道在对台传播中重要性突出，特别是军事题材的典型报道，这是台湾受众了解人民解放军的一个窗口。然而,军队典型报道如果不"走心",往往会落入"空洞宣教"的窠臼,使节目生硬、没有人情味。因此,刚柔并济才能更好地塑造"最可爱的人"。此外,典型人物的表现如果过分追求面面俱到,往往事倍功半,从细节故事入手,深采人情才能出"走心"之作。

2014年7月30日至8月1日,笔者跟随海峡之声记者参加中央人民广播电台的"华东功勋部队巡礼"采访活动。这次活动要采访四个典型连队:鼓浪屿好八连、艰苦驻岛钢四连、军事过硬红四连、永不褪色尖刀连。四个连队都是优秀典型连队,抓住各自的"魂"是"走心"的关键。记者在采访时将每个连队最闪光的点放大,突出连队个性。这样一来,台湾地区的受众就更明晰了,每个连队都是独特的、有血有肉的。例如,鼓浪屿好八连突出一个"好"字,着重表现在军民鱼水情。如何让抽象的概念具有可听性呢?记者抓住细节,通过好八连三大宝(理发箱、医药箱、修补箱)、茶水站、《致继任者的一封信》、战士弹奏的钢琴曲等最有表现力的物品展开,报道充满了人情味。其中,与台湾地区相关的小故事对台湾听众来说十分亲切:一位台湾老人曾经在游览时昏倒,得到当时在场战士的帮助,几年后,他又专程来到鼓浪屿,就是看一看"好八连"茶水站和八连官兵。

记者在采访时特别注意深度挖掘好八连官兵的感人故事,将闪光细节放大。比如,八连官兵帮助血友病患者长达20余年,记者专程收录了患者回报社会辅导学生的现场声,采访了患者的妈妈、连长、指导员、卫生员、居委会主任等,采访深入、丰满,挖掘出诸多感人细节。只有记者深入采访,才能有真情流露的好作品。

三、活动报道靠创新方式"走心"

对台传播中的大型活动报道要紧扣台湾受众心理,传递大陆声音的同时,更应当"雨润轻柔,真情入心",切忌套路化、模式化。

2014年8月19~24日海峡之声派出记者参加"畅行中国边疆·西藏边防行"大型联合采访活动。雪域高原奇谲神秘,对于台湾同胞而言更是如此,然而,西藏自然条件独特,单靠声音很难为台湾受众立体展现。记者创新报道方式,借助海峡之声广播电台主办的海峡之声网,以记者手记的形式呈现采访花絮,一篇篇小特写图文并茂、亲切清新。例如,为展现高海拔空气稀薄,记者在《畅

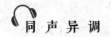
行中国边疆》采访花絮"压力篇"中写道：

先说物理领域的，气压是随大气高度而变化的。由于大气的质量愈近地面愈密集，愈向高空愈稀薄，所以气压随高度的变化值也是愈靠近地面愈大……以上说的可能太专业。我再举个例子，在海拔5300米喝了一半的矿泉水瓶，在海拔2900米时被压扁就是压力变化的结果。

《畅行中国边疆》采访花絮"国旗篇"[①]中记者谈道：

所有藏族同胞的房子上只要有五星红旗，就说明这房子有人居住，甚至是牦牛屋也一样，国旗跟着人走，如果牧民放养的牦牛群换地方了，他们就会把国旗带走；相反，一旦迁移回来入住，马上就可以看到五星红旗随风飘扬在这家房顶。国旗对于西藏人的意义从这些细节中展现。

大型活动"闽台走亲乡镇行"是靠两岸合作"走心"的成功案例。该活动是海峡之声广播电台与台湾岛内媒体《台湾导报》合作的，让内容"落地"，同时也是广播媒体与报纸媒体的跨界合作。由于海峡两岸同根、同源、同宗、同祖，台湾地区和大陆同属于华夏文明，具有相同的根缘；同属于中华民族，具有相同的血缘；使用相同的语言文字，具有相同的文缘；同在经济交流中发挥重要角色，具有难得的商缘，因此"闽台走亲乡镇行"就突出一个"亲"字。

《台湾导报》报社社长林文雄提出在两岸分割60年后共同走访福建乡镇宏大的闽台乡亲寻根工程。"两岸经过60年的割舍分裂，任何一个流浪过的人，都有一个故事，只要有一口气在，再多的颠沛流离，沉淀在心底最深处的，总会有一股乡愁……"福建省有1104个乡镇，与台湾渊源密切，不少同名村镇。两家媒体决定选择其中的156个乡镇进行报道，每周推介一个乡镇，每年52个乡镇，持续报道三年。[②] "闽台走亲乡镇行"不用空洞的大道理，而用一个个真实鲜活的游子故事更能串联起割舍不断的两岸亲情，更容易唤起台湾同胞的情感共鸣，报道方式的创新让两岸"走"得更近。

---

① 《畅行中国边疆》采访花絮，http://www.vos.com.cn/news/2014-08/28/cms831049article.shtml，访问日期：2014年9月。

② 相关活动介绍见海峡之声网，http://www.hxvos.com/news/2014-02/14/cms796588article.shtml，访问日期：2014年9月1日。

困境与路径：新媒体时代对台传播策略

对台传播指的是大陆相关机构针对台湾民众进行的旨在加强两岸交流、增进两岸关系良性发展、促使最终实现两岸和平统一的传播活动。[①] 对台传播的根本诉求，在于加强两岸人民相互了解，寻求海峡两岸人民的文化、民族、国家认同，以奠定祖国和平统一大业的坚定基础。[②]

一、大陆对台传播的主要路径

由于海峡两岸特殊的政治环境和地理区隔，在大众传媒时代，大陆电视媒体难以在岛内落地，报纸难以直接发行，中波广播作为冲破海峡两岸政治和军事阻隔的传播媒介，是大陆对台传播的主要途径，也是台湾民众接触大陆新闻的重要渠道。自1958年海峡之声广播电台开播以来，大陆陆续开通了浦江之声广播电台、金陵之声等专门对台传播的广播媒介，并不断完善和改进对台传播的内容、栏目和宣传方式。但对台传播内容具有浓厚的宣传色彩，在涉及台湾问题的话语表达中，难免被打上"统战"的标签。加之在台湾媒体长期建构的"民主"与"专制"的二元对立下，对台传播的内容遭到台湾公众的质疑，对台传播效果不理想。

在20世纪末至21世纪初，随着海峡两岸关系的逐渐和缓，海峡两岸的电视交流有了新的进展。以中央电视台中文国际频道（CCTV-4）为代表的对外传播平台开办了涉台时事新闻评论节目《海峡两岸》；以东南卫视和厦门电视台为代表的地方台借助地理区位优势和语言便利，开通了大量对台传播的栏目。但大陆电视频道在台湾落地和播出受到限制，2002年台湾"新闻局"停播CCTV-4节目。为降低停播带来的不利影响，由台湾东森电视台对CCTV-4节目进行转

---

① 何竞平：《网络广播电视对台传播的优势与策略》，《青年记者》2014年7月中，第17页。
② 连子强：《论对台传播总体格局下的民间传播》，《福建师范大学学报（社会科学版）》2013年第3期，第24页。

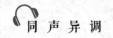

播,但播出内容和播出时间受到限制,使传播效果大打折扣。

近年来,随着互联网的建设和完善,在对台传播过程中,网络新媒体体现出了其他传播渠道无可比拟的优势:网络媒体覆盖面广,传播的瞬时性以及信息获取的便捷性,网络信息的海量性,网络交往的互动性等优势,冲破了传统时代的桎梏,网络新媒体平台或将成为对台传播的新路径。新媒体主要指区别于报纸、广播、电视等传统媒介形态的新兴媒介形式,泛指以互动性为其根本特征的传播媒介,如互联网、手机、移动互联设备以及由此衍生的各种社会化媒体与即时通信媒体等。①

首先,得益于互联网技术的发展,作为厦门广播电视台网络播出机构的台海网络电视台的开播,可以视为新媒体时代对台传播路径的形式创新;其次,以 Facebook、Instagram、Twitter、YouTube、Line、PTT等为代表的社会化媒体构筑的社会化媒体网络成为台湾公众获取新闻、交流信息的主要平台,以CCTV、新华社、《人民日报》为代表的大陆媒体在Facebook、Twitter等社交网站开设官方账号,报道新闻,传播信息,匡正谬误,以客观公正的方式建构了大陆良好的媒介形象;最后,以微信(WeChat)、微博为代表的大陆社交媒体在台湾地区的逐步推广,其开放性与交互式传播特征突破传统媒体建构的话语空间和舆论环境,为大陆媒体对台传播和两岸信息交流提供了新的媒介环境和传播渠道。

二、当下大陆媒体对台传播的现实困境

由于海峡两岸客观存在的意识形态的巨大差异和敏感的政治环境,当前对台传播最大的困难在于大陆媒体强烈的传播意愿和有限的传播途径之间的矛盾难以有效解决。即便是在新媒体时代,受制于海峡两岸意识形态的巨大差异以及两岸不同的媒体管理机制,依然需要探讨增强传播效果的路径。哈罗德·拉斯韦尔在《传播在社会中的结构与功能》一文中分析影响传播效果的几大因素,传播媒介、传播内容、目标受众等在对台传播中都是影响传播效果的因素。

(一)对台传播主体有限,渠道单一,传播力有限

对台传播的根本诉求在于寻求台湾受众的心理认同和国家认同,在当下,

---

① 连子强:《新媒体语境与两岸交流中的"青年世代"》,《福建师范大学学报(哲学社会科学版)》2016年第2期,第204~205页。

以官方为主导的传播媒介面临着入岛难和争取台湾民心难的多重困境。大陆方面的报纸难以在岛内直接出版发行，电视频道还不能直接在岛内落地。台湾普通电视用户可以收看到的数百个频道的电视节目中包括CBS、BBC、NHK等欧美、日韩甚至东南亚的频道，唯独没有中国大陆的频道，也是一种新闻传播领域的信息封锁。广播媒介和网络是大陆媒体对台传播的主要媒介形式，但现有的对台广播频道和对台交流网站（你好台湾网、中华经纬网等）数量有限，传播渠道单一，媒介整合和融合度低，难以构成有效的对台信息传播矩阵。

当前，大陆对台传播体制下，新闻媒体作为党、政府和人民的"耳目喉舌"，在对台传播或涉及政治敏感话题时受到严格控制，官方的视角和刻板的话语在对台传播过程中具有浓重的宣传意味；在对台传播的栏目设置和传播内容的选择上多为涉及两岸关系的时政类新闻，"泛政治化"的内容难以获得台湾受众的认同和共鸣；对台传播媒体的单向传播难以与台湾受众产生互动，甚至引起已适应台湾长期"多元混合"的媒介环境的台湾受众的反感和排斥。

（二）对台传播面临复杂的媒介环境和受众环境

一方面，宽松的言论环境造就了岛内繁杂的媒介生态。解严之后的台湾媒体数量繁多，商业性媒体竞争异常激烈，大陆对台传播媒体难以在激烈的商业竞争中落地。目前台湾岛内有超过400家报纸、6000多种杂志，广播电台、电视台数以百计，地下电台和网站更是难以计数，随着新媒体的发展，Facebook、Twitter等社会化媒体在台湾得到普及，新旧媒体交织融合，竞争激烈。另一方面，对台传播面临复杂的受众环境，"众口难调"，在对台传播的栏目设置和内容选择上虽然趋于多元化，但仍难以满足台湾受众的阅听需求，难以获得台湾受众的心理认同。台湾当地"本省人"与"外省人"的分歧长期存在，政党分歧带来了"中间派""统派"与"独派"的政治差异，闽南文化、殖民文化与西方自由主义长期影响，造就台湾受众多元价值观和认同观。现实存在的各种差异——既包括政治、经济、社会的，也包括文化乃至媒介文化的，仍然在导致沟通、交流的困难，误解、不信任时有发生，以及由此带来的种种负面传播效应。[①]

新媒体的发展虽然打破了时间和空间限制，为对台传播和两岸民众互动交流提供了新的方式和平台，但在涉及两岸政治议题和敏感话题的交流中，来自

---

① 连子强：《论对台传播总体格局下的民间传播》，《福建师范大学学报（社会科学版）》2013年第3期，第24页

不同社会背景、具有不同文化偏好、心理特征、媒介使用习惯的行为主体更加坚定了固有的国家观和心理认同,对台传播效果并未随着交流的增加而得到改善。长期以来,台湾主流媒体长期建构的"去中国化"的社会语境与对大陆形象的刻意扭曲,造成了台湾受众对大陆负面的刻板印象。近年来许多台湾民众形成了"台湾人"的身份认同,他们以"台湾人"为"我群",而以"大陆人"或"中国人"为"他群"。在这一过程中,对"我群"和"他群"都形成了"刻板印象",根据社会认同论的理论,"对内群的刻板印象是积极的,而对外群的刻板印象是消极的",因此,他们对大陆的刻板印象多是负面的、消极的、贬抑的。总之,在总体上是不好的。①

(三)台湾民众国家观与认同观难以达成共识

台湾主流媒体以及西方主流媒体对大陆形象的塑造以及拟态环境的建构构成了台湾受众对大陆整体认知的主要渠道。长期以来,台湾媒体在对大陆形象建构的过程中并非客观中立,在台湾复杂的政党环境下,台湾主流媒体沦为政治宣传和相互攻讦的工具。在台湾媒体层出不穷的政论节目中,政客、学者、名嘴时常在大众媒体中充当起"意见领袖",基于不同的政治立场,特别是在涉及大陆新闻的解读中,看法大相径庭,媒体沦为政治的传声筒。② 由大众信息传播活动所建构的拟态环境并非是现实环境的再现,台湾媒体对大陆的报道,是在信息的选择、加工后重新加以结构化后形成的主观现实,不仅制约台湾公众的认知和行为,而且通过制约人的认知和行为来对客观的现实环境产生影响。在社会化媒体上,虽然传统新闻生产的把关人机制被解构,但传统新闻媒体对大众意见的影响依然存在,而新媒体平台的用户又以带有偏见的"拟态环境"来建构个体所认为的社会的主观现实。

2016年3月14日《联合报》民调显示,73%的台湾民众认为自己是"台湾人"(20年前这一数据为44%),46%的民意主张永远维持现状,仍为当前的主流民意。另外,觉得自己是中国人的比率由20年前的33%、10年前的20%,降至11%。另外,仅有10%的民众认为自己既是"台湾人"又是中国人。③ 对"台湾人"的身份认同不一定是"台独"的表现;"统派"对"一个中国"原则的认知也与

① 陈孔立:《"台湾人"群体对中国大陆的刻板印象》,《台湾研究集刊》2012年第3期,第1页。
② 连子强:《新媒体语境与两岸交流中的"青年世代"》,《福建师范大学学报(哲学社会科学版)》2016年第2期,第208页。
③ 《二十年民主路 台湾向前行》,《联合报》2016年3月14日(A1)。

大陆观点存在较大分歧,"一个中国"所指的是中华民国政府还是中华人民共和国政府的争议长期存在;但值得注意的是,在台湾政党和媒体长期"去中国化"的渲染之下,大多数台湾公众认为,中国代表的是中国大陆,而非文化与历史语境下的中华民族。由于两岸的政治环境差异和社会环境区隔所形成的身份认同和认知差异难,以在短时间的对台传播过程中得到改善。

三、新媒体时代对台传播策略与传播路径

新媒体意味着技术的进步、传播语境的改变、传统话语权的解构和内容生产方式的转变。[①] 新兴媒体的发展带来了媒介环境的巨变。媒介技术变革推动传播模式的变迁,重塑传播格局,加快传媒业的融合与转型。移动互联技术的发展以及移动终端的普及,社会化媒体大量涌现搭建了信息沟通和交流的平台,集人际传播、群体传播和大众传播为一体的网络传播渠道,不仅能够完成单向新闻的传播,而且能够及时与阅听人展开交流互动。新媒体能够打破传统媒介构建的话语空间和传播环境,或将成为大陆媒体对台传播的契机和突破点。

(一)转变传播观念,突破新闻封锁

首先,转变传播观念。新媒体环境下,传统媒体应顺时而动,转变传播观念,借助互联网实现两岸媒体常态化的交流和互动,实现对台传播从单向宣传到双向对话的可能性,打造两岸媒体互动的新形态。借鉴早期两岸媒体在信息交流、联合采访、卫星连线、互设记者站等方面的成功经验,在未来对台传播中,借助经济、文化交流契机,与台湾本土媒体开展新闻业务合作,通过对新闻的客观、公正、平衡的报道构建大陆良好的媒介形象,扭转台湾受众对大陆的负面认识;改变传统的话语方式,淡化对台传播内容的"统战"色彩;利用大陆经济、技术力量参与台湾媒体节目制作流程,通过台湾本土媒体传播国家民族观念,建立两岸共同的文化认同和身份认同。

其次,加强媒体联动或将成为突破台湾对大陆媒体政策封锁的有效途径。通过政策和经济力量扶植岛内"亲中"媒体,建立两岸共同媒体(例如中国评论通讯社)等手段来实现大陆媒体在台湾地区的本土化,减少台湾受众对大陆媒体的心理排斥和刻板印象;借鉴台湾当地媒体的新闻传播方式,用台湾受众喜闻乐见的新闻传播形式推动大陆新闻和意见的交流与传播;利用台湾相

---

① 喻国明:《传媒新视界——中国传媒发展前沿探索》,新华出版社2011年版,第25页。

对开放、自由和众声喧哗的媒介环境，与"统派"媒体、境外媒体合作办台、办报，共同策划传播议题，提高大陆媒体在台的覆盖面与影响力。

最后，创新传播渠道。打破长期以来传统媒体和新媒体各自为政的对台传播方式，整合电视、广播、报纸与网络媒体的传播优势，推动媒介融合，形成传播合力；实现从中央到地方对台传播资源共享，提升大陆媒体对台湾社会的影响力；借助媒介融合，打破传统媒体和新兴媒体的边界，建立两岸受众共同的交流平台和话语空间，获取台湾受众对大陆的认知偏见和媒介使用偏好，有的放矢，推动对台传播效果的实现。

（二）培育网络"意见领袖"，获得对台传播的话语权

在新闻传播领域，话语权是指新闻传播主体所具有的影响社会、以确立自身地位和影响力的潜在力量。长期以来，大陆媒体难以直接在台湾落地发行，传播力有限，面对台湾主流媒体对大陆新闻的片面报道和对大陆形象的刻意抹黑，大陆对台传播媒体却难以进行有效的反驳和澄清，从一定意义上来看，与大陆媒体在台话语权丧失不无关系。大陆媒体实现对台的有效传播和达成共同认知必须确保大陆媒体在台湾社会的话语权，形成能够影响台湾社会共同认知和舆论走向的媒介势力，提升台湾社会对大陆媒体的认同度和好感度。新媒体时代，社交网络的发展为大陆媒体在台话语权的建立提供了新的契机和平台。网络"意见领袖"的存在，对新闻传播内容的把关、议程设置以及引导网络舆论走向的力量不可忽视。大陆媒体在台湾社会话语权的获得离不开对网络"意见领袖"的挖掘和培育。

一方面，新媒体时代网络"意见领袖"拥有庞大的粉丝群体，在社会化媒体中往往具有巨大的传播力和影响力，在人际传播、群体传播与大众传播的合力下，信息和意见极易到达目标受众；在"沉默的螺旋"作用下，"意见领袖"传达的信息和意见极易得到认可。另一方面，在信息的传播和意见的表达过程中，网络"意见领袖"可以打破官方话语体系和意识形态的枷锁，轻松、诙谐的网络化表达方式更易得到网络受众认可，尤其是对台湾青年世代潜移默化的影响，弥补了大陆媒体在台湾社会话语权的不足。

（三）大众传媒与民间交流互补，寻求话语空间和身份认同

首先，增进两岸相互了解，实现两岸受众共同的身份认同和国家认同，需要搭建两岸人民直接交流和沟通的平台。社交网络的发展为海峡两岸公众自主交流提供了新的平台和契机，可以打破传统媒体对信息的垄断，但新媒体管理和使用差异影响两岸公众的交流和传播效果。出于信息安全和网络安全的思考，大陆对台湾受众广泛使用的Facebook、Twitter等境外社会化媒体设置防火墙，大陆网民普遍使用的微信、微博在台湾地区使用率低，海峡两岸网络用户对彼此的信息获取依然依赖于传统主媒体，缺少直接的沟通和交流的空间和平台，两岸新媒体用户之间的交流无法有效展开。在未来两岸民间交流过程中，海峡两岸应尽快协商建立两岸民间交流的互信机制，在政策方面探索对新媒体开放的可行性和建立共同话语空间的可能性。

其次，海峡两岸社会拥有共同的文化基础和历史渊源，加强海峡两岸的民间经济和文化交流，通过共同议题的设置可以打破两岸长期以来形成的藩篱，有效弥补大众媒体对台传播力的不足。2017年1月日本APA酒店公然放置否认南京大屠杀书籍事件引起海峡两岸民众的共同抗议。这一事件表明，在涉及两岸共同利益的议题上，对中华民族的认同可以超越政治封锁和意识形态的差异。从维护两岸人民共同福祉的视角出发，大众传媒通过议题的设置可以推动民间交流的开展，不断推动文化认同、历史认同和民族认同，争取两岸民众身份认同的合意。

最后，新媒体时代完善两岸青年社交网络，推动两岸青年交流和互动是未来对台传播的新的挑战。大众媒介建构了两岸青年对彼此社会和身份的认知；不同的媒介使用习惯和新媒体交流中理性的缺失极易导致对彼此的社会刻板印象和群体极化，加深对彼此的误解。因此，面对成长于互联网时代的两岸青年群体，大陆应当加强两岸青年在文化、教育、就业等方面的沟通和交流，通过加深对彼此的理解来弥合两岸青年在国家和民族身份认同上的差异。

随着新媒体在两岸交流过程中的普及，它自然演变成共享生活的一种环境，并可能通过网络信息的传播引导现实生活的传播行为。在对台传播过程中，新媒体的出现和广泛使用实现了两岸交流和形成共识的可能性，但作为传播手段和平台的新媒体并非是实现对台传播效果的决定力量，只有充分理解两岸差异，寻求共识，深化两岸民众对文化、历史、国家的共识，才能在未来对台传播中获得良好的传播效果。

新型主流媒体建设的理论前瞻与实践

一、新型主流媒体建设的理论认识

"新型主流媒体"概念的提出，源于技术革新引发的传媒行业的深刻变革。2014年8月，中共中央通过了《关于推动传统媒体和新兴媒体融合发展的指导意见》（以下简称《意见》）。《意见》提出："推动传统媒体和新兴媒体在内容、渠道、平台、经营、管理等方面的深度融合，着力打造一批形态多样、手段先进、具有竞争力的新型主流媒体。"

《意见》为新型主流媒体的建设提供了高屋建瓴的理念指导，明确了新型主流媒体建设的重点着力方向在"内容、渠道、平台、经营、管理"。从现有研究成果来看，新型主流媒体建设的相关研究主要聚焦于这五个关键词。

（一）在内容建设方面，普遍的共识是优质的内容仍然是新型主流媒体建设的根本

新型主流媒体要以更加开放的思维来运作内容生产，既发挥传统主流媒体的内容优势和品牌优势，突出信息品质的专业权威，也要在信息的表达方式和传递效率上体现用户思维。暨南大学教授谭天提出了"融合2.0时代""PGC+UGC并行"的内容生产模式。还有学者认为，当下的"内容"呈现"以关系资源联结为主的特征"，新型主流媒体应该具备"融合式的内容价值体系"，包括"一个开放性的内容库、一张网络化联结的关系资源网以及一种创新的信息服务模式"。显而易见，传统主流媒体线性运作、单一形态、相对封闭的内容运作已经不符合新型主流媒体建设的要求。

（二）在渠道建设方面，现有研究主要探讨的是扩大渠道覆盖面的问题

习近平总书记强调，"互联网正在媒体领域催发一场前所未有的变革，读者在哪里，受众在哪里，宣传报道的触角就要伸向哪里"。研究者认为，在碎片

化的时代，要实现信息传播覆盖的最大化，首要应该依靠技术的支撑拓宽传播渠道，发展客户端、微信公众号等新应用新业态，构建起形态多样的终端。部分学者认为要搭建"全媒体平台"，并指出"全媒体平台是新型主流媒体构建的前提"。石长顺教授指出新型主流媒体不仅要融合各种媒介的传播优势，而且要能够根据不同媒介的特征和用户使用情境提供差异化的媒介产品。而暨南大学谭天教授从传媒经济学的角度出发，则恰恰认为，应规避做"大而全"且没有盈利模式的全媒体。这也对新型主流媒体在拓展渠道时提出警醒——如果缺乏成熟的盈利模式，"全媒体"终端的建设难以持久。

（三）在平台建设方面，基于互联网思维的开放性，搭建开放平台是传统主流媒体实现转型的理想路径

新型主流媒体要依靠技术的支撑打通媒体集团的内部渠道，整合资源，打造内外融通的"媒介平台"，推动信息内容、技术应用、平台终端、人才队伍等的共享融通。石长顺教授认为，新型主流媒体应当是"融合化的新型媒介平台"，主要有两种表现形式："其一是打破内部不同媒介之间的壁垒，实现不同媒体内容及渠道的融合；其二是本着互联网的开放精神做内容和产品的集成平台，延伸产业链。"

（四）在经营管理方面，相对于其他方面，经营管理的研究相对薄弱

共识在于，新型主流媒体的盈利模式应当是多元的、富有生命力的。只有以较好的经济效益为支撑，才能在此基础上实现新型主流媒体的"传播力、公信力、影响力"。陈国权在《未来新型主流媒体的架构设计》一文中比较清晰地分析了新型主流媒体的盈利模式。他认为，新媒体时代盈利模式的典型特征是"盈利平台和影响力平台不同体"，因此，未来新型主流媒体的架构设计应该包括两个平台，传媒是成本中心、舆论平台，而盈利平台则是其他以传媒作为支撑的产业。在此过程中，要以扁平的组织架构来变革僵化的管理体制，而具体如何操作，又缺乏相关细致的研究。

综上理论研究可以看出，新型主流媒体的建设是一个系统化工程，不可能一蹴而就，"五个方面"的建设既相互关联，又各有侧重。综合分析现有研究资料，学界目前对新型主流媒体更多的是特征性的描述和提炼，缺乏务实性的评价指标和体系。另外，对新型主流媒体的本体研究目前也相对薄弱，新型主流媒体的建设，是"主流媒体的新型化"，还是"新型媒体的主流化"？在这方面

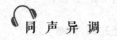

欠缺思考。

二、新型主流媒体建设的实践探索

从新型主流媒体的目标提出至今,历经一年多的发展,主要新闻单位探索建设新型主流媒体的步伐正从局部实践上升为顶层设计,从报道内容、形式的创新向更深层次体制机制的创新转变。目前来看,新型主流媒体建设的实践探索主要集中在以下几个方面:

(一)加强顶层设计,布局重点项目

各主要新闻单位普遍成立了媒体融合领导小组,由一把手兼任组长,在深入研究的基础上制定各单位融合发展的顶层设计,统筹新型主流媒体建设的重点项目。

以央视和《人民日报》为例。2014年央视成立了台网融合顶层设计领导小组,把台网融合工作作为台长工程来抓,制定了《中央电视台新媒体发展规划及实施办法》,指导全台新媒体发展的各项工作。在探索实践的过程中,央视狠抓重点项目,重点投资"央视新闻""央视影音"等核心产品。打造了有别于其他央媒的"三微一端"新闻产品矩阵。2015年年底,央视新闻各平台用户突破2亿,发展成为央视在新媒体领域的旗帜品牌,被誉为"新媒体平台上进步最快、规模最大、影响最强的主流媒体国家队"。

人民日报社建立了传统媒体与新兴媒体融合发展办公会制度,由编委会领导,社长牵头负责,制定了加快传统媒体与新兴媒体融合发展的工作方案。以全媒体新闻平台、人民日报社数据中心、人民日报客户端为重点项目抓手,推进新型主流媒体建设工作。

在地方,湖南广电集团走在了前列。2015年湖南广电集团形成《关于建设新型主流媒体的若干意见》,致力于通过"内容云"团队实现多屏分发,通过布局湖南卫视、芒果TV等重点项目,实现"双平台"带动、全媒体发展。

(二)调整组织机构,重塑采编流程

中央新闻单位顺应互联网发展大势,调整组织机构,重塑采编流程,使新闻报道以最快的速度、最小的成本覆盖最广泛的受众。具体体现为全媒体数字采编发布系统、"中央厨房"等流程的改革和创新。

2015年3月,中央电视台新闻中心增设新媒体新闻部,下设客户端新闻组、

微博新闻组、微信新闻组、新闻评论组、数据新闻组、通稿媒资组、在线包装组、战略研发与合作组、综合统筹组，负责运营央视新闻"三微一端"。在采编流程的再造上，央视从2012年探索新媒体业务以来，逐步确立了新媒体首发机制，提升了报道时效，使得央视新媒体得以成为和电视屏同样重要的发声平台。例如，2015年4月20日，习近平主席访问巴基斯坦，"央视新闻"客户端依托前方记者供稿，全媒体首发《习近平专机进入巴方领空　枭龙战机编队护航》图片报道与独家微视频，被《人民日报》《环球时报》等媒体微博，以及新浪、搜狐、腾讯等门户网站大量转载推送。

2015年全国"两会"报道中，人民日报全媒体平台"中央厨房"正式亮相，"中央厨房"下设统筹推广组、内容定制组和可视化组。针对"两微一端"、网站、报纸等不同媒介的传播特性，整合多方力量，实现新闻稿件的一次采集、多次生成。全景多维地展现了"两会"的议程。

(三)夯实技术支撑,创新内容形式

在技术建设方面，各主要新闻单位一方面以重点项目的形式推动自身全媒体采编系统、数据库、云平台等的建设，另一方面加大与专业技术团队的合作，依托其技术优势,实现内容产品的创新。

例如，央视形成了以国家网络视频数据库为核心，以电脑屏、手机屏、Pad屏等多屏为终端的"一云多屏"体系；人民日报社成立媒体技术股份有限公司，负责"人民日报社全媒体新闻平台"项目的设计开发,运营维护；新华社成立"713实验室"，对云计算、大数据、内容聚合、数据可视化等关键性技术进行研究论证、测试运行；而《光明日报》与微软公司合作，将微软先进的Windows Azure计算技术和《光明日报》的新闻传播经验联合起来，向广大媒体机构提供云计算服务。

在报道内容和形式方面，以央视为例，围绕新闻报道的移动化、社交化、可视化、个性化，央视进行了积极的探索。"数字十年""一带一路·数说命运共同体""数说习主席出访"等数据新闻是其中典型的创新实践。在时政新闻报道上，央视的时政"V观"也成为一个战略性的产品。在"9·3"阅兵直播中，央视新闻"V观大阅兵"微视频的点赞次数超过2亿。

此外，"央视新闻"还不断创新与用户的"双向互动"。"9·3"阅兵中，"央视新闻"在客户端推出双屏互动项目"跟着习主席去阅兵"H5产品，根据阅兵

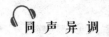

进程,在手机端同步更新阅兵背景信息。同时,还设计了可以上载图像及模拟网络阅兵的"网络方阵召集令",极大提高了阅兵的互动参与感。

(四)激活人才机制,探索盈利模式

在大力推进新型主流媒体建设进程中,人才是核心竞争要素之一。在人才管理机制方面,各新闻单位不但加大力气吸引外部优秀人才,而且积极探索激活内部人才的方式方法。例如,浙报集团出台了《互联网技术人员管理办法》,参照互联网企业对技术人员职业发展的管理,为技术人员晋升设计了职业通道;上报集团实施了采编专业职务序列改革,建立了首席记者、高级记者、资深记者等新闻采编业务序列;各新闻单位也将用户评价等指标体系纳入记者编辑的考核中。

除了激活人才机制,传统主流媒体也在试水多元的盈利模式。央视推动单一的广告经营向联动共享的经营模式转变,2015年春节期间,央视利用微信新推出的"摇一摇"功能,实现电视屏幕与网友的实时互动,"抢红包"成为春节的最大亮点,腾讯公布的数据显示,春晚播出期间,微信"摇一摇"互动总量达到110亿次。更难能可贵的是,央视通过新媒体独立策划的互动产品首次进入市场化运营,除夕当天通过微信"摇一摇"发放的超过5亿元现金红包均由广告部通过公开招商的方式,由企业提供,并向广告部支付500万元广告费,实现了第一次市场化运作。

在地方,湖南台和上海报业集团也对新型主流媒体的经营做出了积极探索。湖南台充分挖掘IP(Intellectual Property,知识产权)价值,提出了"湖南卫视+n"(包括电影、游戏、卡通动漫、出版物、电商、旅游等)的经营模式。上报集团积极探索差异化的盈利手段,上海观察作为满足党报读者的新媒体产品,以用户付费阅读为主要收入;澎湃作为互联网时政平台以广告和版权收入为主;而主打商业与财经资讯服务的界面除了用户直接付费,也尝试拓展新的商业模式来满足城市高净值人群投资理财、购物等生活需求。

三、新型主流媒体建设的思考

不难看出,新型主流媒体的建设主要从"内容、渠道、平台、经营、管理"五个方面入手。尽管学界目前对何为新型主流媒体还没有共识的界定,但梳理发现,学界和业界对新型主流媒体的建设研究相辅相成,在某些方面已经"汇

流"，理论研究为业界实践提供了理论指导，业界实践也为理论研究提供了进一步的探索空间。

传统主流媒体在建设新型主流媒体的实践中，取得了一些可喜的成绩，但也出现了不容忽视的问题需要探索。

第一，在构建新媒体用户评价体系中，新媒体平台的阅读量、转发量等指标往往被直接用来衡量传播效果，或直接与采写人员的薪酬挂钩，使得"标题党"现象更为突出。因此，对新闻产品的评价体系仍需要加以完善。

第二，传播渠道的拓展与采编流程的改造是新型主流媒体建设实践中着力较大的方面，但如何完善内部的组织架构仍有待探索。

第三，大多数的主流媒体仍处在新媒体经营的起步阶段，可持续的盈利模式尚未形成。

第四，由于没有可借鉴的成熟模式，地方在摸索实践中存在一些误区。比如把新型主流媒体的建设简单地等同于成立新媒体机构，各媒体、各子报、各频道纷纷开办"两微一端"，形成同质化竞争，既缺乏优质的内容来形成与用户之间的黏性，也难以确保自主掌握新媒体的平台和技术，造成重复投资，无疑给本已困难的经营雪上加霜。这些都是新型主流媒体建设过程中无法回避的问题。

新型主流媒体建设的内涵解读

2014年是吹响全面深化改革号角的元年，是中国接入互联网的20周年，是媒体融合发展的关键之年。

中央全面深化改革领导小组第四次会议审议通过了《关于推动传统媒体和新兴媒体融合发展的指导意见》，提出了要强化互联网思维，坚持传统媒体和新兴媒体优势互补、一体发展，推动传统媒体和新兴媒体在内容、渠道、平台、经营、管理等方面的深度融合，着力打造一批形态多样、手段先进、具有竞争力的新型主流媒体，建成几家拥有强大实力和传播力、公信力、影响力的新型媒体集团，形成立体多样、融合发展的现代传播体系。

一、新型主流媒体的内涵释义

我国从2005年引入Media Convergence（媒介融合）概念，以此为起点，距今已有十个年头，从最开始的摸索到如今的战略构建，可以说是风雨兼程，既有收获也有失落，现今终于可以把所有努力都指向最终的结果——新型主流媒体。

（一）概念阐释

"主流媒体"的概念最早于1997年由美国麻省理工学院的语言学家乔姆斯基教授提出，他认为在欧美国家，主流媒体是指像《纽约时报》和哥伦比亚广播公司这样的"精英媒体"，或称为"议程媒体"。这类媒体有着丰富的资源，设置着新闻框架，其他媒体可以在这个框架内运作筛选新闻。主流媒体影响着社会的舆论，主流媒体的读者通常是社会高层人士，有些是政界、商界和学术界的高层管理者。

在我国，按媒体的权威度划分，主流媒体多是指各级党报、电台、电视台以及中央门户网站，这些媒体拥有信息的权威性和垄断性，多年来是民众获取信息的主要渠道。从传播手段上看，近年来互联网大规模普及发展，催生了移动客户端这一接收信息的方式，受众在移动端接收信息更加随时随地、方便快捷；从传播主体上看，传统主流媒体作为信息源的唯一性被颠覆，一方面，其在重大事件中消息发布频频落后于新兴媒体，另一方面，由于新兴媒体的快速播发与扩散难以同步把关，常常形成谣言传播。凡此种种，建设新型主流媒体的提出前瞻而明确。

新型主流媒体的内核即在传播受众上秉持用户观，以良好的用户体验和用户价值作为新型媒体的深厚基础；在传播内容上打造以点代面的网状传播矩阵，实现信息的专业细分、集纳整合及版权保护；在传播过程中全面实现传统媒体与互联网新兴媒体的融合发展，信息共享流通交换反馈无障碍，充分发挥新型主流媒体的舆论引导力、社会影响力；在传播主体上与以往"独立舰队"式发展经营的党报、电台、电视台及中央门户网站不同，形成强大的信息云聚合样态，整合旗下媒介终端力量，构成立体多维的报道态势。这当是新型主流媒体建设内涵的应有之义。

（二）特征描绘

新型主流媒体的特征可归纳为"一本三力三化"，"一本"即以人为本，以用户和受众为核心，任何传播效果和竞争实力的决定权都在受众的手中。《新新媒介》作者莱文森认为，新新媒介的用户被赋予了真正的权力，而且是充分的权力，他们可以选择生产和消费新新媒介的内容，而这些内容又是千百万其他新新媒介消费者→生产者提供的。如上海报业集团的新闻客户端"澎湃"，口号是"专注时政与思想的互联网平台"，现已有网页、Wap、App客户端等一系列平台推出，吸引了众多用户下载并参与互动。"澎湃"之所以能够形成如今的社会影响态势，要归因于其"把服务卖给读者，把读者变为客户"的设计理念，在其上线之后，及时跟踪用户反馈，主动与用户进行沟通交流，对版面进行微调和改版，以更好地适应用户的阅读体验。

"三力"即话语力、竞争力、影响力。话语力即在重大事件前不能失语，政府要在媒体面前保持信息公开和信息透明，满足民众的知情权，这样才能打通官方舆论场和民间舆论场之间的壁垒，使信息道路通畅，避免主流媒体公信力下降。话语力的来源还在于媒体自身内容的分量，是否有独创性和深度，只有做到了这两方面，才能营造出良好的媒体公信力，才能做到《意见》中所说的：

　　"加强内容建设,创新采编流程,优化信息服务,以内容优势赢得发展优势。"话语力是影响力的保证,也是竞争力的来源,只有媒体有了一定的竞争力和影响力,才能吸引广告商的投入,保证媒体自身的盈利,相对获得经济上的独立和言论上的自由,形成良性循环,不断发展壮大。

　　"三化"即多样化、细分化、专业化。多样化即传媒集团的构成样态,是新型主流媒体的基本特征。媒介技术的变革重塑了媒介环境,传播模式的变迁革新了传媒格局。人们的阅读习惯从"翻阅时代"跨向"点击时代"最终进入了"触摸时代",这就促使新型主流媒体既要包括纸媒、广播、电视,也要涵盖手机报、微信公号、微博官方账号、移动终端App等在互联网催生下的新生传播样态。

　　面对庞大的受众群,以往点状式的报道方式已经不能完全满足所有人的要求,这就使得媒体必须对自己已有的内容进行更加细致的分类,抓住移动化,抓住用户最大化的碎片时间,由点及面,形成网状的矩阵格局,最大限度发挥新媒体的优势,以满足不同用户群体的个性化需求,吸引更多粉丝的关注。这也是当下互联网思维的重要体现。如《钱江晚报》在2013年下半年推出的微信矩阵,共有20多个微信子账号,覆盖生活的方方面面,共吸附粉丝40万,其中,杭州吃货、ART-点、杭州地产、杭州名医馆、悠游天下、钱报TOWN、钱哥私募沙龙、好摄之友等十余个子账号订阅用户过万,细分化是新型主流媒体生存不可或缺的一项重要特征。

　　多样化是新型主流媒体的基本特征,细分化是其不可或缺的重要特征,那么专业化则是新型主流媒体从初生期走向成熟期的重要保证。众所周知,2014年是传媒集团知识产权意识集体觉醒的一年。在这一年中,新闻客户端"今日头条"的价值升级与其作为"新闻搬运工"而产生侵权争辩;重庆日报报业集团率先打响2014版权保护第一枪,竖立"内容隔离墙"——旗下34家报刊网联合发布声明,对包括微博、微信、手机报、新闻客户端等平台在内的原创内容,全面实施版权保护;《新京报》也紧密推出多起"反侵权公告";财新传媒坚持了三年多的"反侵权行动",也在这一年终于有了媒体群体性的呼应。

　　越来越多的媒体开始行动起来,保护原创性内容,反对侵权抄袭,有心人会发现,现在当你点开微信公众账号所推送的内容时,很大概率会显示"该内容已被发布者删除"这几个字, 或者在文章的结尾会声明:"该文章版权属作者所有, 若要转载请事先告知", 甚至有些公众号因为抄袭举报次数过多而直接被关闭。种种反侵权事件都向媒体的专业化提出了新的要求。虽然这是一个"人人都有麦克风"的数字化时代, 但并不代表人人都有专业的新闻报道能力, 并不是你拥有一个发声平台就可以创建一个媒体。专业化的团队、原创性的内容、独特的问题视角、有思想深度的观点才是当下新型主流媒体走向成熟的必经之路。传统媒体可以因此保有其内容优势, 新兴媒体也会在内容硬伤下寻求建设自己的创作团队, 在媒介融合的环境下, 专业化会使得二者自然而然地互相借鉴、互相结合, 朝着建设新型主流媒体的方向发展。

二、主流媒体建设的意义

中国近代的新闻事业发展中, 国人的三次办报高潮为当代新闻事业奠定了深厚的基础, 从戊戌变法到辛亥革命再到五四运动, 中国的现代化也由"上层建筑—经济基础—意识形态"的顺序循次展开。如第一次办报高潮就对民众进行了爱国主义和资产阶级启蒙教育, 冲破了封建统治者对报刊出版的禁锢; 第二次办报高潮中新闻业务工作得到了大幅度的改进; 五四运动中的中国新闻业更是有了长远的发展, 不仅在实践中不断进行革新, 还成立了正规的新闻学教育体系, 开设新闻学课程。

三次办报高潮由特定的社会背景和时代因素所推动, 当下的新型主流媒体建设不仅由国家层面进行宏观设定, 还担负着社会改革层面的重要角色, 更重要的是在国际传播层面为中国争夺关系到国家形象与权力相关事务的话语权, 从这三个层面上看, 其态势远高于三次办报高潮中我国传媒业的发展, 背后所蕴藏的意义也十分深远。

(一)社会意义: 助力全面深化改革

1978年5月11日,《光明日报》发表特约评论员文章《实践是检验真理的唯一标准》, 当日, 新华社转发了这篇文章。12日,《人民日报》和《解放军报》同时转载, 引发全国热烈讨论。今天人们普遍承认, 与"五四运动""延安整风运动"并称为现代中国"三次深刻的思想解放运动"的关于真理标准的讨论就是《光明日报》这篇文章引发的, 这场思想解放运动也为改革开放奠定了扎实的理论和舆论基础。

如今,改革开放已经度过了三十而立之年。几千年来,中国的每一次变革,从商鞅到王安石、从张居正到康有为,无不是国家政权的宏大叙事,豪杰枭雄的烙印足痕。而唯有这30年的变革,分田按印的农民、摆摊设点的个体户、白手起家的企业主、奋笔疾呼的知识分子与执政者掌权者一道,占据着历史舞台的中心。

奋笔疾呼的知识分子中有无数有良知的新闻记者,他们和新中国的新闻业一起在实践中成长,秉承着强烈的社会责任,涌现出一篇篇优秀的深度调查报道,如《中国青年报》有关大兴安岭火灾的"三色"报道,山西繁峙矿难的系列报道,《经济日报》关于"关广梅"现象的大讨论,《人民日报》的《中国改革的历史方位》,新华社的《关于物价的通信》《水,水,水》,到《焦点访谈》《新闻调查》等一系列舆论监督类节目的迅速成长,再到"孙志刚事件""郭美美事件",汶川地震和北京奥运会以及"东方之星"沉船事件,在这个波澜壮阔的大时代里,所有媒体共同成了中国改革开放的见证者和记录者,也是制度改进、政策颁布的参与者和助推者,发挥舆论监督的作用,帮助整治了许多改革进程中的乱象。

在技术革新之后,新型主流媒体建设的现实意义就是全面吻合信息社会的发展需求,以更加坚定的责任和担当,继续发挥传媒作为社会的瞭望塔和传声筒的作用,既是社会黑幕的揭露者和批判者,也是社会光明的前瞻者和建设者,搭建好官方舆论和民间舆论的桥梁,助力改革的全面深化。

(二)文化意义:壮大主流思想舆论

全球一体化进程的发展,使得世界不同文化的碰撞与融合变得越来越频繁,自改革开放以来,中国与世界的交流越来越紧密,传统文化的主体地位受到了以欧美等国为代表的西方文化的威胁,而美国更是凭借着其计算机网络和卫星技术上的绝对优势,大力推行本国文化,以求垄断世界文化市场。

习近平总书记在全国宣传思想工作会议上强调,我们正在进行具有许多新的历史特点的伟大斗争,面临的挑战和困难前所未有,必须坚持巩固壮大主流思想舆论,弘扬主旋律,传播正能量,激发全社会团结奋进的强大力量。关键是要提高质量和水平,把握好时、度、效,增强吸引力和感染力,让群众爱听爱看、产生共鸣,充分发挥正面宣传鼓舞人、激励人的作用。

年轻人是国家经济建设和文化传承的中坚力量,他们迎着互联网时代的浪潮长大，信息获取渠道通常是网络、社交媒体、移动终端，而不是传统媒体，这就要求主流媒体要适应年轻受众群体的这一习惯，加强在新兴媒体上的内容建设，放弃说教化的传播方式，转而运用年轻化的生动活泼的语言、可视化的表现手法。新型主流媒体只有先在语言习惯和表达方式上贴近年轻群体，才能够引导年轻人塑造正确的价值观和文化观。新型主流媒体建设的文化意义就是巩固思想文化阵地，荡涤"精神雾霾"，壮大主流思想舆论，提升我国的文化软实力。

（三）宏观意义：增强国际话语权

国际新闻传播市场一直被西方老牌媒体所垄断，如美联社、《纽约时报》、法新社、BBC、CNN等，中国媒体在国际上表达中国观点和立场的声音一直渴望增强，渴望与中国当下的发展正相关。至今，中国国家形象建设尚处弱增长状态，很多西方国家的民众对中国的发展现状知之甚少。西方媒体甚至会利用传播优势频频抹黑中国，在事关中国利益的事情上黑白颠倒，常使我们处于被动状态。

传媒影响力是构建国家软实力的重要指征，体量庞大的中国传媒在国际传媒格局中影响力薄弱是个不争的事实，这与崛起中的中国形象不相匹配，中国在国际舆论场中的话语权亟须提升，建设新型传媒集团，以先进的理念和技术手段提升传播力是新型主流媒体建设的当务之急。

"明者因时而变，知者随事而制。"新型主流媒体要努力打造出具有中国特色的国际话语体系，主动设置议题，以更加符合外国受众思维习惯的传播方式展现中国的发展与进步，讲好中国故事，弘扬中国精神，传递中国力量，发出中国声音。这也是新型主流媒体建设的宏观意义所在。

三、结语

19世纪30年代是美国大众报刊的萌芽时期，埃默里父子在《美国新闻史》中有详细的描绘，这一时期美国刚刚结束了南北战争，社会中蕴含着巨大的新生力量，工业化如火如荼，机械化和城市化为社会、经济和政治带来了全面的变革，美国报业在这一时期开始了重要转型，向着负责任、提供严肃的新闻和社论、关照时政唤起公众舆论的方向发展，新闻和文学在美国发展的关键时刻发挥了它们的作用，促进了经济和政治的进步以及更为公正的社会模式的形成。有鉴于此,当前我国建设新型主流媒体面临更为复杂的国际环境、传媒环境和改革环境,如何在历史发展的关键期有效利用互联网思维,推进传统媒体和新兴媒体全方位融合,建成坚持传播主流思想和价值观、正确引导舆论方向,对社会负责、立体多样的现代传播体系,中国传媒业的发展更为任重道远。

传世作品的写作途径：
技术全面、艺术精湛、思想深邃

眼下我们这个时代的新闻作品格局太窄小，视野太细碎，其因或在我们这个时代太浮躁。盖洛普在20世纪有过调查，承认自己在过去的一年中从未读过任何一本书的美国人，从1978年到1990年翻了一倍，由8%增长到16%。现在的情况恐怕不会好转。中国的情况更糟，数据显示，2012年我国18～70周岁国民图书阅读率为54.9%。有差不多一半左右的人不读书。这些不读书的人，也不会太关注新闻。

但写作新闻，写出有价值的传奇作品，是我们的责任。在目前的媒体环境下我们如何写新闻？我们的回答是：以道义的力量、全部的本领，竭尽自己的全力。

如何写出优秀的作品，我们的体会有四点。

一、按受众的有效需求，提供有效信息

著名经济学家凯恩斯在他的名著《就业、利息和货币通论》中首先创造性地提出了"有效需要"这一概念。我们以为，这个名词可以平移到时下的新闻学中来。现在的许多新闻针对的都是无效需求，而媒体提供的一些信息也是无效信息。传播无效信息以应对无效需要，结果是无意义的。

有效需求是受众在传播过程中能够达成信息满足的需求。媒体有责任对受众的有效需求提供有效信息。但目前许多媒体上的信息大多不饱满。即便有一些信息相对饱满，但它提供的多是需要多次转化解释的文件语言，在这个转化的过程中，又降解了信息传递的有效性。信息有效很重要，但这些并不构成优秀新闻的全部。好的新闻还需要其他的条件，如外在的形式、表述的方法，

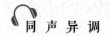

等等。优秀的新闻，就是那些受众最爱看的、最爱听的新闻。

（一）用信息本质击中人脑

真正的新闻是有力量的，力量的来源之一是它的质量。有价值的新闻一定是有质量的。有一个故事这样说：在苏联解体前，流传着一个故事。政府为了先改善监狱条件还是先改善学校条件，发生激烈争辩。学校的重要性，天下皆知；监狱是囚禁犯人的地方，粗陋一点，也没有关系。可是，就在表决前的一刻，一位有前瞻眼光的官员说了一句话，竟扭转全局，全体同意先改善监狱条件。那句话是："你们这辈子还可能进学校吗？"其中的意思就是，这个监狱很可能是为他们现在这些举手表决的人修建的，所以要修得好一点。这虽然是个故事，但这个故事不是真实胜似真实。这种信息本质能够击中人脑。

（二）用理智分析打动人心

有效信息就不能让人拒绝。如果受众拒绝，就谈不上有效。一些伟大的推销员，就是在这方面最成功的人士，对我们有巨大的启发。

有一个故事叫"军人保险"：有一个推销员被派到美国新兵培训中心推广军人保险。听他演讲的新兵100%都自愿买了保险，从来没有人能达到这么高的成功率。他对新兵这么说："小伙子们，我要向你们解释军人保险带来的保障。假如发生了战争，你不幸阵亡了，而你生前买了军人保险的话，政府将会给你的家属赔偿20万美元。但如果你没有买保险，政府只会支付6000美元的抚恤金……"

"这有什么用，多少钱都换不回我的命。"下面有一个新兵沮丧地说。

"你错了。"推销员和颜悦色地说，"想想看，一旦发生战争，政府会先派哪一种士兵上战场？买了保险的还是没有买保险的？"

理智的分析是最有力量的。现在微博上的许多语言多是辱骂和恐吓，但辱骂和恐吓绝不是战斗。你若用理智分析，就能打动人。有一则消息说，台湾当局的领导人嘲讽大陆只有二十来个落地签证的国家，而台湾虽然很小，但有一百多个国家可以免签。有一个网民的回复很精彩。他说，台湾确有一百多个国家可以免签或落地签，这当然很好，无事你可以自得共乐。一旦有了事，那些在外国的台湾同胞都汇集到五星红旗下，跑到中华人民共和国使馆来寻求帮助。你那一百多个国家所谓的免签，只能帮你看看风景，但是不能帮你阻挡风险。只有五星红旗，才是全体中华同胞的保护伞。

（三）用情感力量起死回生

真正的语言和情感是有起死回生的力量的。有一个故事说：有一个人病人快要死了，或是表面已经没有气息了。朋友们围着他的躯体，安慰着他的家人，歌颂这个所谓"死者"的美德。这些话对安慰活着的人很有精神上的作用，但不是那个已死未死之人最想听的。突然，有一个孩子喊了一声："瞧，他的手还在动。""他的手还在动"这句话才是这个躺在床上的人最爱听的。这句话是有效信息，是针对有效需求的有效信息。纵览存入历史的佳品，多有这样的文字表现。

二、从传播的技术角度，拓展全新视角

著名美籍历史学家黄仁宇从长时间、远距离的角度审视历史的"大历史观"提出后，在国内引起了巨大反响。他的"从技术的角度看历史，不是从道德的角度检讨历史"的观点，为我们提供了一个新的历史视角，也为当代乃至后世的史学研究开辟了一条崭新的思路。2013年去世的诺贝尔文学奖获得者莱辛获奖理由也是"提供了对文明的另一种观察角度"，这个技术角度、观察角度很是重要。

我们现在创优节目太多的是从道德的层面来看待问题。从道德层面看待节目完全是必需的，但还不够全面。为什么要从技术的角度来说？孔夫子说：文质彬彬，然后君子。质就是内涵，文就是纹路，就是形式，也可以理解成黄仁宇说的技术角度。现在众多的好新闻不能成为我们的范文，就是因为它的技术不行。可见，形式是成为君子的必要条件，也是构成好新闻的必要条件。

技术角度是一种方法。黑格尔说："方法不是外在的形式，而是内容的灵魂。"所以，我们绝不能轻视方法。我们以写诗的标准来分析新闻，诗一则要提炼，提炼诗眼。这在新闻中就是主题。二则是要凝练，文字更加凝练，凝练才有可能传世。三则是杜绝抄袭。我们现在看一些新闻，总有似曾相识的感觉。这样的新闻是不能吸引受众的。

所谓技术角度，包含以下三个方面：

（一）信息简洁明了目的单一

信息要简单。有的报道里主题很多，如同打点滴，输液输得快了多了，结果反而不好。德国军事家克劳塞维茨说过，一个战争如果有两个目标，那是很

危险的事。同样，一条报道有两个目标，也是很危险的。中国古语说：追二兔并失之。写新闻也一样，目的要单一。古诗云：删繁就简三秋树，领异标新二月花。写新闻要简明，要删繁就简，要领异标新，要努力从一个全新的角度去展示。今年北京雾霾十分严重，有一条微博这么说："风是北京的抹布。"如果想展开到140字，也行；不想展开，七个字也足以表达意思了。

（二）内涵减去包裹突出要点

余秋雨说：中国人只知道给中国文化做加法，却不做减法，不知道如何用最简单的语言说清楚中国文化的魅力，不知道用简明的方式，让大家到达中国文化的核心部位。我们的一些新闻就是这样，过度包装。藏着掖着，雾里看花总不分明。这就像是给了人一个核桃，我们知道这个核桃有营养，但许多受众心里想的是，媒体直接给他们核桃肉会更好，而我们媒体要把剥掉核桃壳的工作留给自己去做。水落方能石出。

（三）角度与众不同开掘深刻

我们要追求与众不同，从事出发可以明晰事理，从人出发可以拨动心弦。但我们常常做不到。有一句话是这样说的：每个人出生时都是原创的，可悲的是很多人渐渐地成了盗版。很多人一开始写新闻也是追求独到的，但是，写着写着，就跟小学生的作文一样了。角度决定高度。如果仰视，所有人皆伟人；如果俯视，所有人皆侏儒。不管从人出发还是从事出发，我们都要有与众不同的角度，唯我独有的表述。美联社有一条稿子这样写：就在罗纳德·里根总统对全国说"美国正在走向经济复苏"之前几小时，他的儿子普勒斯可特·里根却属于在这里领救济金的失业者中的一员。20世纪末，印度成功地试爆了原子弹。印度总理曾经有过这样的比喻：印度有没有原子弹，等于是有没有在联合国头桌吃饭的请柬。我们就此编一条稿子，导语这样写：印度今天成功地试爆了原子弹，拿到了它梦寐以求"在联合国头桌吃饭"的请柬。但这个拥有十亿人口的国家至少还有四分之一的人走在行乞与贫困的路上，离联合国头桌的距离远之又远。

从技术角度看，我们一定要有唯我独有的且符合事实的观点和表述。这样的新闻才能"划铁有痕"。

三、为新闻的广泛影响，提炼思想观点

受众是顾客，顾客是上帝。你要让这个顾客读报看新闻听广播上网，就得

把新闻提炼出思想来, 并打包得停停当当, 送上门去。如何提炼思想观点?

(一)捕捉细节讲好故事

细节是什么? 细节是眼睛中的沙子, 它虽然很小, 但力量很大。一旦这样的细节进入了你的眼睛, 你一定得把它弄出来。能存入历史的新闻, 一定要有这样的细节, 并放在最佳的位置——受众的眼睛中。我们的新闻要摆事实讲故事, 而不摆事故讲道理。在新闻报道中, 没有故事就是事故。故事是思想的原材料。新闻报道, 就是炮弹, 讲好故事, 就是给故事裹上糖衣, 如果这个炮弹没有"糖衣", 那这样的"炮弹"是打不倒人的。人们都不接受, 这个炮弹如何发挥威力呢?

(二)归纳观点方便接受

在信息多如垃圾的年代, 从"技术角度"考虑问题是重要的。我们的许多所谓的新闻, 完全称不上是新闻, 最多只能让人"闻闻"而已。据说, 现在许多精英人士喜欢看《华尔街日报》。为什么? 因为这张报纸帮你归纳观点。现在的受众都像顾客, 而且是都是上等的顾客, 他们都是在床上吃早餐的贵客, 你得满足他们的需要, 做好有品位的早餐给他们端到屋里去。你要让他们看你的报纸听你的新闻, 你最好要把有观点的早餐给他们打理好, 送上门。

(三)提供思路表明思想

思想在哪里? 思想在我们的心脏之上、头脑之中, 它比我们的心脏更重要。有一个故事大家很熟悉: 第一次登陆月球的太空人共有两位, 阿姆斯特郎和奥尔德林。当时阿姆斯特郎说过一句话: "我个人的一小步, 是全人类的一大步。"这早已经是全世界家喻户晓的名言。在庆祝登陆月球成功的记者招待会中, 一个记者突然问了奥尔德林一个很特别的问题: "阿姆斯特郎先下去, 成为登陆月球的第一个人, 你会不会有点遗憾?"奥尔德林很有风度地回答: "各位, 千万别忘了, 回到地球时, 我可是最先出太空舱的。"他环顾四周笑着说: "所以我是由别的星球来到地球的第一个人。"有一篇文章说奥尔德林的举动是成人之美。成人之美的成分是有的, 但如果仅仅认为奥尔德林的举动是"成人之美", 那这个报道的思想性就太一般化了。这话的实质在于: 奥尔德林的行动让他成为"由别的星球来到地球的第一个人"。我们完全应该这样看问题, 这样, 他与从地球到其他星球的第一人阿姆斯特郎是等量齐观的。如果看不到这样的思想, 那我们就没有思想了。这种思想, 正是我们看待眼前发生的事件所

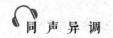

应有的眼光。黑格尔说："只有精神才能认识精神。"同样道理，只有思想才能认识思想。一个好的记者，要把你手中的素材，提炼出思想，你自己首先得要有思想。

四、以传世的态度落笔，写入历史典籍

海登·怀特曾经说过：历史事件的现实性并不在于它曾经发生过，而是在于，首先，它要被人记住；其次，它要能在编年史顺序中找到自己的位置。新闻作品为什么要以能够存入史书作为自己最大的价值体现？现代世界最伟大的物理学家爱因斯坦说过：在全世界所有的学科之中，最有价值的就是历史学。历史就是过去的新闻，新闻就是未来的历史，所以，我们的新闻作品，要以能够在历史的编年史顺序中找到自己的位置，作为最大的成功的标志。

这个标准是个极高的标准，恐怕再也没有什么标准能够与此相提并论。我们参与写作的《历史的回响》获得中国广播影视大奖，并且成为被澳门青教局定为中小学生的课外辅读教物。创优的新闻作品，就要瞄着进入教科书的标准去做。

（一）伟大的作品产生于伟大的时代

现代中国毫无疑问正处于一个伟大的时代。伟大时代一个最显著的标志是这个时代正在快速向高峰攀登，改变人的命运，并书写全新的历史。

在19世纪以前，一个人的财富从工作到离世大致增加3倍。现在一个普通人，从工作到生命结束，财富至少可以增长10倍。根据不久前国家统计局最新公布的数据，从1978年到2012年35年间，扣除物价上涨因素后，全国城镇居民人均可支配收入实际增长10.5倍。这仅仅是对35年的一个统计。这个时代是多么的伟大，用数字已经难以表述，也许只有"天翻地覆""改天换地"这样的词语才可以形容。我们对自己身处伟大时代毫无疑问。

没有伟大的作品为伟大的时代提供佐证，这个伟大的时代是有缺陷的。我们的汉朝多么伟大，但只有区区为数不多的汉赋可以为之佐证，要是没有《史记》《汉书》，整个汉朝都黯然失色。做优秀的节目一定要冲着伟大的目标去努力。美国休斯敦火箭队的前教练范甘迪说："优秀是伟大的敌人。"不要止于优秀，止于优秀，永远到不了伟大。

（二）碎片的时代更需存世作品佐证

现在许多媒体报道的新闻多是碎片，有人很难过。但我认为我们不要太难过，因为碎片化是我们文化的宿命。在中国思想史的源头，几乎全是碎片化思想，孔子的《论语》就是碎片化思想的结晶。老子的《道德经》，五千言，也不过就是四五十条微博而已。所以，微博也可以很高效。什么是高效？一滴蜜比一桶毒药捉住的苍蝇都多——这就是高效。碎片时代，更需要优秀的作品记录这个时代，并留存史册。它需要一些条件：

一是宏观叙事能力。伟大的历史书多有极强的宏观叙事能力，我们既要有写《论语》的本事，也要有写长达几万行的《江格尔王传》《格萨尔王传》的能力。

二是要有思想。孔子"己所不欲，勿施于人"，就是微博的思想结晶，你自己都以为不灵光的东西，就不要拿出来给人了。我一直以为这话对我们记者和媒体有很强的针对性。

三是要把碎片串起来的能力。媒体人不要为碎片而追求碎片，而是要把碎片串起来。散落在地上，即使是珍珠，与玻璃也差不多。把它串起来它就不是碎片，而是珍珠项链了。孔子的《论语》要是没有学生整理串联，也难以留存到今。

（三）存世新闻佳作必备其一的条件

一个条件是记录历史事件。传世的新闻作品一定是这个时代一些重要事件的真实记录。

两个条件是进入人们记忆。文章中要有一些名句熟词广为流传，成为格言、成语、座右铭，甚至载入辞典，丰富民族语言。这是一个很高的境界，我们要向这处境界迈进。

三个条件是符合艺术规律。新闻有点像是政治美文。既要有思想，还要文字美，要文章符合艺术规律，词、句、章，形、情、理都达到了美的要求；还要提出一种影响中华民族政治文明、人格行为的思想。司马迁的《报任安书》，探讨生命的价值，提出一个做人的标准："人固有一死，或重于泰山，或轻于鸿毛。"诸葛亮的《出师表》提出忠心耿耿的为臣之道和勤恳不怠的敬业精神，名句"鞠躬尽瘁，死而后已"广为流传。范仲淹的《岳阳楼记》提出"先天下之忧而忧，后天下之乐而乐"的为人、为政理念，这句名言几乎成了范仲淹之后所有进步政治家的信条。但现在我们的新闻中很难看到这样的内容。这至少说明，我们的技术还不够专业、不够顶尖。

我们认为，传世的新闻作品也要达到这样的高境界。如果有了全面的技术、精湛的艺术、深邃的思想，我们的新闻作品才有了进入历史的先决条件。向着这个目标迈进，就会摸到优秀的门槛；达到了这个境界，我们的新闻才可称之为伟大的作品。如果想进入历史，对待新闻就要以传世态度落笔，写出传世作品。

"一点两翼"策略助力媒体塑造国家形象

随着我国综合国力的不断增强和国际影响力的不断提升，如何塑造一个与我国实力相匹配的国家形象，成为学界和业界研究的重点。对于国家形象的构成要素，目前比较统一的认识是国家形象主要包括社会制度、民族文化、综合国力、政治局势、国际关系、领袖风范、公民素质、社会文明等要素。笔者以为，在实际操作的过程中，国家形象的塑造与传播应实现对象化、精准化和实效化，摒弃"高大全"的"陈列式"塑造模式，充分调动不同传播媒介的传播符号和传播手段的优势，有针对性地对国家形象进行精准传播和有效传播。

一、核心价值观：国家形象塑造的中心点

明晰国家形象传播过程中的主体与客体，能够更有效地实现传播的针对性和实效性。而就国家形象塑造过程而言，笔者以为，在众多的国家形象构成要素中，核心价值观的塑造和传播是国家形象的灵魂与核心。坚守核心价值观，是国家形象塑造的中心点。

所谓核心价值观，就是一个国家在运行过程中，基于在政治、经济、文化、社会等各领域的基本政策、制度、机制等方面信息的基础之上所坚持的价值观。国家形象塑造的实质就是国家核心价值观的提炼与升华。

十八大报告首次以24个字对核心价值观做了最新的概括：倡导"富强、民主、文明、和谐"，倡导"自由、平等、公正、法治"，倡导"爱国、敬业、诚信、友善"。 最新定义的核心价值观既有中国特色，也得到了国际社会的广泛认可，比香港社会公认的"多元与包容，民主与自由，法制与廉洁，敬业与效率，平等与诚信"的核心价值观更为融通，这就为中央电台对港澳广播塑造国家形象明确了中心点。

以香港正在推动落实的2017年行政长官普选为例，这是香港民主政治的

大事件，也是中央政府高度关注、事关今后香港政治走势和长治久安的大事件。历史告诉我们，1997年香港回归祖国以前，港督完全由英国委任，香港真正有民主进程是1997年7月1日后，香港特区才由间选到推选产生了港人自己的特首。但是英美等西方势力利用2017年的香港特首普选议题大做文章，香港一些反对派也与西方势力一唱一和，在普选、民主等议题上一再生事。这种乱象，引起了香港特区政府、中央政府和人民的高度警觉。在这样的背景下，国家媒体必须发声。中央电台华夏之声、香港之声一方面客观报道香港政改咨询的进程，一方面及时采访报道内地与香港多位权威专家、港区人大代表、香港商界名人、香港市民的广泛意见，报道还结合国家主席习近平及香港特首梁振英就此问题的最新表态，表明了中央电台的鲜明立场。中央电台有关香港特首普选的报道既展示了香港普选的"重要特点"——均衡与民主，即行政长官候选人要由一个有广泛代表性的提名委员会提名，使社会各阶层、各界别在提名行政长官候选人时都有发言权；又阐明了香港普选的"特殊之处"，即香港是中国的一个地方行政区域，香港的行政长官必须由爱国爱港人士担任。试想，如果一个与中央对抗的人成为行政长官，他怎么按照基本法的规定对中央人民政府负责？香港的繁荣稳定很可能受到严重的影响，甚至"一国两制"实践都可能发生严重挫折。经过这样的舆论引导，香港广大市民对这个问题的认识越来越清楚，民主、法制、爱国的核心价值观也因此深入人心。

过去30多年来，港澳与内地携手发展，取得共赢，如今，国家不断推出惠及香港、澳门的政策，如CEPA、惠港36条、珠江三角洲地区改革发展规划纲要等。中央电台对港澳广播均对此做了及时充分的报道，报道正确引导港澳同胞在充分利用国家发展政策的同时，巩固和发扬爱国、敬业、诚信、拼搏等核心价值观，唯此，香港才能在与内地共同发展的过程中成就自己，提升国际影响力。

中央电台对港澳广播坚持"以我为主，为我所用"的传播原则，在国家形象的塑造过程中，切实贯彻"一国两制、港人治港、澳人治澳、高度自治"的理念，在引导港澳受众凝聚对国家的心理归属感、荣誉感和认同感的同时，秉承"求同存异"的原则，放弃"枯燥说教"的粗放传播方式，将核心价值观的共识不断扩大，以期达到最佳的传播效果。

二、精品节目与推介平台：国家形象塑造的"两翼"

在国家形象的塑造与传播方面，媒体具有得天独厚的优势。大众传媒可以借助影响力大、传播迅速、传播效果好的优势，有效地传播国家形象。就对港澳广播媒介而言，多维塑造国家形象需要"两翼"，一方面需要依托节目，通过制作精品节目来塑造国家形象；另一方面，需要借助多种平台，增加自我推介，扩大受众群体，增强受众对国家形象的认知与认同，实现比翼齐飞的局面。

（一）打造精品节目，实现精准传播

对于媒介而言，节目是国家形象传播的基本单位和重要载体。如前所述，国家形象是一个系统的、立体的综合概念群，国家形象中的不同内涵都需要借助媒体不同类型的节目加以有效地传播。作为塑造国家形象"两翼"之中的一翼，精品节目的打造将成为国家形象精准传播的重要环节。

1. 新闻节目应注重信息选择与解读

媒介塑造国家形象能力的高低，与媒介在受众心中的权威性息息相关。心理学研究表明，受众对大众传媒所传播的信息具有选择性心理行为，这种选择性心理行为按照程度不同，分为选择性接触、选择性记忆和选择性理解。媒介的权威性和公信力越强，其影响受众选择性行为的吸引力就越大。就国家形象的塑造而言，形象的塑造依托于信息的传播，传播符合国情的真实信息，通过理性的分析解读与逻辑判断来改变受众对国家形象的看法，通过给予受众更多有效的、客观的信息来帮助受众理解真实的情况，进而将形象的传播内化为受众自发的行为与感触，这是国家形象塑造的规律所在。在众多的信息中，新闻节目所传递的信息能够最为直接地传递与国家形象有关的直观信息，在所有类型的节目中，其传播效果最为直接，也最为有效。

中央电台对港澳节目中心的新闻节目分为新闻资讯类节目和新闻评论类节目两类，新闻资讯类节目向港澳受众及时发布最权威和最快捷的新闻信息。新闻评论类节目重在邀请两地行业专家、学者对重要信息、重大事件、相关政策做专业的解析与评论，充分发挥其舆论引导作用，为受众提供科学、理性和客观的角度来审视国情。这两类节目充分发挥了资讯类新闻节目和评论类新闻节目自身的传播优势，前者注重信息传播的时效性和丰富性；后者则注重观点传播的深入性与指导性。这两类新闻节目在塑造与传播国家形象的过程中，发挥

着不同的作用，二者相辅相成、相得益彰。

值得一提的是，中央电台对港澳节目中心于2013年6月改版时推出新闻评论节目《香江观潮》与《新闻论道》，开创了对港澳广播新闻评论节目的先河。这两档节目借助中央媒体的优势，权威解读中央的方针、政策，探讨港澳与内地合作发展中的热点话题，为促进港澳的繁荣稳定、加强港澳与内地的沟通交流搭建平台。节目通过主持人与嘉宾、嘉宾与嘉宾之间的深度交互与观念碰撞，通过对背景、缘由、影响的透彻解析，通过评论维度的多重筛选，还原事件原貌，实现深度解析。

随着我国综合国力的不断提高，以及改革进程不断深化，很多新政策、新办法相继出台，这些新政策和新办法被看作是"读懂中国的教科书"。由于港澳特区在制度和政策方面与内地所存在的差异，因此，在向该地区传播国家形象信息的过程中，增加对这些信息的有效传播是增进彼此了解的重要一环。

2. 文化节目应注重心理归属与认同

港澳特区受众对国家和民族有着强烈的归属感与认同感，漫长的殖民历史使得他们对于同根同源的祖国有着强烈的心理归属感，悠久的中华文化使得他们对于中华民族有着强烈的心理认同感。这种心理层面的归属感与认同感是国家形象中软实力的重要体现，而这种心理层面的归属感与认同感却是潜移默化的，也是国家形象能否深入人心的关键。

中央电台对港澳节目中心的文化类节目在塑造国家形象，特别是展示国家软实力方面具有一定优势。以《中华风雅颂》节目为例，该节目是一档文化类的节目，着重展现我国传统文化领域的代表符号，以这些文化符号作为载体来展现其背后的文化内涵。这些文化内涵能够吸引港澳受众的注意力与好奇心，这在很大程度上得益于内地与港澳直接同宗同源的文化传统。对于港澳受众而言，收听这样的文化节目，一方面能够了解祖国的文化信息，另一方面也能满足其心理层面对传统文化的归属与认同的心理期待。而这份心理归属感与认同感，将会有利于在国家形象塑造过程中凝聚更多的共识。由此可见，对港澳广播在塑造国家形象、凝聚对国家形象的共识时，文化节目的传播力、感染力和影响力重大，潜移默化、润物无声。

3. 大型专题报道应注重本土化信息传播

在对港澳广播的节目类型中，新闻节目和文化节目在塑造国家形象方面所占比重较大。新闻节目通过深度解读，逐步扫清了在国家形象认同过程中，由于信息传播不对称而导致的认知障碍；而文化节目通过对港澳特区受众心理归属感和认同感的满足，逐步增强了对国家形象的心理认同程度。两种类型的节目在国家形象塑造过程中扮演着不同的角色，都是国家形象塑造过程中不可或缺的重要节目类型。除此之外，大型专题报道在国家形象塑造过程中也扮演着十分重要的角色，专题报道主题鲜明、结构灵活、形式多样，在表现抽象化的国家形象的过程中，善于从细微处着手，以小见大地展现宏大的国家形象。就对港澳广播专题报道而言，注重本土化信息的传播，有利于转换不同的观察视角来审视国家形象，更加贴近港澳特区受众的生活，能够收到良好的传播效果。

近年来，中央电台对港澳广播着力策划大型专题报道，内容涉及内地与港澳地区的诸多领域。有反映两地经济发展的《共赢之路》等，有展现文化进步的《融合》等，有表现百姓生活的《穿越世纪的"生命线"》等。从这些大型专题的选题来看，我们不难发现，每一个专题都有预设的报道主题，这些主题涉及经济、历史、文化、社会、民生各个领域，而这些主题的展现均是国家形象塑造过程中的重要组成部分。表现这些宏大主题的重要环节，则是依托具有故事性、思辨性的细节，而这些细节在很大程度上得益于用本土化的视角来进行传播。

以大型专题《穿越世纪的"生命线"》为例来看，《穿越世纪的"生命线"》是中央电台对港澳节目中心为纪念"三趟快车"开通五十周年、庆祝香港回归十五周年而特别制作的系列报道。报道组先后深入八个省、自治区、直辖市和港澳特区，从田间地头到市民餐桌，通过对多位今昔政策制定者、一线工作人员、港澳普通市民的采访，朴实而又深刻地反映了50年来内地对港澳物资供应的坚持与发展。报道采用了纪实的手法，贴近受众，入耳入心。与此同时，作品针对港澳地区的传播特点，在采访中巧妙融合普通话、粤语双语元素，适应了港澳地区收听习惯，扩大了节目到达人群，充分展示了中央电台专业广播的实力及广播语言的魅力，并因此获得了2012年度"中国新闻奖"的"国际传播"奖项。

以《穿越世纪的"生命线"》为代表的对港澳广播的本土化传播，是媒体塑造国家形象过程中的重要组成部分。就大型专题报道而言，"大主题下的小视角"往往是其本土化传播的主要表现形式,而转换视角则成为本土化信息得以有效传播的关键环节。一直以来,我国国家形象的塑造过去多以"宏大叙事"的"官方视角"作为叙事的主要视角,这种叙事视角虽利于叙述宏大全面的内容,但与受众的实际生活存在一定的距离,从传播效果上看,容易脱离受众生活,传播效果比较呆板和粗放;而本土化视角的转换,则大大拉近了与受众的距离,在很大程度上由受众来看国家形象,无形中将受众形象置于国家形象之中,这也正切中了国家形象塑造过程中的核心,即个体话语与集体话语的结合、个人形象与国家形象的融合,这样的传播效果亲切、自然,富有实效性。

(二)搭建推介平台,强化形象认知

随着媒介发展水平的不断提高和全媒体时代的到来,信息传播的来源和渠道大大拓宽,信息传播的实效性不断增强。对于传统媒体而言,新媒体的发展为其传播效果的拓展搭建了宽阔的平台,传统媒体本身在内容与活动制作方面积累了丰富的经验,二者的有机结合将在很大程度上增强传统媒体的受众影响力。

与此同时,传统媒体借助新媒体的巨大传播平台开展品牌推介活动,能够拓宽传统媒体的形象塑造空间,进一步加深传统媒体与受众之间的交流与联系,这样的合作范式日趋成熟,传播效果有了很大程度的提升。这样的渠道打破了传播渠道的单一局限性,使得传播内容更加多样、形式更加丰富、影响范围更加广泛。

中央电台对港澳广播在通过专门的网页、节目微博、微信公众账号等多种手段实现二次、多次传播的同时,善于搭建自我推介平台,通过一系列品牌推广活动与港澳受众进行互动交流,在交流的过程中加深了港澳受众对内地的了解,开辟了国家形象塑造的多元化渠道。目前,对港澳节目中心每年都会举办"港澳媒体采访团内地行""听众联谊会""港澳同胞看内地文图征集大赛"等多种类型的活动。其中,"港澳媒体采访团内地行"活动已经连续举办四届,采访团邀请港澳主流媒体加入,深入内地不同地区进行采访报道,从港澳媒体的视角来介绍内地的发展变化,实现了媒体资源的有机整合,打破了单一媒体传播的限制。在活动中,内地的发展变化被更多的港澳受众所了解,这些都有助于国家形象的塑造。

三、结 论

中央电台对港澳广播在塑造国家形象的过程中具有其自身的独特优势，并逐步探索出塑造国家形象的有效传播途径。在塑造国家形象的过程中，媒体应针对覆盖地区受众的认知差异，求同存异，凝聚共识，坚持以"核心价值观"传播为中心，注重"精品节目的精准传播"和"多种平台的有效推广"，通过"一点两翼"的媒体策略，塑造生动立体的国家形象，使国家形象的传播更加深入人心。

文化思辨铸就广播发展新引擎

技术的进步带来了媒介的融合，在融合的过程中，不同介质和性质的媒介正在互联网技术所搭建的巨大传播平台上实现着媒介样态的整合。但是从长远来看，决定各个媒介发展的根本仍然是媒介产品的质量，即节目的质量。全媒体时代也需要内容制胜，只有高质量的节目才能满足受众日益增长的对节目品质的需求，这其中，思辨能力成为提升节目质量和改变媒介气质的"金钥匙"。

节目制作者思辨能力的提升，对节目质量的提升是一个潜移默化的过程，其影响力是极为深远的。换句话说，思辨力是媒介竞争的核心竞争力的表现，从某种意义上来说，思辨能力的高低决定着媒体寿命的长短。

在过去很长的一段时间里，广播媒介由于其具象化的传播特征，被认为是传播迅捷信息的良好平台，而对于信息的深层次加工与整合则常常被忽视。从实务操作的角度来看，信息深度整合的趋势和广播线性化、具象化的浅层传播特征之间的矛盾，成为制约广播思辨能力提升的主要障碍。而提升广播媒介的纵深性和思辨性，在内涵上，则要努力提升广播节目在内容制作层面的深层内涵，其核心则是文化层面的思辨能力的综合提升，这样能够从根本上提升节目的思辨水平，并帮助广播媒介在深度信息的整合传播方面走得更远。笔者以为，提升广播媒介的文化思辨能力，主要应从注重展现事实细节、注重呈现多元视角和注重体现人文关怀三个方面入手。

一、视点思辨：寻找事实细节的新亮点

文化的内涵博大精深，根据词典的解释，文化是人类发展进化过程中逐步掌握的能够改善人类生活的知识、能力和习惯的总称。它分为两个方面：一是物质文化，像种植技术、手工艺技术、工业技术等；二是精神文化，像文学、绘

画、哲学、音乐等。就新闻传播活动而言，其所关注的对象是社会生活的方方面面，可以说处处涉及文化的领域和范畴。由此可见，文化思辨是广播思辨的源泉和引擎。

文化思辨能力对于新闻传播活动最大的影响，莫过于影响新闻工作者对新闻现象的判断、理解和分析，即将新闻现象放置在文化思辨的大背景之下进行解析，从文化视角审视新闻现象，并且这种影响会随着阅历和知识的增加而增加。一言以蔽之，文化思辨能力的影响力在新闻传播活动中是潜移默化的，但又是根本性的。这种能力已经内化为新闻工作者在新闻传播活动中的每个角落，最为突出的表现则是对于新闻现场和新闻事件的选择角度层面。

广播新闻专题节目的一大特点就是报道内容的深入化，从新闻价值的角度上讲，能够成为专题新闻报道的报道对象一般都具有一定的重要性。以对港澳节目中心大型系列报道《共赢之路》为例，从改革开放前夕，到1997年香港回归、1999年澳门回归，再到2012年迎来香港回归祖国十五周年，数十年来，内地与港澳鱼水共存、合作共赢，其中经历了太多的坎坷与不平凡，也取得了举世瞩目的巨大成就，这便是《共赢之路》的创作背景。从创作背景来看，《共赢之路》是典型的历时性回顾类专题节目，根据以往的经验，这样体裁的作品在进行历时性梳理的过程中，常常采用宏大叙事的叙事结构。这样的结构有助于帮助受众清晰地梳理史实，同时能够全景式地展现这段历史进程，但是这样的结构同样存在明显的缺陷，即高大全式的人物描写和粗线条式的事件梳理，这样的叙事方式看似做到了面面俱到，实际上对问题的解析并没有做到足够深入。

随着媒介融合时代的到来，媒介融合已经从单纯的技术融合走向了理念融合，这也是更深层次的融合。不同媒介在竞争与合作的过程中，彼此借鉴对方的传播优势，试图弥补自身在传播特性上的不足之处，进而实现自身传播效果的二次蜕变。电视媒介继广播媒介之后出现，它在具象化传播的道路上比广播媒介更进一步，即从单一的有声语言，发展成为声画合一的传播媒介，传播的效果大大增强。电视媒介在画面上做足了文章，通过不同镜头和景别的展现，放大了事物和人物的细节，给人极强的吸引力。就这样，"镜头"的概念逐步被广播媒介所借鉴，并大量地运用在广播专题节目中。

《共赢之路》在创作的过程中，放弃了以往的宏大叙事的叙事结构和历时性的线性梳理模式，坚持以主题为导向，围绕题目寻找和挖掘具有代表性和典型性的新闻故事和新闻人物，并综合运用各种表现手段，努力呈现这些事件和人物的细节，在细微之处展现命题大意，真正做到以小见大。《共赢之路》共设置了十二个主题，分别是抉择、问路、起飞、交融、风暴、拓航、波动、希望、突破、登高、汇流和远航，在每一个主题的呈现中都选择了极具代表性和典型性的细节描写作为突破口。以《问路》为例，在展现五星级宾馆创办之初的困惑，以及改革开放之初内地与港澳之间的巨大差距的时候，叙事者选择了霍震霆的同期声进行展现：

开幕那天，差不多整个广州的人都进来。父亲就说："震霆，这不只是一个酒店，二十多年来，这是对我一个很大的满足。"当时内地人坚持外面人不能进来，但是我爸爸很强调的是，这是在中国人的地方，每一个人都可以进来的。他们就说如果很脏怎么办啊？我说，很简单的，如果有破坏，就全部放到我的账里来。开幕那天，他们向我们董事局汇报，说有人把厕所的纸拿走，怎么办？他拿走就拿走了，你不能说他。所以有很多笑话啦，地毯很脏，小孩在水池里尿尿，鞋子都收了一箱又一箱。父亲说："震霆，这不只是一个酒店，这也说明内地还有很大的差距。"

众所周知，新闻是新近发生或正在发生的事实的报道，新闻报道强调"用事实说话"的报道理念，这种理念的核心是借助新闻事实的逻辑力量来完成叙事者的报道意图。而在媒介融合的大背景之下，这个报道理念得到了进一步的深化，即由"用事实说话"发展成为"用细节说话"。这是新闻报道理念的转变，典型性和代表性的细节报道能够很好地起到以小见大的目的，同时注重对细节的深入挖掘也能够给整个报道带来生动和鲜活的气息。

当然，这样的报道理念的变化并非单纯的实务操作，其深层次的变化则是文化思辨能力的提升。从注重粗线条和全景式的宏大叙事结构，转向注重细节和特写的平民叙事结构，背后的文化动因来源于精英文化向大众文化的转变。媒介融合时代，受众的媒介素养在逐步提高，大众文化逐步取代精英文化，成为文化界的新潮流。大众文化带有通俗化和平民化的文化倾向，这在很大程度上影响了新闻报道的理念，而注重寻找新闻事实细节的新亮点，则是视点层面的文化思辨能力提升的主要途径。对于广播媒介而言，通俗化和平民化的大众文化倾向与其通俗易懂的传播特点不谋而合，将新闻报道的视点回归细节和平民，本身是符合大众文化内涵的重要表现。

二、视角思辨：寻找观点立场的新亮点

文化思辨除了在视点思辨的层面有所影响之外，还体现在对视角思辨的影响方面。视角就是新闻报道的角度，"视角"的概念最早出现在叙事学领域。叙事学研究是文学理论的重要研究范畴，其早期的研究对象主要是以小说为代表的叙事文本，随后研究文本的范畴逐步扩大。在叙事学的研究框架中，视角的研究是重要的研究领域。根据叙述者与叙述对象的关系，叙事视角一般可以分为第一人称视角、第三者视角和公众代言人视角。其中，第一人称视角是注重体验式的叙事视角，第三者视角是注重记录式的叙事视角，而公众代言人视角则更加注重提供多元开放的观点平台，制造议程设置的"公共领域"。综合运用不同的叙事视角，在很大程度上能够使得新闻报道变得更加饱满和充实，而不同视角之间的转换也能够更有针对性地增强新闻传播的实际效果。而从文化思辨的角度看待不同叙事视角的综合运用，是适应文化多样性和开放性的根本要求。

如前所述，当今社会的文化背景已经逐步走进了大众文化的时代。大众文化比起精英文化而言，是一种通俗文化，它更加注重文化现象中个体的独立性、多样性和草根性，这在很大程度上形成了当今文化领域多元开放的格局。正是这种多元开放的文化格局，促使新闻工作者在进行新闻传播活动的时候，给予不同观点更为开放和坦率的交流平台，这在客观上促进了新闻报道的多元观点，拓展了新闻报道的视野。

作为以思辨性定位的大型系列报道《共赢之路》，在采制的过程中吸收了不同领域的观点，为多元观点提供了平等交流的平台。与此同时，采制的过程中，采制者不断向受众呈现来自不同职业、地域和文化背景的叙述者的观点和态度。每一个叙述者所提供的信息都具有典型性和针对性，有的当事人提供最为真实和鲜活的感受，有的专家提供具有专业背景的评论，这些声音能够很好地保证思辨的质量和深度。此外，观点的多元也能很好地实现不同观点间的平衡，将多元的观点呈现在受众面前，包容了观点之间的差异，给受众提供了充足的空间进行独立思考，受众既可以在观点认同中坚持自我，也可以在观点的证明中对新闻事件和人物有全新的认识。

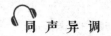

三、视野思辨：寻找历史观与人文观的新亮点

如果说视点思辨和视角思辨更多地停留在节目制作的过程中的话，那么视野思辨层面的提升则是文化思辨能力对于新闻传播活动最为长远的影响。视野层面的思辨着重体现了采制者开阔的历史观和深厚的人文主义情怀。著名的历史学家柯林武德曾经说过："一切历史都是思想史。"对于历史事实的梳理，绝不仅仅是历史学研究的范畴，我们应该站在更为开阔的平台上去审视历史现象，这就需要我们拥有更为开阔的视野。

视野思辨对于新闻传播活动的影响是潜移默化的，但却影响深远。视野思辨归根到底是文化思辨能力的体现，对于广播新闻节目而言，虽然是新闻类的节目，但是节目的采制不仅仅是新闻传播领域的业务操作和理论研究，应该将其放置在文化思辨的大背景之下。从文化思辨的视角来审视广播新闻节目，其应该成为文化传播的重要载体，受众能够透过新闻事件，感受到新闻事件背后所展现出来的历史观念和人文观念，在纵横交错的历史事实中探寻深奥的人文精神与理念，并最终能够以新闻的视野、历史的视野和人文主义的视野来看待新闻、看待历史。如前文所述，在《问路》一集中，在展现五星级宾馆创办之初，内地游客和香港游客的差异的过程中，叙述者借以通过游客在宾馆中最为真实的行为来呈现这种差异，通过原生态和记录式的叙事方式来表现这种差异，很好地坚持了人文主义的文化思辨要求，即反映人、理解人和表现人。

四、借助文化思辨开辟广播发展新路径

1920年11月2日，美国西屋电器公司在匹兹堡建立了KDKA电台，这是世界上第一家正式办理了执照的广播电台，这一年也被认为是世界无线电广播事业的开端。从媒介形态的演变历程来看，广播媒介是第一个电子媒介，也是第一个具象化的传播媒介。可以说，无线电技术的推广为广播媒介的大众化提供了巨大的传播平台，有声语言的广泛使用为广播媒介的人性化传播提供了鲜明的工具，广播媒介曾一度成为电子媒介中传播效力最大的媒介。

时过境迁，我们已经进入了媒介融合的新媒体时代，技术的革新、平台的扩展、信息量的增加、时效性的增强等特征都在冲击着广播媒介的传播能力。人们不禁要问，昔日里那个响亮的电波声音如何焕发第二次青春？广播媒介依

靠什么才能再度嘹亮呢？笔者以为，完善现代广播媒介的传播理念，以提升节目文化思辨能力为核心，谙熟广播的传播规律与特色，才能开辟广播视野的全新发展道路。

多年来，广播媒介限于其线性传播的传播特点，以及仅仅依靠声音的单一的传播符号，在传播深度信息方面存在明显的劣势，广播媒介将关注的重点主要放在了充分发挥其信息的时效性传播和人性化服务方面。作为历史较为悠久的传统媒体，在媒介融合的时代里，传播形式和传播技术的完善日新月异，但是决定其永续发展的根本仍旧是以内容为核心的竞争力的打造。在对海量信息进行深度整合的过程中，节目采制者应充分调动日常生活中的文化储备和经验储备，力求将新闻传播领域的现象和话题放进不同的研究范畴和领域中，为受众提供更为多元的思考角度和空间，进而促进受众文化思辨能力的培养与提升。在节目传播的过程中，多元的学科背景、丰厚的历史背景以及丰富的文化背景的解析，能够有效地帮助受众拓展理解和分析问题的维度，从而为提升节目的思辨性和受众的思辨能力提供可能性。

语言"思辨"让广播"亮"起来

—— 以《共赢之路》为例探析广播语言思辨能力的提升

纵观媒介发展的历史不难发现，每一种新兴媒介的产生都是对前一种媒介形态在传播功能上的进一步延伸与完善。广播媒介的产生在很大程度上完善了纸质媒介在传播效果上的不足，特别是其以有声语言作为传播符号，给予受众较强的具象化媒介体验，更为快捷准确地提供了便利的信息，拉近了与受众的距离，在很大程度上增强了传播效果。可以说，有声语言的传播效果要优于文字的传播效果，这也是广播媒介最为典型的传播优势。

当然，有声语言是一把双刃剑，在给广播带来前所未有的传播效力的同时，它也在一定程度上成为制约广播媒介向纵深方向发展的主要障碍。由于有声语言的具象化特征，加之广播媒介线性传播模式的不可逆性，广播媒介所传播的信息更加侧重传播内容的时效性和感染力，信息的多维整合与深度挖掘便成了广播媒介的软肋，以至于广播媒介常常被烙上浅尝辄止的"快餐文化"的烙印。相对而言，纸质媒介在信息的深度整合与加工方面走在了所有媒介的前列，纸质媒介借助文字和图片的传播符号，其传播行为具有很强的抽象性和深刻性，这种传播特点为纸质媒介的受众提供了独立思考的空间，在很大程度上提升了受众的思辨能力。

传播学者拉斯韦尔曾经提出了著名的"媒介的社会功能"理论，在他看来，媒介系统作为社会子系统的重要组成部分，在社会系统运行的过程中发挥着重要的社会功能。这种功能主要包括三个方面，分别是传播信息、社会协调和社会遗产继承。根据他的观点，这个理论不受媒介传播特点的限制，适用于各种媒介，其中社会协调与社会遗产继承的功能，更需要媒介与受众共同完成，即媒介需要传播具有一定深度的信息，受众需要对这些信息进行科学的接收和理解。而这样的理想化的传播模式要想实现，在很大程度上依赖于媒介和受众双方思辨能力的提升。

思辨,简单地说,思即思考,指进行比较深刻和周到的思维活动;辨就是辨析,指辨别和分析。如前所述,思辨是媒介得以长久生存的根本,制作具有较高思辨性的媒介产品是不断满足受众高水平接受需求的重要途径。而就广播媒介的传播特点而言,思辨性和纵深性又是其传播的软肋。如何将传播能力的软肋转变成为传播效果的引擎,进而从根本上提升广播媒介的思辨性呢?笔者以为,解决这个问题需要深刻把握广播媒介传播特点,充分发掘有声语言这个传播符号的传播效力,进而增强广播节目的思辨力。

《共赢之路》是中央人民广播电台对港澳节目中心在庆祝香港回归十五周年之际推出的系列专题报道。笔者将以《共赢之路》的解说词为例,围绕有声语言的状态、样态和形态三个方面探析解说词语言思辨能力的提升途径。

一、平等开放的语言状态

语言状态简称"语态"。纵观新中国成立以来我国新闻报道语态的嬗变过程,我国新闻报道的语态经历了多种状态的变迁,这其中以"说教式""宣传式"和"抒情式"为主要代表。在新闻作品中,这些语言状态集中地体现在新闻专题片的解说词创作过程中,而这些不同状态的语言背后反映的则是社会经济的发展现状和人们当时的思维水平层次。说教意味、宣传意味和抒情意味较为浓厚的语言状态在传播的过程中较为直白和简单,给予受众思考和辨别的空间较少。因此,它们并不利于理性思辨内容的有效传播,也不能有力地支撑解说词中理性思辨的意思的表达。

随着媒介融合时代的到来,传播者与受众之间的地位与关系发生了根本性的变化,受众被动接受传播内容的传播格局被打破,取而代之的则是"传受一体化"的传播新格局的建立,即传播者和受众在平等开放的平台上进行信息的传递,受众的主体性增强,传播变成了一种交流。在这样的传播格局下,传播者在语言状态方面的调整对于传播意图的实现而言,便十分关键和重要。对于广播媒介而言,有声语言的传播状态成为影响受众接收信息程度的关键要素。笔者以为,平等开放的语言状态有利于思辨内容的有效传播,在这样的语言状态下,传播者能够与受众真正做到平等地交流探讨。这其中,平等是交流的前提条件,可以充分发挥有声语言在交流过程中的巨大优势,实现观点和思想的交流。思辨并不能单纯地等同于辩论，而应该是围绕某个议题，传播者与受众进行坦诚与深入的探论与交流，传播者在平等交流的过程中完成其传播意图的渗透，而受众则在这种有益的讨论中对新闻信息有了更为理性的思考与判断。请看下面这段解说词：

你们还记得秦始皇修建的古长城吗？如今它还沉睡在沙漠之中。茫茫流沙从北方一步步蚕食过来，狂风雕塑着它，仿佛它是一个千年的流放者，躺在这荒漠之中，凝固成一个没有答案的沉思。与秦长城的被遗忘相反，向后退缩了一千华里的明长城却受到无比的崇敬。人们为它是地球上唯一能被登月宇航员看到的人类工程而自豪，人们甚至要用它来象征中国的强盛。然而，假使长城会说话，它一定会老老实实地告诉华夏子孙们，它是由历史的命运所铸造的一座巨大的悲剧纪念碑。它无法代表强大、进取和荣光，它只代表着封闭、保守，无能的防御和怯弱的不出击。（第二集《问路》）

这是第二集《问路》中的一段解说词，在这段解说词中，作者对我国不同时期的两段长城进行了分析和评论，并以此作为评论的依据，表达"只有打破旧有的思维模式，大胆向前发展才是硬道理"的传播意图。在这段解说词中，作者对于长城的态度与一般舆论的态度截然相反，即认为长城是故步自封和保守落后的象征，对长城的符号意义更多地给予了否定的态度。在阐述这个传播意图的过程中，作者并没有使用过多的激进式、宣传式和抒情式的叙述语言，而是在平等的语言状态下阐述了其观点。这样的语言状态给受众提供了另外一种思考的可能性，使得观点交流的平台变得更加开放和多元，受众的思考空间增大，这样的语言状态使得语言的张力有了极大的增强，交流感和讨论性也明显提升。如前文所述，思辨并非等同于单纯意义上的辩论，给予受众独立的思考空间和传受双方平等开放的交流平台才是达到思辨效果的根本途径，而从语言的角度来说，平等开放的交流姿态是实现这一目标的根本途径。在《共赢之路》的解说词中，这种平等平缓的语言状态为该节目增添了思辨的色彩与可能性。

二、叙议交融的语言样态

从新闻实务操作的角度来看，消息、通讯和评论是主要的新闻体裁，不同的体裁有不同的特点，这些特点直接制约和限制着语言样式的选择。其中，消息注重信息的传播,语言力求做到简短迅捷;通讯注重信息的描写,语言力求做到细致生动;评论注重信息的表意,语言力求做到言简意赅,而广播新闻专题节目注重新闻时效的时机化、新闻内容的深入化和表现手段的综合化。从这个特征来看,通讯中常用的描述式语言和评论中常用的评论式语言在专题节目中的比重相对较大,而评论式语言在呈现思辨力方面的效果更为明显,因此成为广播专题节目语言样式的首选。

新闻评论是说理性很强的一种文体,较强的说理性和分析性是评论语言区别于其他文体语言的鲜明特征。新闻评论是以新闻信息为论据,对新闻信息背后的社会经济现象进行深入分析的重要文体样式。也正是由于新闻评论自身较强的说理性,因此在展现思辨性的传播意图的过程中,新闻评论能够表现自如而直接,发挥着较大的作用,在广播新闻专题节目中使用得也较为广泛。值得一提的是,新闻评论的说理性和分析性也是一把双刃剑,一方面这是表现传播者传播意图的最为直接的方式和途径,另一方面也容易陷入枯燥说教和宣传的传播怪圈。笔者以为,思辨并不等同于辩论,同样也不等同于评论。思辨和评论之所以能够维系在一起,主要因为彼此之间在说理性方面存在很大的共识。由此可见,在广播新闻专题节目的解说词创作过程中,对于新闻评论文体的借鉴应该着重于其直抒胸臆的表意功能和传播技巧上。在语言的样式上应采用夹叙夹议的叙述方式,这样的方式能够有效淡化单纯评论所带来的说教色彩,从而为思辨效果的实现提供可能性。请看下面这段解说词:

其实,作为一个普通的市民,或许我们并不了解CEPA为何物。但CEPA已经确实地渗透到了我们生活的每个角落。身边越来越多的7-11便利店,逛商场时见到的周大福、莎莎,还有路过的汇丰银行,走累了进到的嘉禾影院……"随风潜入夜,润物细无声",不知不觉间,港澳的便利店、港澳的学校、港澳的银行、港澳的医疗诊所……其实早已随着CEPA来到我们的身边。当你端起咖啡沉思感叹的时候,也许你手中的那杯咖啡就有可能是和CEPA有着密不可分的关系。

反思与考验远不止这些。内地经济迅速发展,长三角、珠三角对香港经济地位的挑战;两地经贸合作日趋紧密,带来港澳内地化甚至是港市A股化的担忧;香港自身经济缺陷带来的危机,等等。这些都在挑战着决策者的智慧。(第六集《拓航》)

这是第六集《拓航》中的一段解说词,这一集着重展现的是内地与港澳在拓展全方位交流方面的故事,而这段解说词主要表现的是在内地与港澳各方面交流逐步深化的过程中,港澳方面的反思与忧虑。内地与港澳的合作是互利双赢的平等交流,但在发展潜力和速度方面的差异使得这种理想的平衡模式被打破,这便给港澳的发展带来了一定的挑战和危机感。这段解说词从生活细节入手,立体呈现了密切交流给双方民众生活带来的巨大便利,但紧接着话锋一转,谈到了这种交流背后带给港澳发展的一些隐忧。解说词语言简要直白,夹叙夹议的语言样式能够在与受众平等交流的过程中,巧妙地渗透作者的传播意图,坦率地展现了合作所带来的欣喜与隐忧。夹叙夹议的语言样态成为近年来媒介语言的主流样态,广播媒介利用这样的语言样态实现了深入浅出的传播目的,打破了叙述和说理之间的明显界限,实现了描述与评论的有机结合。这样夹叙夹议的叙述方式在《共赢之路》中运用广泛,它很好地服务了传播者的传播意图,在叙述的过程中引发受众的思考与分析,并且形成了独特的解说风格,增添了解说词的思辨色彩。

三、灵活多变的语言形态

从语言学的角度来探析广播新闻专题解说词思辨力的提升,修辞手法的广泛使用是最常用,也是最为有效的手段。广播媒介以有声语言作为主要的传播符号,在线性传播的过程中,要求用最为具象化的语言传递信息,要求信息能够便于受众接受与理解。而思辨性的内容相对抽象和枯燥,这就要求广播新闻专题的解说词在创作的过程中,尽量使用修辞手法实现抽象化的内容具象化表达,力求做到深入浅出,言简意赅。可以说,修辞手法的运用使得语言的形态变得更加灵活多变,同时也提升了思辨力。

常用的修辞手法主要包括比喻、拟人、联想、排比、通感、仿词、设问、反问、对比和拈连等,这些修辞手法的共同作用都是能够将抽象和枯燥的信息"转换"成为形象生动的信息。在这些修辞手法的内部,有的修辞手法能够扩展信息的外延,有的修辞手法能够深掘信息的内涵,因此笔者又将其分为广度修辞与深度修辞两种。

广度修辞主要目的在于寻找两个事物之间的相似点,通过广度修辞将陌生的事物转换成受众熟悉的事物,并在这个过程中不断扩展陌生事物的信息外延,进而为受众进行思辨能力的提升扫清障碍。常见的广度修辞手法主要包括比喻、拟人、联想、排比、通感和仿词等。请看下面几句解说词:

如今"走出去"与"引进来"的国家战略如同鸟之两翼,船之两桨,引领中国的改革开放事业起锚前行、破浪远航(第十二集《远航》)【比喻】

产业升级转型也像一个蹒跚学步的孩子,艰难地迈出了第一步。(第七集《波动》)【拟人】

也许伍氏父女也不曾料想到,是一枚小小的面包帮助他们撬动了引进外资的大门。(第一集《抉择》)【联想】

深度修辞的主要目的在于深入挖掘现象背后的实质性问题,不停留于表面,不拘泥于一个视角,力求通过提问、对比和分析的思维方式,向受众展现现象背后的本质问题,并在这个过程中不断提升思辨能力。如果说广度修辞手法主要是将信息的外延不断拓展,那么深度修辞手法则是在广度修辞的基础之上进一步挖掘深层次的信息,引领受众进行思辨性思考。常见的深度修辞手法主要有设问、反问、对比和拈连等。请看下面几句解说词:

中国这条潜伏已久的巨龙,何时能飞龙在天呢? 中国怎样才能走上现代化建设的通衢大道呢? 邓小平揭示了一条真理:"实事求是"是无产阶级世界观的基础,是马克思主义的思想基础,过去我们搞革命所取得的一切胜利,是靠实事求是,现在我们要实现四个现代化,同样要靠实事求是。(第三集《起飞》)【设问】

如今看来,我们也惊讶于这一转变,而在当时,在一片漆黑当中寻路、问路,需要的是何种勇气与力量? 同时又有着何等深刻的自我剖析? (第二集《问路》)【反问】

由此可见,修辞手法的使用使得有声语言的形态变得更加灵活和多样,而形式上的灵活多变是为了实现抽象化内容的具象化表达,进而实现思辨性内涵的传播。在这个过程中,思辨性的内容以深入浅出的方式被受众有效地接受。

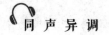

四、结论

作为广播媒介的重要传播符号，有声语言在广播媒介的传播过程中的重要性不言而喻。提升广播节目的思辨性，在很大程度上取决于有声语言的思辨性，而提升有声语言的思辨性主要在语言状态、样态和形态三个面入手，即保持平等开放的语言状态，坚持夹叙夹议的语言样态和使用多元的语言形态。从新闻传播学的角度看，打造有声语言的深层传播效力，有助于提升内在的思辨力和外在的传播力，进而实现传播内容深入化、传播形式多元化和传播效果最大化的传播目的。

《新闻和报纸摘要》节目四十年之流变

《新闻和报纸摘要》是中央人民广播电台每天清晨6:30播出的一档新闻播报类节目,其主要内容是播送国内外要闻和中央报纸的言论。该节目最早的原型是1950年4月10日开办的《首都报纸摘要》,1955年7月更名为《新闻和报纸摘要》(以下简称《报摘》),其在全国新闻界享有崇高的威望和巨大的号召力,仅在北京、上海、深圳就有800多万受众。

20世纪50年代到70年代,按照当时中央的要求,《报摘》肩负着传达政策方针,进行宣传教育的任务。那时国民文化素质还没有现在的水平,以声音符号代替文字符号,让中央的精神以更为简单易懂的方式传遍祖国是行之有效的方法。2018年是改革开放四十周年,《报摘》在改革开放的浪潮中毅然坚守,陪伴国民走过四十个年头,在时代的巨变中,《报摘》自身也在不断变化,传递着更新、更强的声音。

一、节目四十年之流变

四十年来,国内新闻行业随着观念的革新与技术的创新发生了较大变化,《报摘》也紧跟行业的整体步伐,做出了自己的改变。总体来看,《报摘》在过去的四十年中大致可分为摘发报纸时代、自采新闻时代、录音节目时代以及同期声时代。

(一)摘发报纸时代

20世纪80年代,恰逢改革开放初期。中国的政治经济体制在这时都发生了比较大的变化,时代的进步冲破了人们的思想禁锢,人们有了足够的条件和素质接受更多的信息。

这一时期报纸新闻在《报摘》占有很大篇幅,《报摘》节目的新闻来源得到了飞跃式扩充。从之前创办之初仅播报《人民日报》《解放军报》《光明日报》《中国青年报》《大公报》和《工人日报》的内容，不断扩展其播报范围，到1985年，供稿报纸已经达到了90余家。

其工作模式也相对比较固定。由部主任或是审稿人主持整个节目，而许多刚来中央电台上《报摘》节目的年轻同志，被安排凌晨去人民日报社取报纸，也被称为"大早班"。上"大早班"的时候，上班时间一般都在深夜12：00，12：30以后，先与晚班同志交接班，然后给各报社打电话，了解他们的版面内容并整理记录下来。凌晨3：30早班编辑上班后，把整理好的各报头条、新华社主要报道内容提交给编前会，值班主任传达相关指示精神和注意事项后，编辑们开始编稿子。当时整个《报摘》业务氛围非常和谐，常常几人在一起，把各自收集到的报纸新闻进行删减修改，然后放在一起相互比较、相互探讨，这样的工作氛围也奠定了其日后的发展。不过当时很少有自己的作品拿出来探讨的，毕竟稿件几乎都是摘自其他报纸，自采的新闻稿件不多。

每天的《报摘》，会用3~5条单发的报纸新闻和4~6条报纸版面介绍，具体情况视当天要闻的多少和自采的重要新闻多少而定。那时的新闻稿子篇幅在几百字左右较为常见，也会有篇幅相对较长，达到千字以上的"大稿"。

下表是1981年2月17日《报摘》节目的稿件播放目录，及每条新闻稿件的字数：

序号	新闻标题	稿件字数
1	黑龙江省国营农场重视粮食生产	470
2	云南省贫困地区社员生活改善	400
3	宁夏农村实行联产计酬责任制	350
4	《人民日报》社论：现有企业要抓好生产	420
5	宁波市改组工业取得良好效果	390
6	太原钢铁公司调整内部基建项目	450
7	张劲夫同志做青年思想工作	530
8	浙江省红旗汽车修配厂对青工进行教育	350
9	人民解放军猛虎二连在国防施工中立新功	520
10	全国少数民族教育工作会议开幕	230

序号	新闻标题	稿件字数
11	西哈努克复信乔森潘表示欢迎民柬代表团	70
12	柬埔寨伪军哀叹处境艰难	280
13	马歇尔说他将不参加苏共二十六大	130
14	苏联掠夺阿富汗铀矿等资源	220
15	苏克格勃讹诈美国一助理武官未得逞	280

这只是比较普通的一天的节目编稿，虽然目录没有明确标注，但当时的《报摘》有相当部分的稿件多是选择其他报纸内容进行汇总摘编，同时呈现出了符合当时新闻规律的编排特色：国内外新闻兼备；各省市重要新闻皆有关注；内容多篇幅短。

（二）自采新闻时代

20世纪90年代，《报摘》的新闻来源逐渐从仅仅摘抄报纸走向自采新闻时代。其实早在1985年年初，采访部和编辑部就已经合并在一起组成了经济部，实施采编合一的制度。但过了一年左右，有些问题逐渐显露，主要是编辑和记者的工作不能进行合理分配，写稿积极性大于编稿积极性。经历这次波折后，刚刚采编合为一体的经济部再次分开工作，成立了新闻采访部和地方新闻部。地方新闻部负责编辑记者站的来稿和群众自发来稿，供稿的对象就是主要编排《报摘》以及《全国新闻联播》的新闻部。这个时代的新闻节目，稿件来源主要是新闻采访部自采，地方记者站的稿件用得也相当多，可以称之为自采新闻时代。

正是由于这个原因，当时的部分新闻稿件的文风也展示出了比较鲜明的特色，一些稿件极富作者的风格，例如，一些作者文风犀利，直指事件要害；而另一些作者语言较为华丽婉约，在遣词造句上颇下功夫。这些都给受众留下了极为深刻的印象。

此外，90年代人们生活节奏有所加快，长篇大论的新闻往往让听众失去兴趣，在最短时间获取最多信息成为听众的普遍诉求，为此《报摘》也做出了明显改变。比较明显的有两点：其一是稿件继续精简。很多稿件精简到200~300字，甚至十几或二十几个字一条简讯。报纸版面介绍的字数也从每篇200~300

字，压缩到几十或一百多字。对于每天必须播发的时政新闻、重要会议新闻、政令法规新闻等指令性内容，在坚持权威性、保持信息完整无误的同时，对每条稿件都"精抠细编"。其二是每条"简讯"前面的"中央电台消息"等台头、电头在90年代全部取消，让信息"开门见山"。

(三)录音节目时代

稿件来源日益丰富的同时，广播新闻的声音形式也更为多元化，2000年后可谓录音节目时代。早在1995年后，广播节目开始注重录音报道，但在21世纪之前说它是个时代，着实有点夸大，因为那时一次节目出了三四条带响的录音已经可以在"交班本"上注上一笔了。到了21世纪以后，情况就大不一样了。一次节目里会出现七八条录音报道，口播与录音交叉使用。

例如，2007年1月21日的《报摘》节目中，就有部分新闻稿件采取了录音与口播相结合的形式。下表为当日节目中采取口播与录音结合形式的稿件播放目录：

序号	新闻标题	字数+录音时长
1	隆冬时节，各地为贫困大学生、外出农民工和灾区群众送温暖	30+3'16"
4	陕西秦岭终南山公路隧道正式通车	70+1'20"
5	今年铁路旅客发送量将突破13亿人次大关	70+1'19"
6	山西在全国率先实行学校安全管理日志制度	60+1'07"
7	甘肃"两免一补"使27000名辍学儿童重返校园	70+1'25"
17	吉林省人代会07年首次实行走会制 经费减少50万元	50+1'07"
18	宁夏退耕还林470万亩，粮食产量不降反增	70+1'36"
19	西藏驻军科学训练新兵	60+1'24"
20	武汉市"农民工素质进城计划"，整体提升农民工素质	60+58"
21	福州全面启动多层次社会保障性住房建设	110+50"
22	杭州个人合作建房拿地失败	70+1'21"

当期节目共有30条新闻，如上表所述，共有11条采取了录音的方式进行播报。其实当时推行录音形式也并非一帆风顺，很多记者现场采访或发回现场报

道的声音没有播音员的悦耳，但为了突出广播"在现场"的特点，台里仍然要求记者必须采、必须上。录音将现场声音带给听众，让汇总性质的新闻节目更具有真实性，营造出了一种现场感。另一明显标志就是，90年代的"两会"报道，集纳代表委员发言的综合报道多是文字，由播音员直接播音；而到了21世纪，同样的内容都是代表委员在大会或是小组会上发言的录音集纳，这也增强了节目的可听性。

进入2000年还有一点变化引人注目。21世纪正值中国网络迅速发展之际，网络逐渐成为受众获取信息的重要渠道，《报摘》将节目音频按日期发布至互联网，扩大了广播新闻节目的传播范围，也让来不及早上收听的受众可以随时收听。这是用户理念的初步形成阶段，当然节目也开始注重形式来吸引受众，出现了节目开始曲、间隔曲、专门配乐等。

（四）直播+同期声时代

2010年至今，《报摘》借着音频技术及互联网技术的东风，走向了直播+同期声时代。

首先，2008年11月1日《报摘》已经正式恢复直播，且随时插播重要信息也更加常态化，在节目编排、流程运作等方面的革命性变革，实现了报道的独家性、不可复制性，大大提高了《报摘》时效。

其次，充分发挥广播优势，突出声音特点，在《报摘》这一优势得到凸显，特别是领导讲话的同期声节目鼓舞人心、提升士气，为整个中央电台赢得了声誉。例如，2016年7月22日"时政解读"栏目中头条是"习近平在宁夏银川主持召开东西部扶贫协作座谈会并发表重要讲话"。这则报道就坚守"同期声原则"，大量采用了总书记在座谈会上的讲话原声，铿锵有力，增强了感染力，让群众深刻领会到了中央对推动这一工作的坚定决心。又如2017年3月22日《推动政府系统党风廉政建设向纵深发展》，李克强在国务院第五次廉政工作会议上谈"保障廉洁执法"的音响："你检查一遍，他检查一遍，检查十几遍谁受得了？"总理拉家常式的语言一下子拉近了和听众之间的距离。这些案例都充分证明了同期声在《报摘》里愈加成为一种不可替代的符号。

最后，继续坚持政治导向，兼顾编排灵活。《报摘》在加强权威性、政治性的同时，强调新闻性、服务性并举，尽量保持时政新闻、单发新闻、简讯、报纸版面介绍、国际新闻等小栏目的完整性。当遇到重大事件或议题时，也会灵活

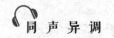

处理，缩减或取消其固定板块，深度解读重大事件或议题。

二、未来发展之展望

在这四十年风雨中，《报摘》亦在不断成长，既跟随于祖国强大的步伐，也跟随于听众精神文明的不断提高。有了改革开放以来四十年的积淀，《报摘》也必将在新时代焕发新光彩。未来机遇与挑战并存，《报摘》要获得长久的生命力还要在新闻来源、声音编辑、传播渠道等方面继续坚守与创新。

（一）选稿来源丰富化

《报摘》是全天国内外新闻的"精华汇总"，但是由于广播的线性传播特点，导致节目容量的有限性，因此，如何让有限的节目时间承载更丰富的信息成为提升节目品质的首要突破口。

其一，在信息来源上，要充分调动全媒体优势。2016年，《新闻和报纸摘要》改单纯"报纸摘要"为"全媒体扫描"，改变被动依赖报纸供稿的局面，将内容来源由平面媒体扩展到"两微一端一门户"，由行业媒体扩展到综合类媒体，由信息荟萃扩展到观点集纳，盘活了媒体资源，这也是《报摘》融合新媒体的一次有益尝试。2018年3月21日"三台合并"以后，中央电台的平台优势得以彰显，其信息的融通更为便利。

其二，稿件除信息性外还要兼备观点性，做到信息和评论并重。2015年中央电台推出"央广评论"和"央广时评"。2016年《报摘》敏锐把握党情民意，推出了一系列评论，有关于党和国家大政方针的《管党治党十六讲》，关注社会热点问题的《化解戾气需要多管齐下》，以及必须立刻澄清谬误、明辨是非的《中国人民不信邪、不怕鬼》《将法律之剑高悬于"港独"分子之顶》《阐明法律红线遏制"港独"势力》等。近年来，传播平台迅速扩充，传播主体日益多元，意味着表达的多元、思想观念的多元，这给传统舆论场带来了极大的冲击，更需要主流媒体的权威栏目及时传递观点，引导舆论。

（二）声音符号多元化

广播是声音的媒介，声音是线性传播，但并非"一元"传播。广播新闻，一直以来以速度快、接收门槛低、伴随性强等特点，拥有自己的话语优势。面对新媒体的冲击，广播新闻的突围就必须强化自身的核心竞争力，即声音传播的竞争力。

经过了多年的沉淀与不断的改革，《报摘》在声音符号的编辑上逐渐走向了多元化，无论是现场同期声的有力发展，还是对还王牌主持人的打造都取得了一定成就。当今，《报摘》节目乃至整个广播新闻行业要想立于不败之地，将声音符号的多元化继续下去成为必要之举，总体来说要做到语言和非语言符号兼容，客观理性与情感贴近并举。

所谓语言和非语言符号兼容，就是指在打造精品的语言性内容的同时，要兼顾一些非语言因素，例如节目中配乐、自然声的音响等，要还原节目氛围，让节目更加饱满真实。而客观理性与情感贴近并举则意味着在保证所播发新闻的权威性、真实性的同时，要合理利用声音符号贴近受众的心灵，例如播放领导人讲话音响、播放群众说话、活动的音响，等等。

（三）播发平台矩阵化

《报摘》最为核心的功能之一就是精华新闻汇总，当前受众碎片化的接收习惯更加凸显了这一功能的重要性。随着互联网技术的不断发展，现在涌现出很多新媒体平台也逐步开拓了新闻汇总这项功能。例如"人民日报"微信公众号会在每天早晨6点左右发《来了！新闻早班车》的推送，总结前一天发生的新闻，包括"要闻""社会""政策"和"生活提示"等版块，同时配发相关语音，以便不方便阅读的受众，例如早班族在上班的路上接收信息。同样的传播方式还有"央视新闻"微信公众号每天早上6点左右的固定推送《早啊！新闻来了》，"央广新闻"微信公众号每天早上7点左右的固定推送《嗨！七点出发》等，在新闻汇总这一新业务上，新媒体的功能与优势正在逐渐凸显。

作为传统广播音频节目，《报摘》也要进一步打造属于自己的新媒体平台，逐步扩大自己的传播领域及影响范围。据观察，《报摘》的官方微博号"央广新闻和报纸摘要"在2014年5月22日就停止运营了，但是账号已经积累了12万多的粉丝，这样"放弃"未免有些可惜。在受众接收习惯差异明显、选择逐渐增多的今天，《报摘》这样的老牌节目也应该开疆拓土，丰富自己的传播平台，形成传播矩阵。当然，在不同的平台上，内容形式可以根据平台的不同进行调整，尤其是新媒体平台更要结合新媒体的趣味性等因素，多利用H5、短视频等多媒体手段改造节目形式，吸引受众。

三、结语

改革开放四十年来,《报摘》节目的创新与进步,是节目自身与时俱进的成果,同时也反映了我国广播节目在不断适应传播方式的变化,满足更为丰富的受众需求。当今,国内外舆论环境更为复杂,国内主流媒体肩负着更为重大的舆论引导责任,加强传播力、引导力、影响力和公信力显得尤为迫切。这就要求主流媒体不但要紧跟时代,在节目内容和形式上不断创新,更要勿忘初心,把老牌节目、经典栏目继续打磨,让其在新时代焕发出更多光彩。

媒体融合视域下新型主流媒体建设探析
——以《人民日报》为例

2014年是媒体融合发展的关键之年。8月18日中央全面深化改革领导小组第四次会议审议通过了《关于推动传统媒体和新兴媒体融合发展的指导意见》，提出要将媒体融合作为全面深化改革的重要战略，强调要推动传统媒体和新兴媒体融合发展，要遵循新闻传播规律和新兴媒体发展规律，强化互联网思维，着力打造一批形态多样、手段先进、具有竞争力的新型主流媒体，建成几家拥有强大实力和传播力、公信力、影响力的新型媒体集团，形成立体多样、融合发展的现代传播体系。

一、中外媒体融合研究综述与回顾

要准确理解"传统媒体和新兴媒体融合发展"，应了解国内外业界、学者在"媒体融合"方面进行了哪些探索，以便理解媒体融合的深层含义。

(一)国外学者关于"媒体融合"的研究

"媒体融合"由美国学者尼古拉斯·尼葛洛庞帝提出。1978年，这位麻省理工学院学者用一个图例演示了三个相互交叉的圆环趋于重叠的聚合过程，这三个圆环分别代表计算机工业、出版印刷工业和广播电影工业，旨在说明不同工业即将和正在趋于融合。在新闻传播领域，哥伦比亚广播公司主席威廉·帕雷在1980年广播界年会上发表讲演，重点论述了新闻信息传播机制的融合给业界所带来的新挑战。

传播学者伊契尔·索勒·普尔在1983发表的《自由的科技》中提出了"传播形态聚合"概念。他认为，数码电子科技的发展是导致历来泾渭分明的传播形态聚合的原因。

美国新闻学会媒介研究中心主任安德鲁将"媒介融合"界定为"印刷的、音频的、视频的、互动性数字媒体组织之间的战略的、操作的、文化的联盟"。[①] 这一"联盟",当是纸质媒介、广播媒介、电视媒介和网络媒介等共同形成之盟。而三个修饰语,则分别涉及了"联盟"的三个层面:"战略的联盟"所涉及的宏观谋略层面;"操作的联盟"所涉及的具体业务层面;"文化的联盟"所涉及的深厚底蕴层面。这一界定体现出一定的深刻性和独特性。[②]

学者李奇·高登对媒体融合做出系统梳理,他认为媒体融合有以下六个层面的内涵[③]:一是媒体科技融合,即传媒机构的数字化传播内容管理体系、传播平台的创建和广泛使用。二是媒体所有权合并,指国际大型媒体集团所有权的集中合并现象。三是媒体战术性联合,战术性联合并不需要媒体所有权合并,通常是指在不同所有制下电视、报纸、电影、网络等媒体之间在内容和营销领域的通力合作。四是媒体组织结构性融合,指传媒从业人员的工作职责和媒体组织结构的变化。英国BBC已经彻底改变了传统的采、编、传播操作方式,成立了新闻产品集中生产的部门,采取的是一种新型的新闻产品的生产模式。这个名为"News Room"(新闻中心)的机构,把广播、电视、网络媒体中的新闻部分进行物理合并,合署办公,所有采编人员聚合在一起。"News Room"实行记者统一管理,全媒体运作,统一称作"BBC记者",接到采访任务之后,为BBC所有媒体供稿,而不再只拘泥于一种媒体。五是新闻采访技能融合,简·埃伦·斯蒂文斯称自己为"背囊记者"。即媒体融合对新闻工作者提出新要求,不拘泥于一种媒体而是要求记者具有报纸、广播、电视、网络媒体的全媒体技能。六是新闻叙事形式融合,"融合新闻"的理念应运而生。即利用多媒体手段进行新闻传播活动,融合文字、图片、视频、音频、动画等多种形态的新闻叙事方式。美国普利策新闻奖作品《雪崩》被誉为"融合新闻里程碑之作"。《雪崩》作为"特稿写作"类作品获得2013年普利策新闻奖,作者约翰·布兰奇是《纽约时报》体育频道记者。《雪崩》的报道灵感来自于对滑雪场上高死亡率的高度关注。这组报道16位滑雪者在美国卡斯卡德山遭遇雪崩惨剧的特稿,通过流畅的连接和叙事,将事故发生的背景、过程、后续处理及每个当事人的故

① 丁柏铨:《媒介融合:概念、动因及利弊》,《南京社会科学》2011年第11期,第92~99页。
② 丁柏铨:《媒介融合:概念、动因及利弊》,《南京社会科学》2011年第11期,第92~99页。
③ 宋昭勋:《新闻传播学中Convergence一词溯源及内涵》,《现代传播》2006年第1期,第51~53页。

事娓娓道来。① 基于"融合新闻"的理念,采用了体验式报道方式,将图片、文字、动画、声音、视频等新闻叙事方式综合应用。

(二)我国学者关于"媒体融合"的研究

"媒体融合"对我国而言是"舶来品"。在此需要特别说明的是,西方的Media Convergence引入我国之后存在着"媒体融合"和"媒介融合"两种主要翻译方式,"媒介"和"媒体"概念交替出现。具体的新闻传播机构时用"媒体"概念,同介质的集合性的媒体时用"媒介"概念。② 刘昶、陈文沁认为,从学理出发,"传媒"通常是信息传播的载体、手段、途径、体制等的统称,如大众传媒。"媒介"强调不同的传播技术特性,如纸质媒介、电子媒介、数字媒介,常见的有报刊、广播、电视和网络等,又如,以研究并开发媒介融合为主的新兴学科"媒介电子学"。"媒体"突出传播活动的主体性和体制性,常是新闻事业的代名词,如中央级媒体(全国性的电视台、电台、报社、网站)、外国媒体等,"媒体"通常有两层含义:一是借助于某一渠道,以某种方式向某一终端生产和传送信息的技术总体和内容产品;二是承担上述信息处理的具有组织化特征的单元结构。在实践中,"传媒""媒介"和"媒体"三者有时会出现通用或混用的现象。目前,融媒的性质被明确界定为"媒体融合"。较之带有较浓技术色彩的"媒介融合","媒体融合"更强调媒体之间在内容、渠道、平台、管理、组织以及新闻实践等方面的全方位聚合。③

2005年是我国Media Convergence概念的引入之年,④ 学者蔡雯对话密苏里新闻学院教授,将"媒介融合"(当时译法)概念介绍到中国,并对融合新闻加以延伸思考。她认为,集中和融合的媒介集团中不同的媒体可以通过某种流程控制实现资源重整,电视台帮衬报纸、报纸联动网站、网站呼应广播电视,利用各自的介质差异,在新闻信息传播上实现资源共享而又形式各异,化竞争为合作,结果就能联手做大区域市场,并且在这一市场上占据垄断地位,"融合新闻"的前提和基础是"融合媒介"。大众媒介从各自独立经营转向多种媒介联合运作,尤其是在新闻信息采集发布上联合行动,能最大限度地减少人

---

① 韩士皓、彭兰:《融合新闻里程碑之作——普利策新闻奖作品〈雪崩〉解析》,《新闻界》2014年第3期,第65~69页。

② 丁柏铨:《媒介融合:概念、动因及利弊》,《南京社会科学》2011年第11期,第92~99页。

③ 刘昶、陈文沁:《融媒大发展的前提是遵循新闻传播规律》,《新闻战线》2014年11月。

④ 郑保卫等:《我国媒介融合研究的回顾与前瞻》,《新闻传播》2008年2月。

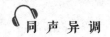

力、资金和设备的投入，降低新闻生产成本。[①] 该年度关于"媒介融合"的论文多停留于对美国媒介融合概念与现状的介绍上，介绍相对粗浅、含混，缺乏深入探讨。[②]

2006~2007年是我国媒体融合研究的拓展与深入之年。许颖在《互动·整合·大融合——媒体融合的三个层次》中提出媒介融合是分层次、分阶段进行的过程。第一层次是媒介互动，即媒体战术性融合；第二层次是媒介整合，即媒体组织结构性融合；第三层次是媒介大融合，即不同媒介形态集中到一个多媒体数字平台上。在媒介融合的过程中，内容和服务应是媒介最重要的关注点。蔡雯在《试论"融合新闻"的特点与运作》中对"融合新闻"与传统的新闻传播活动的差异进行了简要归纳，主要包括：新闻信源结构的改变与新闻传播主体的变化；新闻媒介组织结构的改变与工作流程的变化；新闻载体性能的改变与新闻传播方式的变化。

高岗认为，媒体融合是现代信息技术推进的信息传播的技术手段、功能结构和形态模式的界限改变及能量交换。其趋势性特征表现为：多媒体信息在同一平台上的能量互补；各类媒体之间的信息能量交换；信息传播者与信息接受者之间的信息能量交互；外部产业对传媒业的能量支持。媒体融合本质上不是抑制和同化个性信息需求，而是培植和满足个性信息需求；不是排斥传统媒体，而是优化传统媒体的功能；不是一个定态目标，而是一个动态进程。信息传播技术的发展和传媒市场化的进程已将新闻传播推进到一个革命性变化的临界点。

杜骏飞、孟建、赵元珂、陈绚、潘攀、熊澄宇等相关学者的洞见引人深思。不仅在广度上有所拓展，亦有深度上的开掘。王菲出版了关于媒介融合的专著《媒介大融合》，郑保卫教授认为这是具有重要标志性的事件，意味着媒介融合研究进入了系统化、能够建构自己研究体系的阶段。

2008~2014年是我国媒体融合研究的持续发展与全面深化之年，特别是2014年中央提出"媒体融合"战略以来，国内对媒体融合的关注空前，仅2014年一年相关论文就超过1000篇。相关研究更加深化，"媒体融合"的概念更加系统完备，相关研究紧密结合学界、业界最新动态，从理论到实践，从宏观到

① 蔡雯：《媒介融合前景下的新闻传播变革》，《今传媒》2005年第10期。
② 郑保卫等：《我国媒介融合研究的回顾与前瞻》，《新闻传播》2008年2月。

微观,内容更加丰富,观点更加多元。

丁柏铨认为,媒体融合是以下三个层面的融合:一是物质层面的融合。即工具层面的融合媒体作为传播信息和观念的工具,得益于新媒体技术的发展,其功能相交融、被打通。二是操作层面的融合,即业务(包括传播业务和经营业务)层面的融合。要求新闻从业者掌握为不同媒介作报道所必须掌握的、与以往为单一媒介和特定媒体供稿时有所不同的操作技能,能撰稿、能摄影。三是理念层面的融合。即意识层面的融合。在被现在的人们称为传统媒体的时代,不同的媒体之间疆界分明、互不交融,既没有必要,也没有可能实行媒体融合。

二、 新型主流媒体建设的背景

(一)媒介环境重构呼唤推动媒体深度融合,建设新型主流媒体

2014年是我国接入世界互联网20周年。在"新兴媒体"环境下,互联网不仅撕裂了信息生产模式、人类的交往方式、媒介的结构,而且还导致政治生活、经济形态、社会结构,甚至人们的世界观和价值观发生深刻变化。技术已成为一种无所不在、动荡不羁的力量,影响着人类的未来。[1] 当前,数字化技术的浪潮将把人类文明带入一个新世纪。正如尼葛洛庞帝在《数字化生存》中指出的:信息技术的发展将变革人类的学习方式、工作方式、娱乐方式,一句话,人们的生存方式。媒介技术变革正在重塑媒介环境,传播模式变迁革新了传媒格局,加快了传媒业的融合与转型。新兴媒体的发展带来了媒介环境的巨变。新媒体意味着技术的进步、传播语境的改变、传统话语权的解构和内容生产方式的转变。[2]

与信息匮乏时期传统媒体独领风骚的时代不同,在平等、互动、开放的互联网时代,崭新的媒介环境终结了"以传者为中心"的特权传播方式,"用户"取代传统意义上的"受众",信息传播实现了双向甚至多向交流。新的媒体环境所提供的方便、快捷、低门槛的传播方式使微信、微博等成为反映公众舆论的一个重要途径。

媒体格局的深刻调整和舆论生态的重大变化使传统媒体在舆论引导方面

---

① [何]E·舒尔曼:《科技文明与人类未来:在哲学深层的挑战》,东方出版社1995年版,第1页。
② 喻国明:《传媒新视界——中国传媒发展前沿探索》,新华出版社2011年版,第25页。

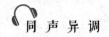

受到挑战,甚至"已经到了一个革新图存的重要关口"①。因此,媒介环境重构呼唤传统媒体融合创新,发挥主流媒体应有的舆论引导作用。

(二)顶层政策设计为新型主流媒体建设提出战略要求

2014年是媒体融合发展的关键之年,媒体融合成为全面深化改革的重要战略。事实上,党的十八届三中全会就指出,"整合新闻媒体资源,推动传统媒体和新兴媒体融合发展"。4月23日,中宣部部长刘奇葆在《人民日报》上发表署名文章《加快推动传统媒体和新兴媒体融合发展》。可以说"媒体融合"从学界讨论到最终进入最高决策层的顶层设计,是一种质的飞跃。刘奇葆的署名文章专门谈到了报纸这一传统媒体的融合发展问题,他指出"报纸"是两个部分,"报"是传播的内容,"纸"是传播的载体;"报"是核心,"纸"是为"报"服务的。融合发展就是为了使"报"适应和运用新的技术、新的方式,更好地加以生产和传播。

如何建设新型主流媒体,《人民日报》将成为重要参考。

三、《人民日报》打造新型主流媒体的着力点

《人民日报》打造新型主流媒体的着力点可从以下几个方面着手:

(一)打造新型主流媒体,推动媒体融合向移动化②、微平台转型

在移动互联时代,没有移动传播力,难言舆论引导力。媒介终端的改变不仅带来传播方式的变革,更深刻地影响着人们的生活方式。数据显示,截至2014年6月,中国网民规模达6.32亿。其中,手机网民规模5.27亿,网民上网设备中,手机使用率达83.4%,手机作为第一大上网终端的地位更加巩固。③打造新型主流媒体,传统媒体应拓展移动终端,适应新兴媒介形态。新兴媒体的蓬勃发展使信息传播在世界范围内进入"微时代":在社交化的"微媒体"上碎片化的"微内容"基于个人化的"微用户"实现裂变式的"微传播"。④

《人民日报》现有多个平台,在建立新型主流媒体进程中拥有先机优势。一是基于报纸内容的数字化平台,包括网络在线阅读系统、《人民日报》全文

---

① 刘奇葆:《加快推动传统媒体和新兴媒体融合发展》,《人民日报》2014年4月23日,第6版。
② 王晖:《推动媒体融合发展 打造新型主流媒体》,《新闻前哨》2014年第9期,第18~20页。
③ 中国互联网络信息中心(CNNIC),《第34次中国互联网络发展状况统计报告》http://www.cnnic.net.cn/hlwfzyj/hlwxzbg/hlwtjbg/201407/t20140721_4743 7.htm,2014年11月。
④ 孙璐、张丽:《"微时代"背景下科技新闻传播报道的创新研究——以科学美国人网(Scientific American)为例》,《科技传播》2014年第2期。

数据库、电子阅报栏等。二是以人民网为代表的基于PC终端的网络平台。其移动传播新布局最值得关注，微博、微信、客户端多面开花，实现"三微一体"（微博、微信、微视）扶持"人民电视"等新兴视频业务，推动"新型媒体集团"建设。从总体上看，《人民日报》不再是单落点、单形态、单平台的，而是在多平台上进行多落点、多形态的传播。

（二）推进传统媒体与新兴媒体深度融合，应用互联网思维，推动语态创新

作为权威性的大报，纸质版《人民日报》长期以来形成了庄重严肃的风格。报纸介质本身为深度阅读思考提供了天然适合的延伸界面。与之不同的是，微信平台是另一种媒介形态，是依托强关系互动的浅阅读平台。如果仅仅将《人民日报》纸质版的内容照搬平移至微信，其传播效果则会大打折扣。

《人民日报》微信的表现棋高一着，以"参与、沟通、记录时代"为口号的微信公众账号不同于其纸媒，虽然每日的推送信息多由其纸媒提供，但经过重新组合与编排后，呈现出轻松活泼、自然亲民的风格。

在APEC会议期间，《人民日报》微信推出独家报道，如《习近平奥巴马在瀛台到底聊了什么》（11月14日）向用户介绍了习奥见面的诸多细节，且语言风格轻松幽默，以生活化的口语短句为主，力求短、实、新，接地气。如署名文章中谈到"原来的安排是这样的"，"事实上呢？两人谈得特别好，特别深入……"微信独家报道中采用简短问句转承，在俏皮中拉近了与用户的距离。这条微信的阅读量超过10万，用户在"萌化了"的欢笑中心灵也被"暖化了"。

然而在融合过程中也出现了一些值得探讨商榷的问题，传统媒体与新兴媒体如何深度融合值得反思。例如，《人民日报》客户端推出有声资讯《三分钟读〈人民日报〉》，栏目将报纸内容有声化传播，这是一种媒介形态融合的有益创新。但是，在移动终端上，用户听到的读报语言还是"书面化"的，是将纸质版《人民日报》的主要内容一字一句地"念"出来。在这里需要注意的就是文字新闻的可听化处理。再如，互联网思维强调以用户为中心、开放、共享；《人民日报》数字报的付费体制难以给读者便捷、零门槛的阅读体验。

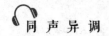
（三）利用大数据、云计算等最新技术，整合资源优势，提供高质量的新闻信息产品

"大数据"①的海量规模造成了数据获得的便捷与低成本；云计算每秒10万亿次的运算能力，带来了人类在数据记录、获取、传输等方面的技术革命。在媒体融合发展过程中，重视最新技术是打造新型主流媒体的应有之义。传统新闻媒体积累了丰富的数据资源，如何将资源整合，挖掘大数据背后潜藏的新闻价值，采用最新技术优化传播，是新型主流媒体深度融合的方向所在。

目前《人民日报》利用大数据建立的指标评估体系，建立了"政务指数排行榜"。政务指数排行榜是一个考量政府机构网络政务实际绩效和影响力的综合性榜单，由《人民日报》根据政务机构在微博等网络平台上的运营水平进行排名。榜单分为日榜、周榜、月榜三种形式定期发布，评价对象包括全国各级各类政务机构，评价体系包括传播力、互动力和服务力三个维度，为用户提供便利。

《人民日报》微信平台在党的十八大召开两周年之际，适时推出数据新闻报道《习大大的时间都去哪儿了》，从表现形式上，充分尊重移动平台的屏幕特点，采用Java技术，实现Flash式的效果，给用户"酷炫"的动态体验。在内容展现上，应用数据新闻的处理方式，"1个人的时光分享给13亿人，18次集体学习，25次考察调，60多次国内重大会议"，挖掘数字背后的意义。利用大数据挖掘技术，将60多次会议的内容进行处理，提炼出会议的关键词。按出现频次将"中央政治局会议""改革""财经""思想文化""群众路线教育"等关键词用不同的色彩、大小、位置标记，实现高频词重要性的可视化表现。同时主流价值观借助最新科技实现了更有效的传播。

（四）树立一体化发展观念，推动深度融合，塑造品牌合力，传播主流声音

传统媒体和新兴媒体的关系，大体经历了三个阶段：一是传统媒体建设新兴媒体，二是传统媒体和新兴媒体互动发展，三是传统媒体和新兴媒体融合发展，现在正进入第三个阶段。② 长期以来，传统媒体习惯将新媒体视作固有模块的延伸，而非战略发展的一环。在此深度融合的发展阶段，一体化发展的

---

① "大数据"(Big data)为2014年的热词。大数据指不用随机分析法(抽样调查)等，而采用全部数据海量分析的方法。在《大数据时代》中被归纳为4V特点：Volume（大量）、Velocity（高速）、Variety（多样）、Value（价值）。理想的大数据是多变量而且多个案，为决策提供丰富、精确的分析数据。

② 刘奇葆：《加快推动传统媒体和新兴媒体融合发展》，《人民日报》2014年4月23日，第6版。

理念显得尤为重要——有利于实现资源、平台、人才的融通。

目前《人民日报》着力打造新型主流媒体，围绕"《人民日报》"这一品牌，实现纸质版《人民日报》、人民网、《人民日报》法人微博、《人民日报》客户端、《人民日报》公众账号共同发展。值得注意的是，"《人民日报》"在报纸、网站、微博、微信等不同媒介平台的传播过程中采用"平台匹配"策略——尊重不同媒介平台特点，调整传播语言方式与传播策略——而非纸质版内容的简单"平移"。与此同时，在战略层面，无论在外部表现方面有着多大的差异，内在属性上各个媒介平台殊途同归，统领于"《人民日报》"整体品牌，塑造品牌合力，传播主流声音。

例如，纸质版《人民日报》、《人民日报》法人微博、《人民日报》公众账号同中有异。纸质版《人民日报》被称为"中国传统官方话语体系"的代表，"主流舆论场"的重要塑造者。其"高语境"的官方话语体系往往弦外有音，是一种高度抽象化的意义系统。随着微博的勃兴，《人民日报》微博的"微言大义"沟通着"主流舆论场"与"民间舆论场"。"@《人民日报》：你所站立的地方，正是你的中国。你怎么样，中国便怎么样。你是什么，中国便是什么。你有光明，中国便不黑暗。"在《人民日报》微信平台，已难见到"两个舆论场"的藩篱，融通传播中"低语境"的话语方式将白话式的、易于理解的家常话娓娓道来。

在新闻采编实务中融通合作，如上文中所提到的《人民日报》"政务指数排行榜"由人民网舆情监测室制作，微博提供数据，《人民日报》客户端、《人民日报》微信提供发布平台，实现内容、技术、人才的资源共享。2014年6月上线的《人民日报》客户端"将15份传统报纸的内容统一在新媒体端进行输出"，通过给省市县党政"一把手"留言等方式解决实际问题，获得了金鹰节颁发的"跨界融合创新奖"。

需要注意的是，系列报道的记者来自《人民日报》客户端，一方面体现着《人民日报》新兴媒体记者的独立采编运营能力，以互联网思维策划报道新闻；另一方面也是客户端与微信账号的融合互通的成功案例。

四、新型主流媒体的发展特征

(一)内容主流化

在新型主流媒体建设中，"主流"不能变，《人民日报》应继续发挥主流思想舆论的"中流砥柱"作用。"坚持党性和人民性相统一,始终不渝地贯彻政治家办报的要求,努力当好新闻战线的排头兵,当好传统主流媒体和新兴媒体融合发展的排头兵。"[1] 传播主流价值观,在多元思想文化中凝聚共识,传递社会正能量,实现"现代呈现,生动表达"。

(二)深度融合化

推动新型主流媒体建设,要把握"新型"的内涵。目前处于传统媒体和新兴媒体融合发展的阶段,传统媒体多已建立了新媒体部门。传统媒体与新兴媒体如何深度融通成为关键,新型主流媒体建设应注重"升级采编系统,建立统一指挥调度的多媒体采编平台,实现新闻信息一次采集、多种生成、多元传播"[2]。纵观国外经验,英国BBC成功探索全媒体新闻生产模式,建立了"News Room"——广播、电视、网络、从业者合署办公,高效的跨平台多媒体新闻中心大大避免同质资源的浪费。今日俄罗斯(Russia Today)集中优势资源,撤销"俄罗斯之声"电台,整合了俄罗斯国际新闻通讯社,构建大报道体系,全力打造国际传播平台。

在媒体融合方面,《人民日报》已经实现了人民网、《人民日报》客户端新闻产品的合作,但是现有机构设置各部门间仍然是独立的,如何从采编流程、资源共享、人员管理上深度融合值得探索。

(三)社交个性化

未来深度融合的媒体产品会嵌入人们的社交生活中,达到内容、设计、技术的融合统一,与用户需求实现精确匹配。《人民日报》客户端在社交性与个人化方面都做出了尝试,用户可以便捷地将资讯分享至社交媒体。用户可以重置导航,按照自己的喜好,选择时政、国际、社会、军事、财经、科技等资讯的顺序,自主选择本地新闻。未来如何更好地将社交化嵌入传播过程中,利用基于每个用户个性化分析的"微数据",实现更加精准的推送和匹配是人们所期待的。

(四)影响国际化

新媒体的不断涌现从技术上保障了信息可以在全球范围内无疆界流动。在当前的互联网时代,新闻传播媒体间的较量已经扩展到全球,这不仅考验着媒

---

① 人民网:《关于〈人民日报〉介绍》,http://www.people.com.cn/GB/50142/104580/index.html,2014年12月12日。

② 刘奇葆:《加快推动传统媒体和新兴媒体融合发展》,《人民日报》2014年4月23日,第6版。

体专业性，也考量着一个国家的软实力。

　　反观《华尔街日报》中文网，其微博已经拥有31万粉丝（其中不乏颇具影响力的"意见领袖"），它已经渗透到了微博这一我国重要的社交媒体平台，并且能用中文对我国公众实现无障碍的信息传播。我们的媒体又做得如何呢？目前，在国外社交媒体Facebook、Titter等建立我国媒体品牌尚任重道远。因此，国际新闻传播想要"走出去""走进去"，新型主流媒体义不容辞。

　　面对纷繁复杂的国际形势，面对日趋激烈的国际舆论竞争，我国新型主流媒体应提升国际传播能力，努力实现"及时发声、有力发声、理性发声"，打造中国媒体品牌，传播中国主流声音。

数字时代广播电视公商二元体制改革现状

欧美主要发达国家进入广播电视数字化转换阶段后，广播电视业与通信业在服务层面、网络层面、终端层面、运营主体层面都出现了融合势头。多数国家为适应数字化、融合化的要求，加紧调整广播电视监管体制和政策，以促进广播电视的数字化发展。在这场变革中，商业广播电视依据自身优势积极发展，而公共广播电视在商业环境的影响下，又遭遇来自数字化的冲击，更面临巨大挑战。从全球范围来看，在公共广播电视体制曾经处于垄断地位的国家，这种垄断已经开始动摇；而在商业广播电视发达的国家，公共广播电视媒体也正借助新技术的发展契机来寻求生存空间。

一、英国——公营私营平分秋色

作为公共和商业广播电视并存二元体制的始祖，英国的公共广播电视影响力和公信力均享誉世界。在20世纪80年代以前，英国的二元广播电视体制基本上是由英国广播公司和独立电视网这两大系统来垄断市场，二者之间不形成广告市场的竞争，长期保持着公营广播电视占主导、商业广播电视为辅助的平稳状态。第四频道①成立后，特别是英国政府近十几年来大力推进广播电视市场的竞争政策，导致新媒体大量涌现，广播电视受众市场出现了明显的分化，商业广播电视逐渐呈现出与公共广播电视平分秋色的态势。

从2000年起，英国政府以新一轮审核、重发英国广播公司的皇家特许证书和经营许可证以及数字电视转换为契机，再次大幅度推进对公营广播电视的改革。

这轮改革首先实行的举措就是修订法律，确定广播电视的新管理原则，以

---

① 第四频道：该频道于1982年根据《1981年广播电视法》开办，是由非营利法人运营的公共服务电视频道。虽作为公共电视频道开办，但以广告收入和商业赞助等作为经费来源。

适应广播电视的新生态环境和数字多媒体时代的新要求。2003年颁布的《通信法》将原来的独立电视委员会、无线广播局、广播电视标准委员会、电信办公室和无线电通信局合并，组成新的独立规制机构——通信办公室。2004年4月5日，通信办公室发布了进一步促进数字电视转换的报告，根据政府关于发展数字广播电视的构想、目标和方针，对前一段数字电视的发展进行调研和总结，试图对下一步的数字电视普及和转换工作提出政策性建议。

2004年至2005年，通信办公室对公共广播电视进行了评估。通过评估，政府考察了公共广播电视的现状、广播电视市场的发展趋势及未来观众收视行为的变化，制定了在公共服务领域引入竞争机制和促使商业广播电视媒体提供公共服务的具体措施，提出了公共广播电视节目的标准。在评估报告中，有四点核心内容：其一，重新界定了公共广播电视的服务范围，首次提出了在广播电视公共服务领域引入竞争机制。其二，数字化转换完成后，公共广播电视节目的提供方式将有重大改变。一方面必须把内容、质量、创新放在首位，保证为公众提供更多、更新、更好的节目；另一方面必须改革公共广播电视财政体制。其三，英国广播公司仍应是数字时代公共广播电视体系的核心，并应在向数字时代转换中发挥主导作用。但在广播电视节目供应方面应提倡多元化，以避免英国广播公司的独家垄断。其四，成立公共内容公司，利用公共资金，委托各类节目制作公司和发行传输公司，利用无线、有线、网络、宽带、"播客"等一切新技术推进节目制作与流通，考虑从政府税收、许可证费和广播电视营业额税三个方面来解决数字时代公共广播电视的资金需求。[①]

此后，英国于2005年3月和2006年3月相继发表了绿皮书和白皮书，确立了公共广播电视体制改革思路。首先公布的绿皮书《英国广播公司皇家章程评估》，对英国广播公司在数字时代如何发展提出了两点建议：一是取消目前的英国广播公司理事会和执行委员会，组建英国广播公司托管委员会（BBC Trust）和新的执行委员会（Executive Board）以使监管和运营两种职能互相分离、互相独立。新的托管委员会负责监督其执照费的使用情况，并确保英国广播公司履行公共服务义务；新的执行委员会负责在托管委员会制定的框架内贯彻执行英国广播公司承担的各项公共服务职责。由一个新的、透明的和负责任

---

① 国家广播电影电视总局发展研究中心：《国外广播影视体制比较研究》，中国国际广播出版社2007年版，第70、59～60页。

的BBC信托来监察公司的运营，并负责执照费的收取和确保BBC履行了其公共服务的责任。这样做的理由，一是长期以来，不少人批评BBC董事会本应作为大众监督公共广播电视的代表，其实却大多时候为BBC捧场，并未真正起到监督作用；二是在下一轮特许证书到期之前，即2016年12月31日之前，继续保留原有的电视执照费制度不变，并开始对英国广播公司在2016年以后的收视费制度的可行性进行调研。

BBC网站上曾经就绿皮书发起了"你对BBC计划的意见"的专栏讨论，粗略地统计，最终共发表意见78条，持反对意见的是60条，只不过言辞的激烈程度有所不同。从公众对绿皮书的反应中我们可以看出，尽管英国政府认为"绿皮书"是为了更好地为公众提供服务，更好地维护公共广播服务（PBS），但是英国公众对此有着自己的理解。而BBC高级管理层则完全站在政府一边，否则会遭到同上一任董事会一样的下场——被迫辞职。当政府规定了一家公共广播公司的方方面面——从节目的运营、资金的来源与使用，对其管理、规章制度和服务对象，到如果与政府的意见相左就面临解体和辞职的威胁时，已经不能明确地说它是处于独立的地位了。

英国广播电视体制的独特之处在于，它的所有广播电视机构，除了卫星和有线电视外，均需承担公共服务义务。英国的商业广播电视是在公共服务的总体框架内设计的一套制度，根据英国政府对广播电视公共服务性质的界定和对社会责任的要求，这些商业广播电视媒体在承担公共服务和承担广播电视的社会责任方面，原则上与英国广播公司没有太大差别，只是在广播电视媒体的经营方面，允许以广告收入作为财源，并允许其依法取得利润。

英国历届政府在广播电视监管体制和政策方面虽然做过不同程度的调整和改革，总的趋向还是：对商业广播电视，逐步由严格的行政管理向适度宽松、结构合理、更加专业、融合统一的独立规制转变。

二、美国——公共广播电视以新技术为契机积极提高竞争力

作为提供公共服务的主体，广播电视媒体应将信息公开化，真实地向公众传递新闻，并且肩负起"船头瞭望者"的职责。商业媒体的逐利本性决定了它为了获得市场利益往往会牺牲公共利益。美国通常把广播电视看作提供公共服务的一种手段，公共广播电视媒体既是对市场机制的一种补充，也是商业利益

与公共利益之间建立的一种平衡机制。

与英国广播公司相比，美国的公共广播电视有着自己鲜明的特色。从时间上看，美国的公共广播电视媒体成立较晚，是作为商业媒体的补充而建立的。但实际上，"公共"的概念从美国广播电视诞生之初就已经存在，所有的广播电视业主都被视为由政府颁发许可的"公共受托人"。私营广播电视业主受社会公众的委托使用频率资源，因而要承担公共服务的社会职责。

进入21世纪，公共广播电视受到了数字化的冲击。数字化使频率资源的稀缺性得到缓解，商业广播电视媒体有机会提供更多与公共广播电视相类似的节目服务，比如专门的纪录片频道、专门的科普频道，因而公共广播电视原本突出的存在价值受到挑战。此外，巨额的数字化改造费用特别是数字电视的推广，使本来就不宽裕的经费更显紧张，公商并存的二元体制进入了转型期，美国的公共广电媒体开始加紧探索数字化时代公共广电体制的改革之路。

2004年10月，PBS（Public, Broad casting Service）与康卡斯特几家有线公司和通信公司合作，开办学前教育服务，建立了24小时数字有线电视频道和VOD系统。新服务的管理者是儿童网络公司，PBS拥有15%的股权。2005年1月，PBS专门成立了PBS数字公司，负责管理在儿童网络公司中的利益。到2006年，已经有328个成员台开办了数字节目。[①] 同年，PBS还开始拓展互联网宽带电视服务业务，并于9月6日推出了一个小时的互联网电视，测试期为13个星期。该电视节目在网上推出，用户就可以在在线内容库中获得所需资料。播放内容采用MP3视频格式，用户可以进行一个小时的完整收看。同时，用户还可以以MP3、AAC和OggVorbis等其他格式收看节目。PBS把这项计划称为"NerdTV"，承诺要通过高科技手段为用户提供"有趣"的互联网电视。PBS的新任CHO表示，PBS所播放的教育节目，比如"自然""前线"和其他纪录片都将成为用户在"任何时间、任何场所"可利用的资源。业内人士指出，互联网电视服务有助于改变公共电视未来的行销模式，"NerdTV"提供低成本的产品，会对未来节目的制作与分销产生示范作用。

此外，公共媒体在数字化时代提高竞争力的另一个手段是开办网络广告业务。2006年，布什政府将公共广播公司预算削减了530万美元，地方公共电视台

---

① 国家广播电影电视总局发展研究中心：《国外广播影视体制比较研究》，中国国际广播出版社2007年版，第70、59~60页。

提出的数字电视转换资金申请也没有得到支持,迫于经济压力,在削减人员的同时,PBS从2006年起在自己的网站上尝试提供文本广告方面的服务,并开办了软件下载、付费游戏业务,以弥补经费的不足。

三、法国——公共广播电视媒体遭遇"身份危机"

20世纪60年代,法国处于国营广播电视时代,国家权力对广播电视实行了严格控制;1968年广告开始出现,开启了国营广播电视的商业化运作时代;1986年,私营广播电视开始出现,广播电视的国家垄断体制不复存在。现在广播电视业表面上实行双轨制,但实际上占主导地位的是私营媒体。

与其他一些欧洲国家相比,包括数字化转换在内的新技术的推广在法国进行得比较缓慢。2000年8月法国颁布了广播电视相关法,对地面数字电视的普及与发展做出了全面安排,确定由最高视听委员会(CSA)制订地面数字的转换计划,并全权挑选数字频道营运商。经过几年的准备,法国的地面数字电视于2005年3月31日正式开播,从目前的数字来看,其数字电视发展缺乏相关配套政策,盈利模式还不成熟,发展前景尚不明朗。

法国公共广播电视媒体的大部分经费来源于视听税,因而被称为"全民的电视",被赋予了维护文化多样性和政治言论自由等特殊的角色。法国公共广播电视包括拥有三个频道的法国电视台、法—德ARTE频道、经营几个广播网的法兰西广播电台以及其他几个较小的实体。尽管公共广播电视媒体被视为国家广播电视业的参照标准,却越来越受到商业利益的左右,并或多或少按照私营公司的模式进行管理。除了电视5台播出的法—德 ARTE频道外,公共广播电视的节目内容与商业广播电视相比没有明显区别,这造成了社会对公共广播电视的认同危机,使得公共广播电视媒体的"身份危机"一直无法摆脱。这种困扰实际上是一种两难选择:一方面,公共广播电视媒体肩负着公共服务使命和高品位文化建设的责任;另一方面又被迫与商业广电媒体展开竞争。公共广播电视媒体往往被要求获得一定的经济"收益",这使它们不得不与商业频率(道)比视听率、市场表现,甚至经营水平。由于资金来源的特殊管制、视听税的漏缴以及运作成本的上升,加上如今巨额的数字化改造费用,特别是数字电视的推广,更使得公共广播电视常常在商业竞争中捉襟见肘。当法国的公共广播电视媒体为了赢得高收视率而播出类似于商业电视频道的节目时,往往被指责为"越来越商业化"和"没有坚持文化上的高标准";当公共广电媒体为了倡导科学精神而播出严肃高雅节目时,又会被指责过于精英化。面对数字时代的新竞争环境,法国的公共广电媒体开始寻找自己的新定位,确立新的发展战略,正在酝酿一场深刻的体制变革。

作为公共广播电视体制的发轫,英国在市场化、商业化高度发展之下,公共广播电视凭借政府的支持,发展劲头依然强势,但其垄断地位已不复存在,在数字时代正在面对来自商业广播电视的强烈冲击。而在商业广播电视体制高度发达的美国,公共广播电视的公共服务功能得到了充分发挥,竞争始终是美国公共广播电视和商业广播电视都能充分发展的前提。而在公共广播电视和商业广播电视一直不分上下的法国,公共广播电视正面临着严重的"身份危机",必须要进行重新定位,寻求合理的发展模式。

综观各国在数字化时代针对现行公商二元体制进行的改革,可以看出这样一个趋势:越来越放松对公共媒体和商业媒体的结构性规制,积极调整对广播电视媒体的市场行为的规制。公共广播电视媒体所承担的社会公共服务职能不会因为受到来自数字时代的冲击而减弱,公商并存的二元体制下公共广播电视媒体与商业广播电视媒体的竞争会保证广播电视内容的多样性和公众选择的多样化,即使是在数字时代,二元体制的存在仍然非常现实而且非常必要。

"微时代"背景下科技新闻传播报道的创新研究

——以科学美国人网（Scientific American）为例

一、概念界定："微时代"科技新闻

新媒体的发展使世界传播领域发生重大变革，进入"微时代"。"微时代"的信息传播以"微"字为核心，具有"微媒体""微内容""微用户"的特点。在Twitter、Facebook、微博（Weibo）、微信（Wechat）等社会化"微媒体"上，碎片化信息基于用户关系以浓缩式的"微内容"形式即时迅速地传播。在媒介社会化的Web3.0时代，每一个人都成为信息生产和传播者——"微用户"。

"微时代"的信息传播体现出传播者个人化、信息碎片化、传播裂变化等特点。在"微时代"媒介融合、大数据整合、多屏移动智能终端普及等背景下，作为"微内容"的信息在传播中不再以媒体为中心传播，而通过多层次的"去中心化"传播，并产生裂变式的传播效果，这从根本上改变了大面积的社会传播必须依赖"大媒体"平台的格局。

在我国，科技新闻是指针对科学技术领域内最新发生的科技研究成果、国家科技政策、科技前沿动态、科技工作者取得的重大成就、科技界的活动等科技事件进行报道。[①] 广义上的科技新闻一般也包括应时性科普类报道。西方国家的上述概念有所不同，科学新闻（Science news）和技术新闻（Technology news）分别侧重科学发现和技术成就，前者范围更广泛，和我国"科技新闻"概念更接近。

处于"微时代"的科技新闻报道需要适应用户追求轻松、高效、浅显等"轻阅读""浅阅读"的习惯，采用多种媒介方式全媒体立体化报道，利用多

---

① 梁索平：《浅谈科技新闻报道的问题和对策》，《青年文学家》，2013年。

屏移动终端等新媒介平台,力求使报道更具可视性、互动性、趣味性。

二、微时代背景下"科学美国人网"的创新之处

(一)"科学美国人网"简介①

在微时代背景下,科学美国人网（Scientific American,简称SA）② 将诸多资源整合,为我们提供了新媒介环境下科技新闻创新发展的借鉴样本。其科学报道对当今的科学技术新发展作以简明、通俗的介绍,涉及科学发展如何影响人们的生活环境、健康、地球、心理、太空等方面。

旗下同名杂志《科学美国人》③（Scientific American）是美国享有盛誉的大众化科普杂志,是著名杂志《科学》（Science）的姊妹刊。科学美国人网有效利用杂志的内容资源,结合《头脑》（The Mind）杂志《科学六十秒》（sss）④ 等子资源进行整合营销和传播,成为微时代科技报道的典范。

(二)传播战略创新

1. 融合化⑤

科学美国人网在"媒介融合"背景下采用全媒体战略。在内容融合方面,网站在信息传播中整合了文字、图片、声音、影像等多种表现手段,实现了多媒体融合化。如: News&features（新闻和特稿）、Podcast（播客）、Slide Shows（组图展映）、Video（影像）、SA—magazines（科学美国人系列杂志）、SA—products（科学美国人系列产品,如科学美国人珍藏版、电子图书等）。从渠道上看,网站和相关新闻媒体互享资源,专门设置了"合作伙伴新闻"栏目（News from our partners）,新闻来源包括Reuters（路透社）、Nature（自然杂志）、CNET（CNET科技资讯）等。

2. 社会化

科学美国人网十分注重社交网络的运用和营销,首先,网站在明显位置

---

① http://en. wikipedia. org/wiki/Scientific_American2013-10-12,《环球科学》是目前在中国大陆发行的中文版。

② http://www. scient ificamerican. com/。

③ 《科学美国人》是美国享有盛誉的大众化科普杂志,是著名杂志《科学》的姊妹刊。它创刊于1845年,目前每月出版,是美国历史最长的、一直连续出版的大众化科普杂志。

④ Scientific American's Sixty-second Science。

⑤ 融合化定义参考［澳］奎因、［美］费拉克著,任锦鸾译:《媒介融合——跨媒体的写作和制作》,人民邮电出版社2009年版。

嵌入Twitter等社交媒体，实时更新最新科技资讯。用户可利用Email、RSS、Facebook、Twitter、YouTube、iTunes等追踪科学美国人的最新进展。每个编辑也都有自己的Twitter，方便第一时间收到和发送信息。[①] 其次，用户在每条科技新闻下面都可以留言和分享，可以直接通过社交网站同科学家交流。在科学美国人网站上，用户通过上述方式实现了内容制造（UGC）[②] 和利用自身在社交网络的关系资源分享传播。

最值得一提的是，网站还依托用户的社交媒体开展社会化活动，并形成了一定高黏性的用户群体。其中，一部分是科研工作者。《科学美国人》杂志是顶级科学家向公众传播自己的理念和成果的首选平台，多数撰稿者都是某一学术领域的专家学者，到目前，有145位诺贝尔奖得主为其撰稿。网站成为杂志的延伸平台，科研工作者往往很乐意借助这一平台发布和传播最新研究成果。他们通过Blogs（博客）等专栏为其撰稿，形成用户自制的内容生产（UGC）。因而，科学美国人获得了大量高质量原创性独家内容。

另一部分群体是网站组织的科技活动参与者。比如常设的Solve innovation challenges[③]（解决创新难题）活动。用户可以尝试解决给定的一系列科技难题并获得相应的丰厚报酬。再比如一些增进科学家和教育工作者交流的公益项目1000 Scientists in 1000 days（1000科学家1000天）。这些活动很好地调动了用户的参与性和互动性，使用户能够在现实社会中开展社会化的科技传播活动。

3. 平台化

科学美国人网试图打造整合式数字化传播平台。目前已有用户咨询平台、用户邮件资讯传递平台、用户订阅平台、社交媒体传播平台等。在社交媒体平台，通过Facebook、Twitter、Google+、YouTube等微时代重要社交媒介推广传播信息。

它还建立了多屏移动智能终端和传统纸质杂志相互促进的信息传播平台。除了传统的纸质版杂志、书籍，科学美国人网已经推出了专门的平板终端版

---

① 梁永霞、田宏：《Scientific American的成功之道》，《中国科技期刊研究》2013年第1期。

② 用户自制内容：User Generated Content，简称UGC。

③ Solve pressing science, technological, and policy problems and make innovation happen. Apply your expertise, stretch your creative boundaries, and win cash awards ranging from $5,000 to $1million- all the while helping advance human progress and making the world a better place...http://www.scientificamerican.com/openinnovation/。

（tablet edition），以提高平板智能移动终端的用户体验。目前，网站一般的新闻、图片、广播音频、视频等均可免费在线浏览，但是科技新闻深度报道、《科学美国人》《头脑》杂志和相关书籍实行付费阅读。网站推出多种传统和数字化套餐阅读形式，分别满足在线体验、平板视听、纸质阅读的不同需求。

（三）报道业务创新

1."微报道"

这里的"微报道"是指在"微时代"背景下微模块式的报道方式。具体说来：

（1）外观设计借鉴微博，每条报道形成相对独立的微小模块空间，采用标题加摘要式呈现，力求图文并茂，色彩亮丽美观。

图1　科学美国人网站微报道模块化设计案例图

（2）每个"微模块"篇幅短，切入点小。体现"微内容"特点，适应轻松、快速的"轻阅读"和"浅阅读"需求。

（3）报道时间短、信息量大。如《科学六十秒》(*Sixty-second Science, sss*)在60秒时间内报道最新科技，突出最重要信息，节奏快，满足"速阅读"需求。

（4）实现整合下的内容细分。首先在模块分类上，如Evolution（进化学说）话题下设有Archaeology& Paleontology（考古学和古生物学）、Creationism（神创论）、Dinosaurs（恐龙学说）、Paleoanthropology（古人类学），等等。其次，实现了多层链状式延伸阅读，弥补了"微内容"的不足。相关文章中的重点科技介绍下设3到4层链接，充分满足用户深度阅读（intensive reading）的需要。

2. 可视化

科技新闻报道往往涉及最前沿的科学技术，不免出现大量专业术语，将科学研究以视觉化的形式呈现，可以使报道深入浅出，读者一目了然。微时代是读图时代，更是"悦读"时代。科学美国人利用微时代多媒体优势将深奥严肃的文字内容用可视化的语言表现和传播，其手段包括图片、表格、漫画、示意图、模拟图、视频、动画、互动式模拟软件等。科技新闻可视化操作大致分为以下几类：

（1）时间先后类：如新理论提出前各种经典理论的梳理、科学实验的步骤、某种效果的产生机制等。科技工作者可以画出流程图再辅以核心文字说明。

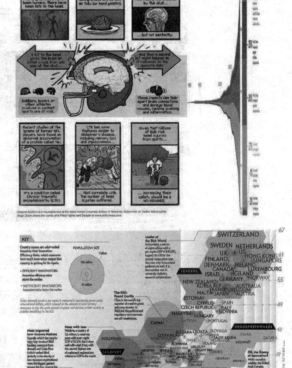

图2　科学美国人网可视化效果案例图

（2）数据类：根据需要绘制不同类型的统计图。

（3）地理类：按重要程度在地图上依次标出重要信息。

3. 趣味性

《科学美国人》不是《自然》杂志意义上的顶级学术期刊，它是大众化的科普刊物，提供一个论坛来呈现科学理论和科学新发现。[①] 为了满足不同读者的口味，它不但介绍科学理论与发现，同时，也涉及社会科学与国际民生相关的各个社会科学分支。[②]

因此，科学美国人网非常重视科技新闻的趣味性（human interest），以Attract audiences at the first glance （一见钟情）为报道原则。

首先，借助网络优势弥补杂志时效性不足，提供用户最想知道的信息。比如访问顶级科学家的talk show（脱口秀）栏目，在第一时间制作了诺贝尔奖获得者的节目。

其次，其科学报道选题往往富于贴近性，和生活紧密嵌套。例如在深秋适时推出Why do Autumn Leaves Ehange Color（秋叶为什么会变色）？

再次，节目内容情节化，制作精良。《即时理论家》（*Instant EggHead*）是网站颇具趣味性的视频栏目，视频时长1~2分钟。在Why is Yawning Contagious（打哈欠为什么会传染）一期中主持人（蓝衣女性）先以打哈欠幽默开场，然后分析人们日常生活中打哈欠时的心理状态，接着探访表情对打哈欠人的影响，之后引出科学家对婴儿的实验，最后告诉观众"打个哈欠吧"。主持人语调抑扬顿挫，配以轻快的音乐，加之画面美感，情节化的叙述方式使观众轻松中获得新知。

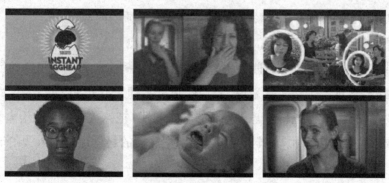

图3 科学美国人网站《即时理论家》视频截图

---

① 梁永霞、田宏：《Scientific American的成功之道》，《中国科技期刊研究》2013年第1期。

② 用户自制内容：User Generated Content，简称UGC。

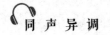

4. 品牌化

《科学六十秒》①是科学美国人网极具辨识度的名牌节目：在60秒中，简明易懂又富于吸引力地呈现最新科研成果。节目短小精悍，伴随秒表的滴答作响的片头，节目往往以细节切入，伴有吸引人的音乐、音效，节奏轻快，剪辑精当。它把看似深奥的科学问题以看似随意、通俗易懂的方式传播，充满着流行文化的气息。由于节目语音标准，抑扬顿挫，词汇丰富，表达流利地道，成为世界众多英语学习者的必听节目。

三、对中国科技新闻报道的启示

(一)搭建适应微时代发展的全媒体平台

目前，我国许多科技新闻报道机构都已经开始在新媒体方面进行有益尝试，如自建网站、手机报、微博、微信、手机App客户端等形式。但是，还有很多传统科技报道机构在利用新技术、新媒体方面已然存在一定的差距。有些即使开通了微博、微信，但又限于简单信息的发布，缺少契合微时代特点的专业性营销和板块制作。

在微时代，科技新闻报道机构应当充分利用微信、微博资源，设计文字有声传播内容，真正做到科普报道数字化，丰富传统报道载体形式，拓展视频、音频、图片、文字整合传播的全媒体平台。

果壳网在微时代科技传播方面走在前列，网站在微板块视觉设计、可视化示意图制作、视频等方面均有借鉴科学美国人成功的经验。在内容生产方面，它尝试用户自制，依托科技兴趣小组创造专业、优质的内容。

(二)树立"翻译"意识，增加科技报道的趣味性

科技新闻报道，既和新闻界跳舞，又和科学界跳舞。科学松鼠会的创始者们认为：科学对于普通大众来说，就像味道鲜美却又不方便吃的坚果。而他们就是要像松鼠一样，把科学坚果外层的硬壳剥掉，把味美的果肉献给大众。因此就要求科技报道工作者具有翻译意识，把深奥的科学道理深入浅出地讲出来，做好翻译科学的工作。

---

① SSS源于"科学美国人"的播客(podcast)60-Second Science。每天一条科技方面新消息，从医药、物理、生物、宇宙，到环保、食品甚至生活中的科学小知识，内容涉及方方面面。节目中介绍的科学动向，很多都是最近刊登在国际主要科学杂志上的新研究成果。

　　传统科技报道可以止于让公众"易读"，但微媒体背景下，要努力做到让公众"悦读"，其中选题贴近性和报道趣味性最为关键。

　　首先是创新选题思路，可以改变以往从科学界、科学论文里寻找线索的传统，将新闻事件纳入到视野中来，使选题具有生活贴近性和科学权威性。

　　其次是将报道进行大众化、通俗化解读，少用专业术语，摒弃刻板报道语态，增加人文性。调动图示、音乐、动画等多种手段，力求情节化、故事化、风趣幽默地解读科学，使科技兴趣能成为人们文化生活和娱乐生活的重要元素。

社交媒体时代两岸交流的机遇、问题与新思路

新中国成立以来，由于政治制度的差别与历史因素的影响，两岸发展处于相对隔阂的状态。自90年代初"九二"共识、汪辜会谈之后，两岸关系明显缓和，取得了进一步发展。十几年来，无论是政治、经济等硬性方面，还是娱乐、文化等软性方面，两岸都有了较为密切的往来。但是当前情况并不总是乐观，从政治形势上来看，"台独"依然猖獗，海外干扰势力不容忽视，局势依然紧张。

值得欣喜的是，当前技术的发展给人类交流带来了全新的空间和平台，大众传播不再是广泛交流的唯一途径，言论去专业化成为趋势。这样的时代环境给两岸民众交流带来了新的机遇，彼此交流不再仅仅依赖传统新闻媒体对彼此大环境的报道，而是可以通过种种新媒体主动寻求个体联系，深入细致地了解普通民众彼此的生活状况，有利于以更加亲密的方式消除隔阂，重塑两岸亲情。新媒体技术的发展既是机遇也是挑战。由于当前社会心理与思潮的复杂化，肤浅交流极易被人们误解为是言论自由的象征，如果不加以正确引导和管控，极易引发社会矛盾，对两岸和谐反而有害，因此必须警惕。只有两岸民众取得良好的交流，获取彼此的了解和信任，才能不断推动大局，不断推动两岸"大"关系的和平发展。

在台湾，根据2016年11月的最新调查显示：91.5%的无线网民使用即时通信软件或网络社群，也就是我们通常所说的社交媒体。曾经使用即时通信或网络社群的人中，使用的项目以Line的比例最高，占95.3%，其次是Facebook（脸书），占80.9%，再次是Instagram，占15.0%。[①] 值得注意的是微信的使用比例正逐年提高。

---

① 台湾网络资讯中心：《"2016年台湾无线网络使用调查"报告书》，2016年。

在大陆，截至2016年12月，网民规模达7.31亿，普及率达到53.2%，超过全球平均水平3.1个百分点，超过亚洲平均水平7.6个百分点。全年共计新增网民4299万人，增长率为6.2%。中国网民规模已经相当于欧洲人口总量。网民在手机端最常用的App为即时通信类，79.6%的网民最常使用的App是微信，其次为QQ，占比为60.0%。[①]

一、传播新特点带来交流新机遇

社交媒体的使用作为新媒体时代的一种现象，彻底改变了以往人们依靠大众传媒获取大范围信息的状态，人们可以互相沟通观点、信息，甚至可以通过平台扩大人际交往的特性建立属于自己的大众传播模式。社交媒体的众多特点为两岸开辟了一条除两岸"高层"政治经济往来之外的另一条"民众"之路。

（一）话语平民化，建立集体记忆

两岸问题纷繁复杂，两岸关系通常都随两岸大方针大政策的变化而变化，政策放宽，来往相对密切，政策收缩，交流出现中断。社交媒体具有平民化的特点，其言论环境相对宽松。

自1988年台湾"报禁"解除以来，大众传媒产业得以自由发声并迅速崛起，但这并不意味着民众获取了自由发言的权力。随着岛内两主要执政党——国民党与民进党间竞争加剧，岛内多数大众传媒都被打上了"蓝""绿"的标签。[②]在这种情况下，台湾多数大众媒体都作为政治的"发声体"，所报道和讨论的关于两岸内容无论"软""硬"都势必和政治挂钩，非"统"即"独"往往是报道最后的归宿点。这样一来，台湾的媒介受众对相关的大陆报道只有政治印象。

社交媒体给了两岸民众从"细微"处相互了解、沟通的机会，让对话可以暂时脱离政治的大语境，回归到日常语境之中。尤其对于两岸青年一代来说，其彼此之间的感情与老一辈骨肉分离之痛已相去甚远，社交媒体上的日常化交流以较为轻松的氛围培养了两岸青年的感情基础，建立了一种属于青年一代独有的集体记忆，也为长远发展埋下了和谐的伏笔。

---

① CNNIC：《中国互联网络发展状况统计报告》，2016年。
② 林海、司马岩：《台湾媒体的"蓝绿情结"》，《党建文汇月刊》2007年第6期，第48页。

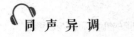

（二）互动性增强，减少自说自话

根据网络相关热词统计可知，对于两岸和谐发展这个话题，大陆民众显示出较高的热情，由于两岸问题的特殊敏感性，极易激发大陆民众内部讨论热情。在众多相关论坛中，两岸政治交往一旦出现新进展新动态就会引发内部热议。但是这种"论坛式"讨论仅限于大陆民众自身的讨论，政策、观念上两岸一旦存在分歧，大陆民众往往持一致态度，在论坛内也只是自说自话，即使有台湾网民加入讨论，一旦意见相左，便会很快被"众人"的指责和谩骂所淹没。反观，在台湾也有相似情况，因意见不同造成的网络"围殴"屡见不鲜。

实际上论坛也是社交媒体的一大类型，但其与近期逐渐发展起来的即时通信型社交媒体还存在较大差异。类似微信、Line、QQ、微博（私信功能）这种即时通信型社交媒体给了人们一对一交流的机会，避免了多对一的交流的不平等性。人际交往的圈子会随着互信性的增强而不断扩大，最大化使个人关系资本得到延伸，从而对个体的认同也会适时转化为对个体背后整体的认同。①

（三）传播符号更多元化，充满"人情味"

社交媒体具有全媒体特性，传播符号更为多元，较为适应当代泛娱乐化交流的新趋势。在刚刚过去的2016年中，两岸民众交流引发最多关注的当属脸书上的"表情包大战"，这场所谓的"战争"由台湾艺人的不当言论引发，最后经由社交媒体（以脸书为主）的扩散蔓延成为大规模的互相指责谩骂，当然最后也经由社交媒体的沟通趋于平静。社交媒体在整件事中不再仅仅扮演中间介质的角色，已经成为事件的主要诱因。② 这件事情由个人言论转化为群体事件，除了参与双方的不理智因素以外，也有台湾部分媒体曲解报道的原因，在这种时刻社交媒体特有的转化事件性质的优势便显现出来。当台湾的大众媒体还在以"专制""素质低"等报道框架对事件进行定义时，社交媒体上的"表情包大战"悄然转化为大陆的风景介绍、美食展示等行为。以"软"克"硬"地化解了此次交锋中的火药味，也受到了部分台湾民众的理解与赞同。

社交媒体的传播符号还具有特定化的特点，也就是说并不像大众媒体的传播符号一样人人都可以理解。社交媒体中有一部分传播符号根据语境的不

---

① 艾明江：《两岸青年交流中的理论与实践思考》，《当代青年研究》2012年第2期，第71~76页。
② 王中加：《社交媒体中的符号互动分析——以"表情包大战事件"为例》，《传播与版权》2016年第8期，第78~79页。

同可能衍生出其他含义，如"表情包"等，这种特性可以刺激人们进行交流的热情。

二、时代极化心理引发交流新问题

社交媒体与传统媒体相比管控力度有所降低，言论自由、沟通丰富的同时也带来了话语庸俗、政治浅薄等问题。这些问题不但折射出两岸民众对两岸问题较为敏感与激进的心态，如不加引导势必导致更为严重的隔阂。

(一)情绪化严重，民粹主义抬头

社交媒体具有"半匿名性"，其性质介于实际交往与完全虚拟交往之间。在熟人"圈子内"使用者的身份是确定的，而随着社交"圈子"的不断扩大，身份特征往往变得不再明显，甚至出现隐匿性，偏激性言辞极易出现。2017年4月16日微博上一则名为"央视修改台北队称呼"的话题引发了大陆网民热烈讨论，话题起源为在乒乓球亚锦赛上，央视对台湾地区代表队的称呼由原来的"中华台北队"变成了"中国台北队"。话题本身自带敏感性，一石激起千层浪，网络上的频繁猜疑及不负责任地发表意见，有人"沾沾自喜"，有人指责谩骂，甚至出现所谓的"阴谋论"。

从台湾角度来看，社交媒体上的情绪化表达也成为一种现象。面对大陆方面的政策，很多台湾群众不加以辨别就认为对自己不利。例如，"太阳花学运"就是由学生群体的民粹主义思想引发的，在社交媒体上扩散的所谓"民主运动"。民粹主义带有强烈的反体制性，充满对直接民主的盲目迷信。[1] 目前，台湾的"去中国化"思想凸显，对敏感话题的过度解读反而会影响两岸民众的情感。

(二)意见冲突造成"沉默的螺旋"

在以脸书为代表的社群类社交媒体中，往往一人发声，众人呼应，或是一人发声，众人斥责。这种情况下极易引发"沉默的螺旋"现象。

在真实社会中，与社会大体意见背离的人常会有孤独感，为了消除孤独感，持不同意见的人往往屈服于相对意见或者选择就此沉默，这会使得意见强势的一方更加强势。社群类社交媒体相当于一个虚拟社会，在交流过程中也会出

---

① 李良荣、徐晓东：《互联网与民粹主义流行——新传播革命系列研究之三》，《现代传播》2012年第34卷第5期，第26~29页。

现"沉默的螺旋"现象,然而虚拟空间并不完全等同于真实社会。社交媒体在建立陌生人的人际关系的同时,也将人群按照其特性分为不同的"圈子",这导致人们在一个"圈子"内意见与人不和时,不会选择屈服或沉默,而是会选择逃避,重新进入以自己的意见为主流的"新圈子"。① 两岸问题错综复杂,持有不同观点纯属正常。社交媒体中这种"变形"了的"沉默的螺旋"现象将持意见不同者分割开来,屏蔽了继续讨论的可能,两方对相关问题避而不谈,将问题诉诸"冷暴力"。

(三)社交浅阅读加深刻板印象

新媒体时代的到来加快了人们的生活节奏,也带来了与互联网特性相关的潜在习惯。人们在过快的生活节奏下对冗长的信息失去耐性,相反更钟情于"微文本",也就是 "浅阅读"。社交媒体的多媒体性和快捷性给"浅阅读"带来了更多便利。

仍以"太阳花学运"为例,为反对服贸协议,许多"懒人包"在脸书上大规模被转发和阅读。但很多人其实并未仔细研读过服贸协议,大都是在网上看过这些所谓的"懒人包",其号称3分钟让人了解服贸协议,内容却漏洞百出,危言耸听。社交媒体的转发扩散特性将这种碎片化阅读推向极致,一旦这种阅读达到一定数量再加之网络特有的偏激的话语风格,会给传播过程中的受者留下简单直白却又极为深刻的印象,在媒介理论中,这种现象被称之为"刻板印象"。刻板印象将人们对某一特定事物的看法简单化与极端化,② 一旦形成就难以消除。两岸沟通中难免对彼此存在不同见解,一味相信浅阅读文本会造成沟通浅薄,隔阂加深。

三、"多管齐下"探寻交流新思路

媒介的不断更新也促使我们的交流观念不断更新,当前,受到思想、政治、文化及外部因素的影响两岸关系仍然十分复杂,在社交媒体这一领域需要的不仅仅是单方面的舆论管控,更需要从各个方面多处着手探寻新的沟通方式。

---

① 谢新洲:《"沉默的螺旋"假说在互联网环境下的实证研究》,《现代传播》2003年第6期,第17~22页。
② 邵娟:《媒介传播中的"刻板印象"及"标签化新闻"浅析》,《中国记者》2014年第9期。

(一)制度层面：建立共有对话渠道

目前，台湾地区的民众可以使用微信、微博等大陆较为流行的社交媒体，很多台湾民众，尤其是青年群体纷纷注册微信账号等用以与大陆民众交流往来，也不乏在这些大陆媒体上公开表达自己的政治见解或单纯分享自己的生活见闻。但大陆地区对脸书等台湾较为盛行的社交媒体目前尚在未开通状态，少数利用技术漏洞"翻墙"的网民也只在重大舆论事件发生期间作为两岸对话的"传声筒"，平时的有效交往面积较小，不能达到沟通的目的。

此外，通过对比两岸较为盛行的社交媒体会发现，两岸民众对社交媒体的使用习惯不尽相同。例如，台湾PTT等本土媒体，大陆网民普遍觉得界面不美观，使用不习惯。这种情况在两岸社交媒体不能有效衔接的现状下更为凸显。

面对此种情况，应在制度层面给予沟通的最大支持。大陆方面应当在正确引导舆论导向的同时，适度放权。并在技术层面给予支持，开发尽可能平衡两岸网民使用习惯的社交媒体。

(二)渠道层面：加强引导，主流媒体借力新媒体发声

面对"统独"问题，两岸态度都较为敏感，一旦出现分歧，容易出现偏激言辞，这就需要加强舆论引导，保证理性讨论。

首先，发挥主流媒体功能，主流媒体在舆论引导上有不可替代的作用。由于大陆主流媒体在台湾无法实现落地，将其内容"嫁接"于新媒体是一条有效的传播途径。据调查，在台湾，虽然多数传统媒介，例如报纸、电视等的内容无法直接接触到当地民众，但是一部分民众会关注媒体的微信、微博等账号，这就给主流媒体的内容提供了一个很好的内容传输平台。

其次，将虚拟交流与现实交流结合。目前，两岸民众交流多为频繁的学术交往、旅游旅行、商务交流等。应积极引导线上群体交流逐步发展为线下交流，以线下活动的方式提供交流机会。让通过社交媒体获得联系的个人有机会发展现实中的人际关联，以扩大交流的影响。

(三)内容层面："软性"传播呈现思想

当前的意识形态宣传已不仅仅是自说自话，想真正直达人心、创造共识还需要注重传播技巧的运用。受众能够接受传播思想的前提是能够完整接收传播内容。

当相同的思想遇到不同的媒介，应有不同的表达方式。社交媒体属于新媒

体的一种, 在话语上必须实现创新, 以相对 "软性" 的姿态呈现所要传递的思想。可视化报道已经成为一种趋势, 例如以发布微信、微博软文, 综合运用文字、图片、动画、音频和视频等方式呈现内容亮点。两岸沟通在很多情景之下也可以利用这种较为活泼的传播符号, 将生硬冰冷的内容生活化、趣味化。

四、小结

两岸局势变化万千, 但局势变化如何减少对民众情感的影响值得深思。对于两岸交流来说, 能真正实现 "落地" 才是最终归宿。

相对于传统媒体在台湾难以 "落地" 的尴尬局面, 社交媒体的迅速发展为两岸提供了一个跨越海峡的直接的交流平台。但新媒体的发展除了带来更为便利的交流以外也会相应带来诸如民粹主义抬头、"沉默的螺旋" 以及浅阅读等弊端, 在充分利用其优势的同时, 也应尽力克服弊端保持平衡。科技的进步与理念的创新必将给两岸交流带来更多机遇, 但不使交流流于浅显, 保证理性才是两岸民众能够有效沟通的关键所在。

论广播新闻编辑的能力

新闻稿件的处理离不开新闻编辑。一条新闻稿件展现出来的水平之高低，既取决于记者的采写能力，也取决于新闻编辑水平的高低。低水平的编辑会使好稿失色；高水平的编辑则会让稿件添彩。没有新闻编辑高水平的处理，一条新闻稿件的价值常常得不到应有的体现。因此，一个优秀的编辑在新闻工作中是很重要的，他要在工作中体现以下几种能力。

一、新闻编辑要有发现新闻的能力

发现新闻的能力是从事新闻工作至关重要的能力，从某种角度我们可以这样以为：发现新闻的能力决定了一个新闻工作者一生成就的大小。发现新闻的能力越大，他的成就会越大，反之则相反。没有发现新闻的能力之编辑，很难在业务上做出出色的成绩。

（一）站对方位

方位是发现新闻时记者编辑所处的独特位置，包括层高和角度。囿于本身的能力，站对方位不一定能发现新闻，但如果没有站对方位，那肯定不能发现新闻。方位不是一成不变的，它随政策的变化、时态的走向而移动。改革开放之初，范敬宜在公社里睡了一觉，就发现了新闻。有一晚，因无人来电话，他判断"这里有新闻"。他在《月光如水照新村》写道："三月三日、四日，记者夜宿辽宁康平县两家子公社秘书办公室，从就寝到次日早晨，没有来过一次电话，也没有一个社员来报案、告状或要钱要粮，公社干部睡得安安稳稳。"而在以前，形式主义十分严重，农民种田十分机械，晚上电话不断，不是电话会议，就是电话指示，催种催收，追生产和农田建设进度。甚至打架斗殴，也来报警。现在农村生活好了，这种现象越来越少，当干部的总算能睡个囫囵觉了。到了新时代，种树者是英雄，砍树者常常成了反面典型。

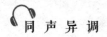

（二）判断价值

判断新闻价值体现的最重要的是编辑的政治眼光和思想深度，这种能力是决定一个新闻工作者在新闻这条道路上能走多远的决定性因素。这里最为典型的案例就是《天安门事件是革命行动》。党的十一届三中全会召开前夕，中共北京市委举行党委扩大会议，研究如何加快清查步伐，迎接工作重点转移。会议最后一天，市委第三书记贾庭三作总结报告时，中间离开铅印稿，念了一段对"天安门事件"看法的文字："1976年清明节，广大群众到天安门广场沉痛悼念敬爱的周总理，愤怒声讨'四人帮'完全是革命行动。"第二天一早，《北京日报》的会议消息见报，其中有一段为"天安门事件"平反的内容，但地位很不突出。记者没有看出新闻，发了一个把金子当黄铜卖的稿件，编辑也没有眼光看到新闻。而新华社的编辑从中发现重大新闻，所发新华社稿件只有240多字，标题就是《天安门事件是革命行动》。消息一发表，国内外舆论为之震动，所有报纸都在头版头条刊登。这是编辑对这篇稿件中内含的新闻价值做了最准确判断的最佳结果。

二、新闻编辑要有凸显新闻的能力

（一）改编重写

编辑要会改稿，这是最起码的。但有的编辑只会删稿，不会其他。这样的编辑，我们只能叫他"删辑"，而不是"编辑"。编辑就应该高明一些。编辑要有相当的百科知识水平、政治政策水平和报道把握能力。对有关方面的概况、基本情况，国家在这方面的大致政策，都应有所了解。《人民日报》有一篇文章《但存方寸地　留与子孙耕》，题目、立意、逻辑、文字都不错，但缺少一点亮色。范敬宜在后面加了一段："著名社会学家费孝通曾经说过，美国一位学者写了一本《五千年的奇迹》的书，其中说到中国最大的奇迹是它的耕地没有遭到破坏。这当然包括耕地的质量，也包括耕地的数量。但如果按现在的状况发展下去，那么我们现有的耕地能不能再留给后代五千年就很难说了。这真是振聋发聩的警世之言……"范敬宜自己说："加了这一段话，我觉得像在一幅准冷色的画面上添加了一点'亮色'。"这就是编辑做的加法。没有这处添加，没有长达五千年的历史纵深，整篇稿件的亮度就减了不少。

(二) 提炼突出

新闻稿件的价值需要采编人员的共同提炼,没有提炼,新闻就会显得"纯度"不够。中国新闻奖一等奖作品《一场特殊的婚礼》也是这样一个站对了方位,提炼出价值的好作品。新疆乌鲁木齐"7·5事件"后,当地各族群众的生活正在恢复平静,中央电台记者到新疆采访,在乌鲁木齐遇到了两对结婚的新人,各民族热闹相聚的气氛,让他们的婚礼变成了一场大联欢。"中午12点,乌鲁木齐的一家星级酒店,两场婚礼正在同时举行。两对新人分别是汉族的吴杰和周爱美以及蒙古族的道里刚和塔娜。参加婚礼的客人除了汉族和蒙古族,还有维吾尔族、哈萨克族等。汉族婚礼的主持人刘志刚介绍,这两对新人本来素不相识,凑巧婚礼定在了一起,双方先是互相敬酒,表达祝福,随后干脆提议撤掉宴会厅中间的屏风,把两家的婚宴合二为一。双方宾客你拉一曲手风琴,我跳一段新疆舞,热烈的气氛让婚宴超过了原定的时间婚礼还没有结束。跳舞的人群中还有一位维吾尔族小伙子阿不杜外力,他那舒展的动作格外显眼。他说:'今天非常激动,我感觉民族团结更加牢固了,更像一家人了。'"在一个恰当的时间、恰当的地点,在一个饭店里,两民族的新人一起举行婚礼,寓意民族团结,凸显出了整条稿件的价值。这是一个很典型的例子。

三、新闻编辑要有优化新闻的能力

(一) 增加题目

优化新闻的方法有很多,笔者以为,在广播节目中,要增加广播新闻的题目。现在广播新闻几乎很少有新闻题目,这是一个不小的缺憾。所有的新闻学教科书中,都有一章是讲新闻题目的。好的新闻标题,能够为稿件增色,能够帮助稿件更加吸引人注目。因为标题本身就是高度提炼的结果,它能让人记忆终生。我们熟知的有范敬宜的《莫把开头当过头》、中央电台记者诸雄潮的报道《水乡少年不识龟》等,都是这样的好例子。我们在稿件中有意识地增加新闻的标题,努力使新闻更加凝练、更加提神。笔者采写的消息《从200毫升到200次》,讲的是深圳一位志愿者无偿献血200次的故事。在中央电台评奖时,这条消息受到许多评委的好评。评委们一听到这个题目,就为之一振,纷纷计算起主人公在200次的献血中一共无偿捐献了多少鲜血。这就是新闻标题的力量。作品最后获得中央电台长消息一等奖。

（二）讲好故事

有关部门最近提出，新闻报道要故事化。多年来，新闻故事化一直是我们的追求，唯有故事，才能生动，才能传播；能够传播，才有力量。追求故事化，这在新闻报道的流派中也是一种，我们熟知的"华尔街日报体"就是采用这样的表现手法。对新闻，特别是对广播新闻来说，新闻故事化有很大的吸引力，广播一听而过，不容易让人记住，也不能让人回听，而故事化能帮助人加深印象，产生更大的影响。曾获中国广播奖一等奖的中央电台的消息《浙江省率先为贫困农民筑起最低生活保障线》，稿件一开头是这样写的："10月初，浙江诸暨市牌头镇农民周信均，到民政部门领取了全家每月160元的最低生活保障费。从这个月开始，浙江省23万贫困农民同城市居民一样，享受到了最低生活保障。10月1日实施的《浙江省最低生活保障办法》，对此做出了明确规定。这在全国首开先例。"

在短短的1分30秒的时间内，也可以从容地讲一个小小的故事，这是一个高明的记者或是编辑的功力所在。

四、新闻编辑要有创新新闻的能力

（一）敢于变化

创新就要变化。变化的形式有很多：调换底片是变化，放大局部是变化，扩展视角是变化，逆向思维是变化。一个编辑，要能把各种方式灵活运用到编辑工作中去。比如现在，韩国文化对我们有很大的影响，殊不知，中国文化在韩国也一直有着肥沃的土壤。2002年，中国广播电视奖有一条获一等奖的报道，《韩国："韩流"出处有"汉潮"》："在韩国，出租车、旅游点等许多地方有中文服务，而这种现象的出现不仅仅是因为世界杯。近年来中国的迅速发展，中韩两国交流的扩大，使得中文在韩国热了起来。我们看一下本台记者的有关报道。在国内，许多人把韩国流行文化、流行音乐叫作'韩流'。实际上，现在的韩国，也出现了'汉潮'，也就是许多韩国人对中国文化、中国语言感兴趣，已经形成了一股热潮。目前，就在韩国最热闹的一条大街，市厅一带，新近盖起了一个很独特的语言学院'一二厂，中国文化苑'。"只是反向观照了一下，境界立刻得以提升。编辑在这方面有巨大的余地可以施展，有许多领域可以拓展。做好这方面的工作，对提升节目水平有很大的作用。

(二)敢于破格

创新就要破格。每一个新闻工作者心中都是有格的,没有格,会如江水四溢,没有边际。有了格,而只唯格,不敢越雷池一步,也不是我们的追求。最高的境界是:有格但也要能破格。我们读报,第一眼的常常是头条。但现实如范敬宜所说,读者常常不读头条。为什么?就是因为我们把头条弄呆了。那些有碍作品发挥更多光亮的格,我们就要打破。有一句话就叫:蜘蛛不会飞,能织空中网。好的编辑就要有在天空中织网的本事。联合国秘书长安南中学毕业40年后,也就是加纳独立40周年之际,刚刚当上联合国秘书长一个月的他给自己的母校曼特西皮姆中学寄了一封信。他写道:"我记得曾有一次,尊敬的教师拿出一张白纸,白纸中间有一个黑色的圆点。老师把这张纸贴在黑板上问我们:'你们看到了什么?'我们都回答:'黑色的圆点。'老师说:'为什么你们只看到了那个黑色的点?纸上还有那么大的一片白色,你们怎么没有注意?'"

有一年,《劳模楼里无劳模》获得中国广播奖。新闻说的是某地为劳模建的楼,最后全被官员分了。顺着这条思路,我们能不能找到《将军楼里无将军》,某部队为将军建的楼,全部分给了有贡献的科技工作者。至少《大学教授不教授》是一定能成立的。现在的大学里,还有多少优秀的教授在讲课呢?这也是我们现在教育质量下降的一个重要原因。在许多的编排中,破格更是有它的重要性。比如,一起重大的事故,现在许多媒体常常把它放在头条,这是常见的。当年,"挑战者"号航天飞机失事,中央电视台把它放在头条,就是一次巨大的破格行为。这种编辑思路对我们很有启发意义。

总之,一个优秀的新闻编辑,要有很好的政治素质,要有很强的业务能力,要有特别的新闻敏感,要有优质的思维。培养一个好的新闻编辑需要长时间的工作沉淀,他们是优秀作品的策划者,是优秀记者的扶持者。他们在工作中表现出色,是记者之幸、媒体之幸。他们的能力高强,意味着我们的新闻事业丰富多彩、兴旺发达。

从中国广播奖的评奖谈新闻的出新与创优

本文的论题是：新闻的出新与创优。以笔者二十多年的工作实践来看，新闻出新不易创优难。

什么是新？新，有时只是与旧相对而言的某种程度。新旧之间，就像人之迈步，前脚后步左右交替，新旧位置不停互换。后脚是前脚的滞后，却又是前脚的支撑和推力。前脚是后脚的引领，也承惠了后脚的助推和掌控。从这个角度看，新常蜕变为旧，旧也常变为新。新旧之间，留下的是足迹两行——我们通常称之为历史的进步。

新旧是一个程度的概念，去年是新，今年是旧，上月为新，本月为旧；新旧是一种形态的称谓，流水常新，静水成旧，初芽为新，落花为旧；新旧是距离的相对远近，远去是旧，未到是新，总结是旧，计划是新。新旧如叶之枯黄，年年岁岁相似，岁岁年年不同，而我们得到的是收获与喜庆，还有期待。

新闻出新不易创优难。虽然如此，但也绝不是不可为之。《万能记者》里有一句话："没有写不好的新闻，只有无能的记者。"

什么叫出新？意大利光头裁判克里纳在他的自传里写过这样一个故事：有一次他为一场足球比赛做裁判，双方的球迷闹事。下半场换场地时，双方的球迷各自攻击对方的门将，使比赛无法正常进行。结果克里纳当机立断，下半场比赛不换场地，继续比赛。比赛完了以后，输了的一方告到国际足联，说克里纳违反了国际足联的规定，因为他没有换场。国际足联的答复是：他没有违反规则，但超越规则。

笔者认为，新闻的出新与创优和上述意大利光头裁判那次特殊事件有异曲同工之妙：不违反规则，但超越规则。本文试从以下三点阐述新闻的出新与创优。

一、什么是好新闻

关于什么是好新闻,教科书上有不少标准答案。教科书上的答案是最标准的,但也常常是最没有个性的。它的逊色之处在于不太容易在人的脑子里留下印象。好的答案常常是独特的表述,而且当人听说过一次以后,在实践的过程中常常会在脑子里冒出来。好新闻的标准犹如我们吃鱼的一个心理过程。这个心理过程就是四个字——少、跳、好、妙。

(一)少,鱼要稀少

我们上饭店,如果要点一道鱼,翻开菜谱,对我们没有听说过的、也没有吃过的鱼,我们的眼睛总是要停留一点时间的。物以稀为贵,这种鱼没有吃过,是不是要尝尝?所以它首先会引发我们的想象力,于是产生品尝一下的欲望。按一般的常识,海鱼比江鱼强,江鱼比河鱼强。有长江四鲜:鲥鱼、鮰鱼、刀鱼、河豚,我们就不吃草鱼、青鱼、鳙鱼、鲢鱼四大家鱼了。不管怎样,只要是平时少见的,就是稀缺品。这就是少。名贵的鱼一般都比较少,东西多了,也就称不上名贵了。

在新闻中,也有这样一个心理过程,就是要冲着"少"去做。"少"之又"少",常常就可能意味着是独家新闻。这个新闻"少":一是竞争不会太激烈;二是容易显山露水;三也表明了作者有独到的眼光。

有人可能会不同意这种看法,认为许多题材并不属于"少"的范畴,特别是重大题材,大家都抢着做,这种说法貌似没有错。但仔细分析一下,能够评上奖的,称得上是好作品的,都是各有特点的。一是人无我有,二是人有我好,三是人好我早。这三点都有"少"的意思在内。

新闻就是这样,少的总是吸引人的。我们写新闻,追求的都是独家新闻。再好的题材、再大的题材,人人都写、天天都写,我们也要尽量与别人写得不一样,尽量发现别人没有写出的新闻。

例如,这次中央电台社教类获奖的特别节目有两个:一个是《海湾零距离》,一个是《中国飞天路》。伊拉克战争,大家都发,但中央电台的新闻至少在国内的广播媒体中是第一个报道的。后来各媒体的报道都上来了,中央电台的报道当天就开始向纵深报道,作透彻解读,这就是人无我有,人有我好。

《中国飞天路》说的是"神五"飞船,这是各媒体当天报道中的独一份的。

属于人无我有。这个节目做得很好,属于"我好"。中央电台这个节目,是个精品,汇集了先前好多天的原始音响,包括领导人的音响。杨利伟着陆后一个小时,这个专题节目就发了,这是人有我早。

当然,重大题材报道想做到人无我有是不太容易的,除非有关方面给予某个媒体独家的采访权。更多的情况是在人有我好、人好我早上下功夫。

在特别节目中像《中国飞天路》这样的节目,在中国广播奖里是独一份的,仅此一家,因为这是军队的节目,按上面规定,杨利伟只接受了中央电台、中央电视台、新华社和《解放军报》的采访,一般媒体想采访都没有渠道。别人没有相同的节目来竞争。这就是少。

抗击"非典",是个重要的事件,一般都会在这里做文章,参评节目送这个题材的单位很多。大家都有的时候,你就得做得比别人的好,或者你着眼点要与众不同。

无锡台的节目《天使之歌》很有特点,设计得比较巧妙。无锡的一位军人医生到北京去抗击"非典",他的妻子正好生产。作者设计在妻子生孩子的那一阶段精心做了一个节目,无锡这边孩子马上就要出生,北京那边孩子的父亲马上要走上手术台。感情在此纠缠、碰撞,火花十分明亮。有军人的责任、医生的良知、父亲的无畏、母亲的伟大。在这样的情况下,这个孩子来到人世间的第一声都显得与众不同。单单让这个孩子一来到人间的第一声哭声在收音机里传出来,就足以让人难以忘怀。

这个节目策划好,点子巧,做得也好。

所以,"少"有许多含义,第一是少,最早是少,独特是少,独家是少。

(二)跳,鱼要鲜活

在饭店吃饭,点完一道鱼之后,我们要问:是不是活的?吃鱼一定要鲜活。活的比死的好,新鲜的比冷冻的好。中国有句谚语,宁吃鲜鱼一条,不吃烂虾半筐。新闻就是要抓活鱼,死鱼没有人问津。

"跳"有两层意思,一是跳动,二是生动。跳动是鲜活的标志,生动是优美的体现。事情要跳,内容要跳。跳,意味着是活的。

活,也意味着有时效。时效差了,鱼就死了,价值就不大。

活,就要在池里溅起水花来,要把生活搅动起来。也就是说,我们瞄准的新闻,要争取在社会上产生影响,至少在新闻界,在某个地域,弄出点声响来。

单单一个活字，没有技巧还不行，还要让它生动起来。

在我们的新闻书里，鲜活差不多已经是一个新闻的术语。鲜活有很大的重要性。编辑在布置选题的时候，总是强调要抓活鱼，不要捞死鱼。因为，只有活的鱼才会跳。跳，才说明它有生命力。陈芝麻烂谷子，本身连新闻恐怕都称不上。

如这次评上长消息一等奖的《劳模楼里无劳模》，一听题目，就知道这个题材有多么的鲜活。

"新闻要鲜活"这句话大家都知道，但不知道什么样的事件是鲜活的倒是常常发生的事情。

我国驻美国大使李肇星曾说过这样一个例子：克林顿总统访华时在西安郊区与农民座谈。他问一位老农对改革开放政策的看法。这位老农告诉他，改革开放前，他们一家靠种地为生，一年仅得一二百元钱。十年后他们一年可分三百元。现在除了种地还有副业，生活大大提高，一年可净得一千元。老农的回答让克林顿频频点头。接着克林顿又问一个年轻人。年轻人是个开餐馆的个体户。他说，改革开放前，他什么都不会做，种地也种不好，生活十分困难。后来他学会了厨师的手艺，在附近开了家餐馆，现在家里不缺吃不缺穿，还盖了一幢小楼。克林顿听后说，"改革开放后你有了选择职业的自由。"年轻人说，是的。后来他还热情地请克林顿到他的餐馆吃饭。克林顿说，"我在职期间恐怕不会有这种机会，因为请我吃饭的人太多。"年轻人立即说："那就请总统卸任后到我的店里来吃饭。"克林顿非常高兴，说："你是第一个请我卸任后吃饭的人。"克林顿又问年轻人，需要他帮助做些什么。年轻人说，"如果有可能的话，能不能帮我在美国办个营业执照，我要把餐馆开到美国去。"克林顿说："噢，我终于明白了你是怎么成功的了。"

这样一次精彩的对话，让人看到了改革开放以后"中国人有了选择职业的自由"，在这选择职业的自由背后，有许多的含义存在。然而国内无一记者予以报道，十分令人遗憾。这条新闻鲜活到几乎无须概括总结提高，只要发现了录下来就可以。可惜我们把眼光停留在领导人与克林顿对话上的时间太长了，以至于让这样鲜活的新闻消失在视线之中。

什么是跳呢？反常是跳，像《劳模楼里无劳模》。笔者以前写过一篇新闻：《水乡少年不识龟》，水乡少年不认识乌龟，那是因为环境污染了，乌龟稀少了。

总之是反常了。

亮点是跳。上面举的例子"美国总统与中国农民的对话"就是跳。这样的例子还有很多,比如《总理与艾滋病人握手》等。

新鲜是跳。所有的新闻都是新鲜的。哪怕是旧闻,因为你不知道,或者赋予它新的内容,也都是新鲜的。

特色是跳。有特色并不见得是好新闻,但好新闻总是有特色的。

(三)好,做得好吃

一条鱼怎么做,方法很多:清蒸、红烧、醋熘、氽汤、油炸、豉烧、乱炖……但不管用什么方法、什么手段,也不管生吃还是熟食,我们都要求做得要地道,也就是味道要做得好,而且还不能破坏营养。

新闻也一样。有了好的、鲜活的、稀缺的题材,并不意味着你能做出好的菜来,这里面最能显示出记者水平的高下之别。切题的角度,选用的素材,编辑的着力点,对新闻的驾驭能力,自身知识的广博程度,对政策的理解把握能力,等等,都决定着一篇报道的成功与否。消息要干净利落,专题要声情并茂,特色要充分展现。

也有些题材,只要做好,甚至只要做出来,就可以得奖,因为本身题材好。

很多题材本身很平常,但如果你做得有意思,也会得奖。

比如有一条报纸新闻《中国地铁今天通过天安门广场》。这只是一条较为重要的建设工程的一个开通情况的报道。但它与天安门广场放在一起,意义又不一样了。它的导语是这样写的:

5分钟前,一列银灰色的列车,在仅距地面2.8米的地下,首次穿过世界上最大的广场——天安门广场。

核心的词语就是:地铁、第一次、世界上最大的广场。如果不把这几样内容连在一起,这条稿子就称不上好了。

新闻与专题都要做好。但在公众性的专题节目里面,相对新闻而言,专题节目做得精彩是更为重要的一个因素。

能否在节目开始的几分钟内"抓住听众的耳朵",是广播作品成败的关键。因此,广播作品应当把最重要、最精彩的内容放在前面。如果开篇不着边际,下笔很远,节奏缓慢,"开门不见山",是很难吸引听众的。

如这次获对象性节目一等奖的《号子声声震峡江》,它的开篇,用一两句话交代了"三峡工程蓄水,峡江中险滩消失,航标灯熄灭,峡江上还有一盏不熄灭的文化之灯——峡江船工号子"之后,就推出了胡振浩演唱的激越高亢的"峡江号子":

> 西陵峡上滩连滩,崖对崖来山连山;
>
> 青滩泄滩不算滩,崆岭才算是鬼门关;
>
> 一声号子我一身的汗,船过西陵难上难;
>
> 一声号子我一身的胆……

八旬老人极富感染力的演唱,一下子就把听众带到古老峡江上,船工们与风浪、激流、险滩搏斗的情景中,惊心动魄,扣人心弦。听了开篇就使人有一种身临其境的感受,大大增强了作品的震撼力,使听众产生一种追根溯源的急迫心情与渴望。

总之,一个节目,题材要新颖,内容要扎实,录音要清晰,制作要精良,音乐要符合场景,音效要能衬托主题。

(四)妙,吃出文化

人无我有题材少,生动鲜活内容跳,手艺精良做得好,除此之外,还要妙,要显出文化,广义的文化。

孔夫子说,食不厌精,脍不厌细。吃也是境界,要有内涵,要有风味,要有特色,要吃出文化。有的菜名与诗配就成了风景一道:青菜叶上铺两只鸡蛋,叫"两只黄鹂鸣翠柳";一碗清汤中有豆腐些许,那叫"一行白鹭上青天"。这些名称,或有来历,或有讲究。一块红烧肉,因为它的独特做法和苏轼的发明,我们叫它"东坡肉"。为了一道菜,晋朝诗人张季鹰见秋风起,就辞官回家了。我们知道这是鲈鱼莼菜羹的典故。

妙就是把新闻背后的意义给挖掘出来,它也包括了一种文化的含义。

妙也是一种境界,要让人感到有余味,是题材好,写得好,音响好,做得好,意义好,总之,方方面面都好。

还以《号子声声震峡江》为例,它反映的是81岁的胡振浩老人发掘、整理、守护、传唱"峡江号子"这一民间艺术瑰宝的传奇故事。

峡江号子是古老峡江上一代代船工创造、传承下来的劳动号角,是峡江人民在与江水搏击中创造的生命之歌。激越苍凉的船工号子浸透着劳动者的血泪和汗水,具有极高的文化价值,在国内外享有很高的声誉。传承这一民间文化并将其发扬光大的人中，集大成者就是原秭归县文化馆副馆长、现年81岁的老人胡振浩。随着三峡工程蓄水通航、川江航道的改善，作为一种文化现象，峡江号子随着峡江人力航运史的消逝，即将成为绝唱。广大听众在关心举世闻名的三峡工程建设的同时，自然十分关心他们熟悉并热爱的峡江号子这一民间艺术遗产的命运。作者在三峡工程蓄水通航之际，深入采访，精心制作，隆重推出《号子声声震峡江》这篇录音通讯，让听众从胡振浩的经历和演唱的号子中，了解到胡振浩老人为守护这一优秀文化遗产所付出的艰辛和努力；看到峡江人民生活的变迁；体验到党和政府对保护宝贵民间文化遗产的高度重视和做出的努力。这就使作品具有很强的针对性和贴近性。

听这样的节目，我们不仅是简简单单地听一个节目，更多地看到了它里面包含的文化含量。

节目的妙，在社教类节目里尤其重要。

这几年评奖中，常有这样的作品，但更多的作品是，评上一等奖也没有印象，这样的作品不过如此，太多了，没有冲击力，说不出所以然。所以妙，就是作品的亮点，最亮点。

新闻消息也一样，专题节目也一样，写出来、做出来以后，要让人说出道道来。好，好在哪里；妙，妙在何处；高，高在啥地方，都要有个理由。

这与喝茶一样，喝龙井茶用玻璃杯，冲泡的时候还要用水冲三下，这叫凤凰三点头，这样才可见碧绿的茶叶在水中翻飞。而水的上品是用虎跑水，这才叫般配。而喝乌龙一定要紫砂壶，它透气，含得住茶香，适合乌龙茶耐泡的特点。

下面笔者举自己写的一个例子，1988年写的《北京涉外旅游厕所渐入佳境》：

到过北京的人都说，北京的厕所不是用眼睛找，而是用鼻子闻。

北京人则比较幽默：上厕所比"第三者"更难以插足。

以悠久历史引以为自豪的北京，其"隐居"在大街小巷的厕所也是相当古老的。一些看上去数年未冲的厕所被形容为"百得老厕"，顶风臭十里。

厕所问题曾很大程度地影响了北京的声誉和旅游业的发展。一些外国人说：什么时候北京的厕所干净了，我们再去。

去年，北京市旅游局投资五百万元左右兴建、改建了一批涉外旅游厕所，并举办了"涉外旅游厕所大奖赛"。举办这类比赛在以前是不可思议的,这和改革开放,人们观念改变有很大关系。

美中不足的是,数以百计的普通厕所不在比赛之列,而这正是问题所在。这使得大奖赛仅具象征意义。

不光是北京人,整个中国人还没有把对厕所的要求同"文明"两字联系起来。一位对中国文化深有研究的作家以为:中国人对厕所从无苛刻要求。他举例说:像贾宝玉这样的公子哥儿,也会在大观园里随便出恭。他进一步考证:厕所古汉字"溷",就有肮脏的意思,其字面意思就是"猪在圈里"。

但并不是所有的北京人都对厕所无动于衷,一位在中央某机关工作的年轻人表示:吸引他到这里工作的一个并非次要的原因,是这个地方的厕所比较干净。

一年前,一家有影响的报纸就厕所问题展开讨论,这反映了人们已经开始重视这个曾被长期忽略了的问题。

据说,北京十三陵地区几所规格不同的涉外旅游厕所经过整修,已经达到干净、无臭味、洗手设备齐全的标准。

不过即便如此,假如是首次到北京,又无向导,那最好事先打听清楚厕所所在,免得到时四顾茫然,再则心理上要有所准备。

在这条稿子里面,除了主体信息以外,也说明了这样一个问题,即厕所也是文化的一个组成部分,也是文明的组成部分,国人已经开始注意到这个问题了。新闻里面,又充满了文化的含量。

再举一个例子:2004年3月23日,笔者在《中华新闻报》上发表了一篇文章——《抽水马桶识别文明》:

什么是文明,定义很多,但那些定义并不能深入人心。记不住的定义大概不是好定义。在我看来,有一个简单的方法可以作为识别文明的标志,这就是公厕里有没有抽水马桶。

曾听人说蹲茅坑是文明卫生的习惯,我颇不以为然。80年代在采访两会的时候,就听说有的人大代表在高级宾馆里蹲在抽水马桶上踩断很多垫圈的故事。蹲茅坑的弊端,一是你在方便完后想用水冲都难有招数。二是它也限制了腿有残疾者的本已不多的便利。人文关怀不到之处,文明的花蕾无法盛开。这就像大楼里没有残疾人通道,文明之路就没有开通一样。

茅坑的客观条件不足限制了人们文明素养的提高，同时助长了一些人完了就完了的心态，于是他们撒手而去。久而久之，习惯成自然；久而久之，茅坑便四溢。我们之所以蹩脚，最重要的原因就是厕所太脏。厕所太脏，穿任何高级的鞋子都显得不伦不类。我断言，如果达不到在所有的公厕里设有抽水马桶，"文明"两字就永远只会在我们的嘴边流浪。

用抽水马桶就与蹲茅坑有本质的区别了。它虽然并不强迫你用完厕所后用水冲洗，但它确实有一桶水，在你的背后，好像在随时准备清洗你的后脑勺——假如你不把你的善后工作做得干干净净的话。抽水马桶有这样功能的存在，你总不能熟视无睹，看着你自然主义的构造就走了人吧。即便有一次走了人，久而久之，你总会看不习惯吧。任何废弃物堆积后对人总是一个损害，如果长此以往，以后你也会走不进厕所去的。及时清理，那是保持卫生的最好方法。而且它在客观上帮助人们确立这样的理念：己所不欲，勿施于人。如果你在这样的情况下还是一走了之，那只能说明，你的脑子里的东西比你的废弃物更糟糕。

如果有了抽水马桶而坐不下去，那只能说明，我们基本具备了文明的硬件以后，有的人的"人"这个软件的文明素质还远远没有配套。我们说一个人坏话的时候，有时会说他连狗都不如，连狗都知道方便后要用爪子扒一下土装模作样地掩盖一下。但许多人却没有这样的习惯，那真是连狗也不如了。我们如果要比狗强些，至少要在方便后比它掩盖得更彻底——冲掉。光是清洗自己的屁股，连河马都会。

所以抽水马桶很重要，它为人们带来了作为人的尊严。但为什么有些人还是不能对此引起重视呢？原因只有一个，那些不重视的人并不渴望文明。或者说，他们的文明程度还没有达到一个真正的文明人应该表现出来的那个高度。现在韩流风行，但韩国的文明也很可疑。曾见报道，说韩国的公共场所如飞机、火车上的抽水马桶上的垫圈上总有黄黄的印渍。这是韩国的男士们给女士们人为造成的如厕的困难。掀起垫圈，如此举手之劳而不为，所以他们受到了人们的批评是很自然的事。这种事如果落在中国，会是什么结果？结果是明显的，结果暂时也不会存在，因为我们在公共场所连抽水马桶都没有。

现在许多地方"评文明"，什么文明景区、文明商店、文明单位。只要它的厕所有问题，我是一概不信的。马桶问题的根源在人，人如果不文明，景区、单位、商店怎么会文明？厕所的不文明，正好说明了人的精神不文明。记得在杂志看过一篇文章,世上众多的各路杰出人士多推抽水马桶的发明为人类有史以来最伟大的发明。对这个推选我很以为然,因为它意味着野蛮与文明的分野。只要看看21世纪,还有这么多的人在如此这般地如厕,你就知道其成立的理由了。

我们现在文明程度还不足,是因为我们目前还"蹲"着。

总之,一个事件,不是就事论事地说,而是要说得煞有介事。

二、如何写好新闻

新闻是容易写的,好新闻是很不容易写的。我们所看到的新闻,有时就像公文。特别是报纸头版的新闻或是重点新闻常常如此。任何新闻第一个要考虑的是,你的新闻别人喜欢不喜欢看、喜欢不喜欢听,是否看得下去、听得下去。看不下去、听不下去的新闻肯定不是好新闻。

什么是好新闻?笔者认为好新闻如孔夫子所说,文质彬彬,然后君子。文,就是表面的花纹,也就是形式,质就是内容。文质彬彬,就是内容与形式的统一。但我们的新闻能把两者统一起来的并不多。

笔者认为,中国的新闻,真正意义上的好新闻比较少。写好新闻需要有很高的境界。

怎么才能写好新闻?一是要有记者的观察力、洞察力,二是要有诗人的形象构思能力,三是要有作家的表述能力。如果是广播记者,还要加上第四点,主持人的口头演播能力。

我们读唐诗宋词的名篇,会有口齿留香的感觉。无论是内容与形式都到了登峰造极的地步,这样的篇章才是好的。好的新闻也应该是这样的篇章,它也应该是名篇。但我们现在评奖只能退而求其次。因为在我们的记者队伍中,能把记者、诗人、作家三者结合在一起的人并不多。一些好题材写出来以后,你感觉它常常不能得其精髓。

怎样写好新闻?笔者从技巧、选题、实践三个方面谈谈自己的浅见。

(一)技巧

对记者来说,写新闻要注意以下两点:

第一点是尽量缩短从眼睛从耳朵到心灵的距离。

广播电视稍纵即逝,很难让人回味。所以在写作的时候,记者要善于把看到听到的新闻最好以形象生动的东西告诉给受众。要有本事缩短从眼睛从耳朵到心灵的距离。因为形象生动的东西容易打动人，并且能给人留下深刻的印象。

印度哲人说：从大脑到心的距离最远。记者的责任就是缩短这个距离。

记者不仅要看到，而且还要把看到的转述给听众听。这个转述的过程不仅不能走失原形，而且还要去掉很多杂拌儿和无用的东西。去掉一些不太重要的元素，同时又不能失去原味，这就是记者的本事。这个本事，就是缩短从眼睛到耳朵的距离。让眼睛看到的东西，转化成用耳朵看得到的。如果转换不过来，让听众看不到，看到的是肯定是浆糊一堆。这样的新闻是不成功的。

导语的关键是做到：短小、细节、表述、视觉、力量、引语、简单、想象，这其实也是整个新闻的关键。

举个例子：

《人民日报》2002年"两会"期间的一篇稿子，导语是这样的：

经历了大事喜事的洗礼，也经受了热点难点的考验，回首来之不易的开门红，倍感"两手抓、两手都要硬"的深阔精辟。共赴又一次春的聚会，代表、委员们高度评价2001年精神文明建设：理论创新与实践创新亮点频出，实事求是同与时俱进交相辉映。

这样的句子，在听众的耳朵里会转换成什么东西，估计就是一堆词汇、一堆浆糊。耳朵根本听不进去，眼睛里会冒出什么来？脑子里还能记住什么东西呢？如果眼前冒不出形象，脑子里记不住东西的话，这样的新闻肯定是失败的。

再看以前的一个例子：

朝鲜战争停火仪式今天上午在板门店签字。西方列强在东方的海滩上放置一门大炮就宣告占有这块土地的日子一去不复返了。

这个例子在你的脑子里转化成了什么？不用多说，一个醒来的东方巨人站立了起来。

所谓缩短从耳目到眼睛的距离，有四处可以做：

一是要把抽象的东西变成具象一些。也就是把概念变成事实。

例如《珠海市咸水期供水预案启动》。珠海是个海城，以前在海潮上涨时，自来水厂取水受潮水影响，水质发咸。现在有了这个预案，事先准备，结果在咸潮期自来水也是甘甜的。这样的新闻常常可以写得生动一些、人文一些。比如，笔者编一个：咸水期到了，今年珠海市民再也不需要用矿泉水做饭了，因为咸水期预案已经为这个城市的用水做了资源的储备。

二是要把庞大的内容变得细小一些。新闻要大题目，小处作，精开口，妙收尾。大题小作，是个诀窍。《中国青年报》有一篇写"两会"的报道：

盛世春来早，在春雷惊蛰春风化雨的时节，九届全国人大一次会议、全国政协九届五次会议胜利闭幕了。今年的"两会"是新的历史时期全面推进经济建设和社会各项事业的盛会，"两会"取得的丰硕成果，作出的重大改革，必将更加坚定全国人民和广大青年的信心，激励我们奋发有为去夺取新的胜利。

真不知道这段话里有什么信息量，几乎就是空话加套话加废话。

《参考消息》上有一篇报道，英国《金融时报》2004年12月7日的一篇报道题目是《世界正在合着中国的节拍翩翩起舞》，副题是"中国对全球贸易的影响大到一个嗝儿便可能撼动一些市场的程度"。它的导语是：

过去的25年，向世界逐步开放的中国不断发生变化，然而，2004年标志着一些新生事物的出现。值得注意的是，未来可能更多的不再是世界如何改变中国，而是中国如何改变世界。

三是要把开口的钝角改成锐角，锋利一些。

丘吉尔在二战时期就一个战役的问题问他的军事参谋，参谋说，这次会战，从这个角度会如何如何，从那个角度看会怎样怎样。搞得丘吉尔无所适从，很生气，大叫："给我找一个只会从一个角度看问题的人来。"

新闻有时候也是如此，不用从这个角度看如何如何，从那个角度看如何如何。全面地写，只会写出一些调研报告，而不是新闻。很多时候新闻只需从一个角度写。从一个角度，写出来才可能动人，而且这个开口的角度要小。写东北老工业基地振兴，不从大而无当之处写，而从"齐齐哈尔两万人退出低保"这个角度写。还有什么能比退出低保更生动、更说明问题的呢？

有人问，如果事情太庞杂，必须要从多个角度写，怎么办？笔者的答案是，再写另一篇新闻。

四是要把平常的东西变得独特一些，加深人们的印象。

开山修路是个简单的道理。但中央电台有一篇报道《秦岭修路不炸山不毁树》，这就与众不同，很独特。

第二点是要学会在笔尖上跳舞。

因为新闻都较小，广播电视新闻尤其短小，其实所有的新闻都应该短小。

以广播电视奖的评奖范围论，短消息在1分30秒以内，长消息在4分钟以内，一般中央电台播发的消息长的在3分钟左右，大量的消息大多在1分30秒以内。因为《新闻和报纸摘要》节目每天播发的稿件，包括简讯在内50条左右。1~3分钟的概念，化作字数就是250字到750字之间。实际编发的节目，一般都控制在500字之间。

所谓要学会在笔尖上跳舞，就是要学会在1~3分钟内完成作品。而且要完成得不错，仿佛在方寸之地翩翩起舞，并能调动听众的情绪。

从技巧方面，怎样写好新闻，这个技巧的概念很大、很广。这里从导语这个角度说起。

导语——新闻当中最重要的是写导语。

什么是导语？我们不用重复教科书上的定义，那种定义翻开书你我都能找到。在笔者看来，导语就是擦肩而过的美人。让你不得不回望、聚焦，并若有所思。走在路上，美人迎面，惊鸿一瞥，令人蓦然回首。如果你不回头，一是说明这条导语写得不够好，也就是美人不够美，不足以吸引人、不足以打动人，不能让你竖起耳朵、瞪着眼睛，回过头来。二则也可能说明你老了，产生了审美疲劳，也许已经老到你身体的本能反应的能力已经丧失。如果你还在写着新闻，做着节目，则这种疲劳也许意味着你已经不适合做节目了。至少你的新闻敏感性已经不灵光，也许已经丧失殆尽了。

导语是极端重要的。它的重要性就在于——当你忘记了新闻的时候，你还记得导语。下面笔者举一些例子说明许多新闻我们只记得导语、不记得新闻。因此笔者一直提倡要像留下千古绝唱、留下格言警句一样，留下精美的导语。

导语本应是新闻教学的核心与精华，但现在我们没有摆在大学新闻教育突出的位置，所以许多学生在这方面没有得到足够多的训练，因而写新闻时总是难以交出令人满意的作品。

什么样的导语有冲击力？什么是好的导语？怎样才能写出好的导语？方法有很多，原则有很多。笔者从以下几个角度展开阐述。

1. 四个"妙"

（1）精妙比喻

比喻是写文章、写新闻最常用的方法之一。如果能够对某处事物或是某个新闻做个精妙比喻，这样的新闻之导语是成功的。亚里士多德曾说："比喻是天才的标识。"不会比喻，称不上会写新闻。

古今中外无数名人出书无数，还有专门的名人名言，名人名言大多就是绝妙好句。举例：

通货膨胀使语言和美元一道贬了值。

比如说，你想形容某种东西的价格便宜得近乎荒唐，可以说它"不值粪土"。可是，眼下土也并不便宜了。

这样的比喻令人叫绝。

1996年，笔者写过一篇稿子：《中国离信息高速公路还有多远》，导语是：

如果有人把电脑只当作打字机和游戏机，那么，以"聪明人用傻瓜"来形容这些人和电脑是再确切不过的了。

接下来作适当的补充与延伸：

眼下，"多媒体电脑""信息高速公路"这些最年轻的词语正走红大陆。然而，电脑在中国，至少有百分之九十以上仅仅起着换笔与游戏的作用，而它的主要功能——"计算机网络化"被遗忘，人们却毫不在意。这对并不富裕但却花了上千元钞票的中国人来说，无疑是买了汽车当轿子用。

有了腿却迈不开步，中国人离信息高速公路就真的那么远吗？

比喻就是让你把一个可能是僵硬的东西变得生动，让人容易接受。

（2）绝妙好句

能够流传下来的都是绝妙好句。像这样的句子：

世界上最大的未开发区就在你的帽子底下。

这句话不是哪条新闻的导语，但比一般的导语精彩许多。这句话击中了许多人的思想深处。那些把国际化、世界化天天挂在嘴上的人很可能是脑子僵化的人。举例：

戈尔巴乔夫面临改革以来最严峻也可能是最后一个冬季。

这是说苏联改革将面临失败。

由于经济困难，美国的种族关系日趋恶化。美国白人和迅速增多的少数民族正在经济上争夺一块不断缩小的馅饼。

面包与奶酪是欧美人最常用的比喻，最著名的大概就是"面包会有的，牛奶也会有的"。

用最生活化的内容来作导语的一个组成部分常会产生意外的效果。其实这种手法我们常常可以借用。

春节要到了，不久前有消息说，北京家政服务人员锐减。笔者就此事按照上面的模式编了一条导语：

在北京这个现代化的城市里，最稀缺的人不是高科技的专家，也不是工商管理精英，而是家政服务人员。

一位常年奔波在外的年轻母亲抱着襁褓中的孩子无奈地说，在这个城市，保姆比专家还难找。

这样的写法肯定会比一般的写法要来得生动一些。

（3）美妙想象

爱因斯坦说：想象力比知识更重要。有许多想象力不行的人都想否定这句话，但因为它是爱因斯坦说的，所以他们想反对而拿不出更多的理由。在笔者看来，没有想象力，是写不好导语的。

今天，星期天，北京的龙穿上了冰鞋。

记得这条稿子是美联社1月1日发的，作者想表达的是中国正在以轻松愉快的心情迎接一个新年。

买东西在苏联是一门重要的学问。

简简单单一句，买东西也是一门学问，说明这个国家的物资匮乏到了一定程度。

20世纪末，印度成功地试爆了原子弹。印度总理曾经有过这样的比喻，印度有没有原子弹，等于是有没有在联合国头桌吃饭的请柬。

笔者就此编了一条导语。

印度今天成功地试爆了原子弹，拿到了在联合国头桌吃饭的请柬。但这个拥有十亿人口的国家至少还有四分之一的人走在行乞的路上，离联合国的头桌远之又远。

这条编撰的导语告诉人们：虽然你有了原子弹，但你还有这么多的人在贫穷的路上，离联合国常任理事国远着呢。这样的表述难道不比简单直白的写法更有点意思吗！

（4）高妙构思

有高妙的构思，才会有出人意料的结果。美联社曾发表过：

就在罗纳德·里根总统对全国说"美国正在走向经济复苏"之前几小时，他的儿子普勒斯可特·里根却属于在这里领救济金的失业者中的一员。

还有什么比让你自己打自己耳光更来劲儿的吗?

再举个例子:

乔丹退役是想看一下自己的葬礼,因为不满意,所以他才复出,想对自己的葬礼做些修改。

这样的说法实在是出乎意料。多读多看这样的导语,一定会打开自己的眼界。多多模仿练习,也一定会使自己的水平大大提高。

在这里,你不用担心你的比喻损害了新闻的真实性,也许,想象力的欠缺远比损害新闻的真实性要来得严重得多。正确使用比喻是不会损害任何新闻的真实性的。只会有助于你业务水平的提高,使你的稿子写得精彩。

2. 四个"人"

写导语要尽量往人身上靠。人是最能打动人的。小时候我们可能都有这样的同感:就是隔壁的女孩最动人。写新闻,一定要把她写成隔壁的女孩一样,那是最最动人的。西方有这么一条新闻,就是这个例子:

一个名叫品托的小男孩在委内瑞拉的加斯城公共汽车上打了一个喷嚏,三天后,坐在他旁边位置上的健壮的劳动者厄瓜多病倒了——他患的是可怕的曼谷型流行感冒。

人是无处不在的。

(1)出人意料

新闻本身就要出人意料。如果大家都想当然地能够想到,就算不得什么新闻了。下面是描写卢旺达内战的:

走进这个国家,人们发现这里最短缺的商品是棺材。

这条导语,没有写战争的残酷,也没有写遍地淋漓的鲜血,而写棺材的紧缺。简直出人意料。其实,很可能这里埋葬的尸体连棺材都没有。在这个导语里,我们看到了一个内战不休给人民带来无穷灾难的国家,留下的是难以磨灭的印象。

再举美国一例:

某某今天死了,他是昨天去世的。

这又是出人意料得很呐,它就是这样表述的。也许不合中国国情,但不失一种思路。在中国也许会改为:某某今天再也无法登上他心爱的舞台。昨天他

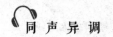

因心脏病离开人间。

这是绝对的反常与不同。但新闻本身就是不同、就是新鲜。都在意料之中，还有什么可以称之为新闻的呢？

国内新闻中也有这样的例子，《解放军报》有一例子：

在法国卑利亚，有个名叫罗狄的天主教神父，常常表现助人为乐，帮助穷人，照顾老人。每到礼拜天，就有大批的信徒来听他讲道。谁知这位四十八岁的道貌岸然的神父，竟是一个小偷。

这是第一点，出人意料。

（2）引人入胜

【合众国际社巴黎1990年7月12日电】对一位疲惫的旅行者来说，飞机航班误点和机场食品问题已构不成问题。在戴高乐机场的登机厅里，他已经在那里坐等了两年……

怎么会在机场待两年，估计看到这里已经引起受众的极大兴趣了。

【合众国际社新奥尔良1981年3月7日电】不知有史以来第一个靠跳伞获得成功的强盗库普现在情况如何？现在他在何处？他抢来的钱现在何处？

社会新闻可以写得引人入胜，经济新闻同样也能写得引人入胜。1992年，笔者写过一条稿子《上海：自信与荣耀的回归》，稿子是这样写的：

上海决心夺回它失去已久的"远东第一名城"的桂冠。

这个目标也许不会在短期内实现，但第一步已经迈出。

当亚洲第一斜拉桥——南浦大桥横跨在黄浦江上时，上海人的自信得到了回归。正在建设中的杨浦大桥，以其世界第一的长度、世界第一的高度，以及被外国专家称之为"只有社会主义的中国才能干出来"的建设速度，再一次唤醒了上海人昔日的荣耀感。

只要你有心、有能力，就一定能够写得与众不同。

（3）耐人寻味

耐人寻味，有点像是新闻背后的新闻了。

1980年2月，美国严冬。某城举办一个"怀夏晚会"，举办者称，谁穿泳装步行参加，就可以领到一笔资金，结果真的有人穿泳装到场。美联社记者写了一条消息，导语只有一句话：

有人爱钱不怕冷！

此话颇是耐人寻味。

（4）耸人听闻

笔者认为，在新闻里需要有那么一点耸人听闻的劲头。这就像是戏剧，都那么平铺直叙，还能入耳入脑吗？请看：

百万富翁科麦米格昨天收到一个穷苦男人的"青春"。这个男人把自己身体的一部分——一只肾——卖给了这个富翁。

再举一个例子：

在你阅读这段文字的时间，可能有三名婴孩已经在中国出生。

这是指中国人多，出生率之高。

需要再次强调的是，在这里耸人听闻并没有贬义。

3. 四个"新"

作家池莉说："人生本是没有什么意义的，但为了让人生有那么一点意义，人必须赋予人生一点意义。"不说别的，单就这样的表述，听了以后就令人难忘。这于我们如何对导语作新奇的表述、新颖的展现有很大的启发意义。

（1）内涵求新意

当过记者的人都知道，一样的新闻，如果着眼点不同，新闻也有不一样的内涵。

前不久，笔者参加中央电台地方记者的好稿评选，对一些新闻着眼点有些看法。比如有一条稿件：《河南选派机关干部进驻艾滋病高发村》，这条稿子从省会搞一个仪式写起。这样写也是一条稿子，但并无多大的新意。笔者的意思是从干部到了艾滋病的村里，农民的炕头写起，这样才使人感觉温暖、亲切，才有更多的新意。

西方新闻社有一条新闻是这样写的：

用杀人如麻、血流成河形容目前卢旺达的景象看来一点不过分。一位当地传教士哀叹，地狱里的恶魔都不见了，他们全来到了卢旺达，甚至把地狱也搬来了。

1993年，笔者写过一条稿子：《苏州农民乐意当老乡》：

人民路是苏州老城里最长最宽的一条路。这条路随着经济的发展不断延伸，早已经和吴县县治联在了一起。延伸部分道路两旁的建筑，无论是外观式样还是内部装潢，比之老城，都有过之而无不及。这些高楼矗立在路旁，默默无语,却仿佛在告诉人们:在苏州,城乡差别已经被这些耸立的高楼填平了。

一条路,一端在城里,一端连县城,两边楼一样,你已经分不清哪里是城里,哪里是县里,城乡差别被高楼填平了。这就是新意。

(2)比喻求新鲜

这点跟精妙比喻差不多,精妙的比喻总是新鲜的。例如:

西德货币统一开始倒计时。

再如:

苏联经济危机的严重程度,从64岁的马洛费耶娃老泪纵横的脸上看得再清楚不过了。

从脸上看经济危机,确实有点与众不同,很新鲜。比喻求新鲜的例子很多,这里不一一介绍了。

(3)表述求新潮

笔者在网上看到姚明的新闻。美国人说姚明:"只有天空才是他的极限。"这样的表述让人们记得住。记者问姚明,将来能达到怎样的成就。他回答:"我不知道前面拐角处有什么东西在等着我。"又有记者问姚明,能不能让一个年轻的美国小姐坐在他的腿上,这是个玩笑,但考验他的智商。回答僵硬了,人家说你没有幽默感,回答轻浮了,有违姚明自己的为人。他的回答是:不知道这位小姐体重是不是超过了50斤,如果超过了,我想我的腿会受不了的。姚明拿女士的体重作挡箭牌,拿自己的长长的腿的脆弱与力量不足开玩笑,大家于是一乐,这个问题就过了。大家体会一下,体重是个敏感的话题,但女子再轻绝不会低于50斤。姚明的这个回答很得体、很幽默,也很表明态度,坚持了他为人的原则。

举一个新闻的例子:

克林顿向国会递出经济计划,共和党议员指责说,他要把我们"洗劫一空"。

这个"洗劫一空"用的真是好极了。

【美联社1957年11月17日电】一位二十岁的中国姑娘在北京以有力的一跳警告世界田径界说,六亿中国人民不会是永远落后的选手了。

这在当时也是很新鲜的。

(4)组合求新奇

组合求新奇要求记者尽量抓住特点做文章。

有一条稿子是这样写的：

今天，光头打败小辫。

这是意大利球星维亚利带的切尔西队打败了由荷兰球星古利特带的队伍。他们两人一个是光头，一个梳小辫。这个组合，当时看了一眼，至今留有深刻印象。

这条是笔者曾经写的：

北京有服务业但没有服务。

同一词组冲突。

怎样才能做到这四个"妙"、四个"人"、四个"新"呢？

笔者认为：第一，不要有任何的框架，任何框框都会限制我们起跳后能够达到的高度；第二，打通你全部的思想和学问。就像钱钟书所说的：学问贵在打通。具体来说有以下几点。

第一点：把形容不同事物的语言相互嫁接，产生另样的感觉，即把用在某个领域的一种术语或方法，放到另一个领域上去。

西德货币统一开始倒计时。

倒计时，是火箭发射常用的。这里用在改革上了。

通货膨胀使语言和美元一道贬了值。

比如说，你想形容某种东西的价格便宜得近乎荒唐，可以说它"不值粪土"。可是，眼下"土"也并不便宜了。

"不值粪土"是用是在什么东西不值钱上。但在这里用在了真正的"土"的价格上了。

对上述的四个"妙"而言，笔者有四道"面"可供大家一尝。

截取一个"断面"——精妙比喻。

把姑娘比作鲜花是截取的脸庞，比作杨柳是截取腰肢。精妙比喻常常是截取事物的一个断面。

【路透社1964年10月16日电】今天格林威治时间7时中国爆炸了一枚原子弹，从而闯进了核俱乐部。

核俱乐部，这与印度总理说的联合国头桌吃饭的比喻有异曲同工之妙。

抓住一个"画面"——绝妙好句。

【合众国际社北京1972年2月21日电】帕特和里查德·尼克松今天参加了周恩来的晚宴。美国人胃口很好，吃得津津有味，像老人一样使用筷子。

这个画面里有很多的意思。胃口很好，津津有味，也许是指访问取得成效。

选好一个"侧面"——美妙想象。

不要求全。如《新版地图也不新》载：

一位走出上海火车站的旅客买了一张市政地图，看了半天，问服务员："这地图是不是旧的，怎么没有地铁线呢？"服务员告诉他："这是最新版的，地铁线路大概还没来得及印呢。"这位旅客感叹道："现在变化真是太快了，连印地图也赶不上城市建设的速度了。"

地图的变化赶不上城市建设，只有这个国家的经济高速发展才可能有的事。其中的妙味自可想象。

挑选一个"背面"——高妙构思，反过来说常常有意想不到的效果。

有一条新闻是这样写的：

卢旺达有多少棵香蕉树，就有多少个人。

从树说到人，用树来说人，比较少见。仿佛从背后说到正面。

第二点：让头脑中的印象与事实相互打架，产生对立与冲突。

相互打架，就是让新闻表面与新闻的实质相互转化。

理想与现实打架——里根儿子失业。

就在罗纳德·里根总统对全国说"美国正在走向经济复苏"之前几小时，他的儿子普勒斯可特·里根却属于在这里领救济金的失业者中的一员。

主观与客观打架——著名影星英格丽·褒曼逝世。

英格丽·褒曼今天起永远离开了这个不舍她离开的世界。听到死讯后的影迷们驻足街头，目不转睛地看着画有她巨幅头像的广告牌；那广告上有英格丽·褒曼始终朝着影迷的微笑，好像在告诉人们：我没有死，银幕上我们再见。

【美联社休斯敦1969年7月20日电】今天晚上格林威治时间2时26分，美国星际航行员阿姆斯特朗成了第一个登上月球的人。

带着紧张的心情，电视观众观看了从月球发回的实况景致。

阿说："这对一个人说来是走了一小步，但对人类来说是跨出了一大步。"

概念与事实打架——浙江率先为农民筑起最低生活保障线。

10月初，浙江诸暨市牌头镇66岁的农民周信均，到民政部领取了全家每月160

元的最低生活保障费。从这个月开始,浙江省23万贫困农民同城市贫困市民一样,享受到了最低生活保障。10月1日实施的《浙江省最低生活保障办法》,对此作出了明确规定,这在全国首开先例。

低保只有城市有,现在农民也有了。与印象中的完全不一样了。

第三点:把最有吸引力的特点、细节、数字找出放大拉近,让人猝不及防。

特点:特点是新闻的生命之一,甚至就是新闻生命本身。

如果把联合国在纽约和日内瓦印刷的全部文件首尾相连排列起来,总长度将达到27万公里。已卸任的一位联合国高级官员说,照此计算,联合国的文件逐页铺起来两年内即可到达月球。

联合国的繁文缛节、文山会海全部在此显现。

细节:细节是眼睛中沙子。虽然很小,但力量很大。

【路透社重庆电】 重庆什么生意最兴旺发达?擦皮鞋的。

《中国最肮脏的城市处在困难中》。这个细节重庆人听到后肯定不舒服。这是它的力量。当然现在的重庆肯定不是这个样子的,它已很有特大都市的雏形了。

《花城美容美发"大师"满天飞》:在不久前于广州举行的"95中国美容美发博览会"上,聚集了不少持证书的美容大师。年纪小的"大师"不过二十来岁,手指粗糙,显然是刚放下锄头不久。而现在,她们已摇身一变,成了"大师"。这些"大师"的证书有不少都是买来的。

这些细节到哪里去找?

(1)在历史中找到对比与记忆。《看邮局看变化》是这样的一个例子。

(2)在现实中找到独特与唯一。《最后两辆黄包车进博物馆》:

【新华社上海1956年2月25日电】上海市交通局今天把上海的最后两辆人力车送给了博物馆。原来的人力工曾为此自动集会庆祝,感谢政府替他们挖掉了穷根,帮助他们走上新的生活。

数字:数字的重要。

斯大林说:一千万人的死亡只是一个统计数字,一个人怎么死却是一部戏剧。

笔者刚到北京时,很为北京缺少游泳池不满。后来为了一次讲课需要,就此事编了一条导语:

游泳对北京人来说意味着超级享受，拥有1300万人的北京仅仅有30个游泳池，平均每个人只有半杯子水。

笔者没有计算过一个游泳池有多少水，也不知北京现在有多少个游泳池。就从编的角度来说，这条导语还是有冲击力的。人均半杯水是什么感觉？还游泳，可能刚够两条小鱼游泳。

如何做到上面说的嫁接、打架、拉近放大？我们可以学习三个榜样。

首先，向诗学习。诗最大的特点就是精炼、形象、比喻。

精炼是新闻最好的朋友，形象和比喻是让新闻留下深刻印象的必不可少的手法。有人反对把新闻与文学联在一起，笔者特别反对这样的观点。反对是因为他写不出来，没有文学的才情。上面所举起的例子，几乎都有诗的张力、节奏与表现的形式。

不会写诗，能找出诗眼吗？

克林顿向国会提出经济计划，共和党议员指责说，他要把我们"洗劫一空"。

不会写诗，文字有张力吗？请看这条导语：

非洲有鼠大如猫。

再看：《古老的汉语重新在世界各地发出绵长而又亮的回响》

在丝绸之路遥响千年的汉语在世界各地重新发出绵长而洪亮的回响。

汉语在世界各地正在产生越来越大的影响。

不会写诗，文章会有味道吗？

请看《情人节，长安街上一枝红玫瑰悄然开》的导语：

昨天是情人节。北京街头，红玫瑰悄然开放。

怎样向诗学习？多读、多看、多背。熟读唐诗三百首，不会作诗也会吟。

看看这条导语：

用杀人如麻、血流成河形容目前卢旺达的景象看来一点不过分，一位当地传教士哀叹，地狱里的恶魔都不见了，他们全来到了卢旺达，甚至把地狱也搬来了。

多么精妙的比喻。

再比如：

俄国买面包的队伍随着经济进入危机不断延长。

其次，向古文学习。

一是开门见山。《左传》里有《曹刿论战》一节：

十年春，齐师伐我，公将战，曹请见。其乡人曰："肉食者谋之，又何间焉？"曰："肉食者鄙，未能远谋。"乃入见。

二是单刀直入。例如《与朱元思书》：

风烟俱净，天山共色。从流飘荡，任意东西。自富阳至桐庐，一百许里，奇山异水，天下独绝。水皆缥碧，千丈见底。游鱼细石，直视无碍。急湍甚箭，猛浪若奔。夹岸高树，皆生寒树。

三是一事一议。古文比较短，一般一事一议。你心里要有一个想法，不管新闻，500字内解决问题。据笔者的经验，这是完全可以做得到的。

再次，向西方新闻学习。表面上看，西方的新闻可以从任何一个断面开头。实际上它也是有所选择的，而且总是选择得比较令人满意。

推荐几条导语：

当这些老人来到这个共产党国家的长城上时，他们没有撒谎。这次人们使用的也不再是木头的语言，而是石头的语言，态度更强硬了。

戈尔巴乔夫面临改革以来最严峻也可能是最后一个冬季。

叶利钦创造奇迹的时间快用完了。

马来西亚今天终于推倒了"万里长城"。他们在国家体育馆举行的汤姆斯杯决赛中以三比二战胜了卫冕冠军中国队。

笔者认为，记者在写新闻、做节目时要记住以下几点：

第一，说什么和怎么说一样重要。

生物学上有一个概念，叫作"事实比想象更重要"。生物界里的很多东西都是匪夷所思的。19世纪，有一个生物学家在南美发现了一种森林青蛙，这种青蛙遇到危险能用眼睛喷血。但他写了文章发表以后，所有的欧洲生物学家都在嘲笑他胡说，他根本无法辩解。后来摄影技术发明了以后，他拍了记录这种蛙的镜头，所有的生物学家才闭上了嘴巴。想象已经够精彩的了，但活生生的事实告诉我们，事实往往比想象更精彩。

虽然事实比想象更精彩，但笔者认为怎么说与说什么同样重要。曾国藩在一个幕僚写的奏章里，把"屡战屡败"改为"屡败屡战"。字的顺序变化一下，精神面貌全然不同。

"说什么"是案头的策划，"怎么说"是主持人的功力。

《英语之夜》节目是中央人民广播电台经济之声改版后全新推出的一档双语节目，新颖独特的节目策划，清新明快的时尚风格，准确细致的市场定位，丰富多元的文化内涵，精彩纷呈。

第二，没有吸引力等于没有写。

新闻需要传播，如果无法传播，或者传播范围甚小，那就称不上新闻了。所以没有吸引力等于没有新闻，等于没有写。吸引力的本身一是来自事实本身，二是来自报道的张力。张力由话题而引起，张力也因激情而增加。如果没有问问题、展示问题、阐释问题、解决问题的欲望，你的报道就没有开弓箭之力，你的报道也是没有力量的。

没有吸引力的节目，常常是开头没有冲击力，过程没吸引力，结尾没有想象力。

新闻学者有一个误区，总把新闻写作与文学写作区别开来，把不成功的报道归之于采用了文学手法。其实，运用什么手法不是一个重要的问题，只要尊重事实，把你的报道做得有吸引力。

增加吸引力的方法有四个：

1. 尽量把话题往听众身上引。

有经济学家说："邻居的失业那叫经济萧条，自己失业那叫灾难。"萧条与灾难对一个人的个体感受来说有着本质的区别。邻居毕竟与自己隔着一层，我们可能会对他进行一些帮助，自己失业那就意味着妻儿老小衣食有忧了。搞新闻，就是要尽量把新闻引向你的听众，引起人的感同身受。

有这一家地方媒体对一则空难的报道是这样写的：

从上海起飞的A315次飞机今天上午在广州坠毁。

据查，机上没有上海乘客。

上海的读者看了这则新闻心里会放下一颗心来。

现在国际报道也常常如此。以色列人体炸弹，死了多少人，后面缀上一句："据了解，伤亡人员当中没有华人。"中国人看了，特别是有劳工或留学人员在那个国家的家庭会松一口气，而你的报道也会被他们锁定。

卢旺达的种族屠杀死了几百万人，它的灾难当然会引起我们的同情，但那毕竟是卢旺达的灾难，离着我们几万公里。我们在同情之余也许不会有太多的表示。如果一个同事有病住院就不一样了，我们会去医院看他，可能还要破费买点东西。

记得有一年评直播节目，许多电台送的都是申奥的节目，内容差不多，以至于无法选择。国际台的一位副台长说，国际台的节目与其他媒体的有所不同，其他媒体的报道大多从政治意义、民族振兴、国家强盛、国力增强等角度出发，国际台的报道更多地是从听众的身边出发，接近与听众的距离。他们采访下岗工人，谈申奥成功，北京能增加就业岗位。采访普通市民，他们回答，北京申奥成功，北京城会更加清洁、漂亮，绿化会更好，我们的生活环境会更优美。采访政府官员，官员说，外商投资会更有信心，国外游人会增多，国外的服务业会更快地进入中国，国外也会更多地向中国开放免签旅游，方便中国人出游。他说，这是我们国际台报道的特点，都是从人出发，以人为本的。这是国际台与众不同的地方。结果国际台的报道就从众多的申奥作品中冒了出来。

所以报道要吸引人，要尽量把话题引向听众，不要让人有隔靴搔痒的感觉。

2. 把受众当最好的对手。

电影导演冯小刚非常欣赏葛优的一句话。葛优说，他从不把观众当上帝，上帝是人类杜撰出来的一个傻子。他把观众当对手。如果你把观众当对手，你就要尽量表现得比观众高明一些，让他信服、佩服、折服。

你只有比观众高明一些，才能吸引住他们，因为没有人愿意看到一个比自己还差许多的人的表演。当然你也不必比观众高明许多，高得太多，让人不理解、不明白也不行，过于阳春白雪常常会脱离大众。

把受众当对手就不能说教。这就像社教类十大栏目《东方女孩》的评语一样："社教节目不说教。"不说教，说起来容易做起来难。因为我们不管是宣传还是传播，有许多东西都是说教的。这些东西已经渗透在媒体的血液中了，你很难改变它，甚至接受人的采访时都如此，你会不自觉地用说教代替说话，用形容代替行动。举一个例子，杨利伟从太空下来，按照军队的规定，只接受了新华社、中央电台、中央电视台、《解放军报》四家的采访，一家一小时。采访他是为了完成中宣部的规定的任务，在中央人民广播电台《新闻和报纸摘要》节目里发表三篇。杨利伟自己都说接受的采访之回答，都是差不多的内容，他都能背下来了，在完成任务后，还有一些时间，记者与他聊起了一些家常事，他才说了一些心里话。这些内容后来电台拿来做了一个节目——《中国飞天路》，最后获得了中国新闻奖二等奖、中国广播奖一等奖。笔者举这个例子是为了说明不说教的内容，才可能成为好节目、好新闻。

3. 赋予报道以思想。

湖北的记者池莉写过一篇文章，说她在平均海拔4000多米的西藏阿里高原曾经无数次思索"人生是什么"这个问题，她苦思的结果是，人生本身是没有什么意义的，但是为了使你的人生有点意义，我们必须赋予人生一点意义。如果我们不赋予人生一点意义，人就不是人了。

新闻也是如此。有些新闻报道本身也没有多大的意义，但是为了使你的报道有点意义，我们必须给报道一个意义，所以我们要给报道赋予思想。

举个例子，《大米卖出了猪肉价》，这篇报道曾获中国广播奖一等奖。作品是这样写的：

前天，吉林市昌邑区孤店镇农民朴龙德生产的绿色大米，以每公斤9元的猪肉价，被老客户北京肥力高总公司收购。

朴龙德告诉记者，这批大米是他在桦甸精选的一块没有任何污染的水田生产的。

"这个每公斤9元的大米，没有化肥农药，也没有搁农家肥。肥源用黄豆，把豆煮熟了，经过两天的发酵，撒到田里头。成本没有多高，人工除草也没有花多少钱，产量稍微低一点儿，利润不特别高。"

面对增产不增收的困境，朴龙德从1997年开始生产绿色大米，当年，他就获得了成功，经国家绿色食品发展中心检测，米质达到A级绿色食品标准。

孤店镇副镇长刘艾华说，朴龙德不仅懂生产，而且会经营，他今年为自己的米注册了商标。

"他的米打入上海的华联超市，打入上海、北京这样的大的市场，我们镇里边领导都不敢想象。"

在朴龙德的带领下，已有一批农民走出了增产不增收的怪圈，去年孤店镇生产绿色大米的水田就达100公顷，农民增收60万元。

中国广播电视新闻作品选上的赏析文章说，在评奖时，有评委认为，大米卖出了猪肉价新闻价值不大，后来评上奖，是这条稿子在吉林这个粮食大省的特殊的意义。

文章说这篇报道是围绕效益农业做文章的一篇不错的报道。说它围绕效益农牧业做文章，这当然也是对的。但笔者认为仅仅这样看是远远不够的。这条稿子完全应该从经济发展了，老百姓的生活质量提高了，他们越来越注意生命的质量了这个角度来看。正是因为经济的发展，生活质量的提高，人对自己生命质量开始关注，才促进了国家发展绿色农业、环保食品。大米卖出了猪肉价，正好说明了中国人从不关注生命质量的阶段，开始迈上了注重人的生命质量的一个新的台阶。

人、人本、人的生命质量开始成为中国人一个关注点了。这种问题只有在经济发展到一定阶段后老百姓才关注，吃不好饭，没有多余的钱消费的人是不关心吃不吃绿色食品这个问题的。从这个角度也正好证明了中国的经济实实在在有了极大的发展，老百姓的日子过得越来越红火，进一步证明了改革开放的政策获得了极大的成功。所以把稿子最主要的解释点放在中国改革开放政策的正确、中国经济获得极大发展，老百姓越来越关心自己的身体了，才能更准确地体现出这条稿子的价值，这才是我们平时所说的透过现象看本质。看到了这样的本质，这条稿子才可以获得一等奖。

你能看出这个本质来，就可以说明你给了新闻报道以思想。

4. 让沉默的新闻开口。

让沉默的新闻开口就是要把话题说得尽量透彻些。

新闻本身是不会开口的，你必须挖掘新闻的全部的内在意义，告诉给受众。

在这里举一个笔者在几年前审《新闻和报纸摘要》节目时的一个例子。有一次编报稿，记得《光明日报》有一条稿子：杭州允许在春节期间放鞭炮了。各地禁放鞭炮的地方都有开禁的呼声，北京有、上海也有。单单这样报道一下并有多大的新闻以外的意义，后来我们是这样编辑的：杭州经过人大批准，废除了春节不得放鞭炮的禁令。杭州禁放鞭炮要通过人大立法同意，开禁也要经过人大立法同意。小小的一个春节鞭炮禁放和开禁，都要通过合法的程序进行，这说明中国人的法制意识越来越浓，依法治国越来越规范。《光明日报》的报道本来就是一个简简单单的报道，杭州可以放鞭炮了。后面的依法治国等内容都是编辑时加进去的，原稿里并没有。这样一编辑，告诉了受众新闻以及新闻背后的新闻，整篇新闻报道立意都显得不同了。

第三，要有感官的冲击力和精神的冲击力。

著名学者余秋雨说过，评价一部作品的好坏，有没有文学的质素，首先要看它保留了多少耳目的感觉。文学如此，新闻也如此。

我们要做的是引发受众的感觉，使他们感同身受。无数事实证明，感觉通过耳目的直觉，先要让受众看见、听到，他们原有的漠然的感知系统才能渐渐地蠕动起来，感觉层面才有强烈的耳目冲击力。

世上好的文章大多是从作用于受众的耳目开始的，感觉层面具有强烈的耳目冲击力，在看得见的电视是这样的，在看不见的广播也是这样的。神情和话题同样重要，这就是精神的冲击力。

阅读的耳目冲击力。

2005年第一期《读者》里有一篇文章，《总计的十二个理由》：

阅读《圣经》，发现上帝活得很健康。

阅读法布乐，发现人是没有感情的动物。

阅读达达，发现生活就是最好的艺术。

阅读凡·高，发现珍惜生命的正确方式是挥霍而不是吝啬。

阅读希区柯克，发现灵魂遭受了一次八级地震。

阅读莫扎特，发现灵感值得生命去换。

阅读罗曼·罗兰，发现一段没有谱上乐谱的歌词。

阅读卡夫卡，发现人生最困难的是与生活讲和。

这样的句子是有耳目冲击力的，是能够让人记住的。

(二)选题

我们先看一下近几年中国广播奖的获奖题目，这样就会有更多的感性认识。

1999年，短消息：

《大米卖出了猪肉价》《产粮大县兴起种草热》。

长消息：

《挤水分》《要想争雄世界，必先逐鹿中国》。

2000年，短消息：

《农科专家喜获股权》《牧民斯拉木曝光乱砍滥伐者》《吉林向走读官亮黄牌》。

长消息：

《陶璐娜夺得第一块奥运金牌》《中华圣火在这里燃起》《令农民生厌的双亿元村》。

2001年，短消息：

《浙江率先为贫困农民筑起最低生活保障线》《中国足球梦圆五里河》《武汉中国光谷提案人获重奖》。

长消息：

《漫长的瞬间》《危困地区领导异地在五星级酒店为儿子办喜事》《申奥成功，北京沸腾》。

2002年，短消息：

《南水北调工程今天开工》《王海滨夺得亚运会首枚金牌》《省长热线电话在泰来被封锁》。

长消息：

《上海奇迹——上海磁浮示范运营通车侧记》《台湾民众举行反"台独"救台湾大游行》《白衣天使让海若重现生命光芒》。

对上面的题目进行归纳，从选题上有五个方面。

从选题上，写好新闻主要有五个方面。

1. 俯瞰在大事的天空中航拍

每年评奖，无论是新闻还是公众性的专题节目，围绕重大事件做节目而获奖的比例是最大的。重大事件本身就是最大的好新闻源，记者要做的只是如何比别人做得更好一些。

评奖的参评作品题材十分广泛，几乎涵盖了国际国内政治、经济和社会生活的方方面面。中国飞天路、全国抗"非典"、西部大开发、东北大振兴、东部大发展、三峡发电、关注农民工，以及海湾零距离等重大事件、重大题材都有反映，都有名篇佳作。充分体现了新闻工作记录历史、传播新闻、引导舆论、服务民众的宗旨及取得的丰硕成果。

重要事件本身是重要新闻。

重要人物的重要讲话是重要新闻。

重大事件是新闻最丰富的矿藏。

所谓航拍，就是扫描之处即新闻。无论是摄取全景，还是选择特写，皆由记者选取。所不同的，只是你如何把你得到的材料处理加工得更为取巧、更为独特、更为受众满意。

当然，大事也要选好点。以小说大，从小到大。

创优的关键在于抓题材。一是要抓住重大题材；二是抓小中见大的题材；三是"三贴近"：贴近听众、贴近生活、贴近实际的题材。一般化的、工作性的、陈旧重复的题材，往往只能生产出一般化的、没有竞争力的作品。

2. 簇拥在新事的四周围聚集

新闻本身就是新事物。新事很多，如何聚焦是门学问。这里大家不容易出错。如果说有不够的地方，常常是不能把新事的意义拔得更高，而流于就事论事。

从评奖情况看，除重大事件、重大题材外，"三贴近"的题材和反映社会热点、干预社会生活的题材，颇受专家评委的青睐。获一等奖的作品《明白贷款，开心购房》（山东台）、《让晚年生活充满阳光》（天津台）、《羊年、羊财和羊灾》（陕西台）、《法律援助在行动》（中央电台），以及《让青春飞扬》（中央电台）、《挑战艾滋，共享生命》（云南台）等，就是以贴近的题材取胜的优秀作品。我们就是要抓这些鲜活的、富有时代特征的、典型的重大的或以小见大的"三贴近"题材，尤其要注意抓反映民情、民生、民苦等方面的题材。以小见大的题材，要在"见大"上下功夫。一滴水要能"见太阳"，而不是那些孤立的、零碎的、就事论事的东西。

要与当前倡导的结合起来，当前倡导的就是新闻的密集区。

要与人性的东西结合起来，人性永远是记者眼睛的聚集点。

要与一贯的政策结合起来，一贯的政策发现培育的温房。

要与实际的生活结合起来，离开实际，新闻就成了无水之萍，这是大忌。

中宣部为舆论监督定的调子，就是政府重视、群众关注、普遍现象。刻意获取某种孤立现象，只是猎奇。这类东西不会进入评奖的视野。

成功的例子有很多，前几年获奖的《武汉中国光谷提案人获重奖》就是这样的例子。

3. 徘徊在政策的边缘上搜索

新政策是新闻的喷泉，其新闻之多，出乎想象。

《浙江率先为贫困农民筑起最低生活保障线》《产粮大县兴起种草热》都是。

政策的改变常常是重大的新闻。许多事件常常是政策改变后的结果。美国与中国建交，是美国对外政策改变的结果。《天安门事件是革命行动》，是中国改变"文革"路线的结果。所以记者一定要熟悉政策。

《中共北京市委宣布1976年天安门事件完全是革命行动》：

【新华社北京1978年11月15日电】中共北京市委在最近举行的常委扩大会议上宣布，1976年清明节广大群众在天安门广场沉痛悼念敬爱的周总理，愤怒声讨"四人帮"，完全是革命行动。

《农科专家喜获股权》充分说明了知识就是生产力，知识就是财富，知识产权在中国得到全社会的关心、重视和尊重这样一个重大主题。

为什么叫徘徊呢？太靠近了，跳进去后出不来，迷失了自己。另外写出来的可能不是新闻，而是公文。徘徊，就容易深入浅出。古代西方的文艺批评家拉奥孔说，在诗与画之间灵活出入。唐朝的王维，也是诗画不分，画中有诗，诗中有画。不辨你我，徘徊就容易做到随意地出入。知道政策，了解政策，同时知道新闻，特别是知道什么是好新闻，这样就容易写出好新闻。

4. 站在道德的制高点上寻找

中央电视台的《感动中国》系列，差不多都是这类新闻。差别只在：只不过那里更多的是专题，少数是新闻。

获第八届中国新闻奖二等奖的《寂寂烈士坟 纷纷春雨泪》导语：

昨天，一场纷纷扬扬的春雨，泪水似地撒落在银河革命公墓公安坟场的烈士墓碑上，令近在咫尺的豪华墓园与黄土一堆的烈士坟形成了强烈的反差，扫墓者不禁为之心碎。

这篇报道如果不是烈士墓与豪华墓的反差，就不足以成为新闻。现实成了新闻，是因为这条稿子站在道德的高地上。站在道德的制高点上，很容易找到新闻。在中国是这样，在国外更是如此。打着人权和人道主义的旗号的新闻，几乎都是这样的作品。在某种意义上说，西方的新闻有鼓惑性，常常是因为这个缘故。这正是我们需要学习的。

5. 簇立在人性的大旗下发现

人性是永远的话题。把新闻往人身上靠是不会有错的。真正吸引人的新闻都是因为新闻本身打动了人。例如《大米卖出了猪肉价》《白衣天使让海若重现生命光芒》。

国内评奖如此，国际更是这样。中央电台获得亚广联的作品：《一个人的渡口》《白发的期盼》《走向正在消失的冰川——寄自长江源的家书》《东方神话——从哑女到神童》等，无一不是。

当然许多题材都是混合型的。

(三) 实践

1. 对于从实践方面如何写好新闻。

笔者有一个比喻，写好新闻的过程就像是女人化妆。

这个在专题节目里更显得突出。女人化妆的几个步骤：

第一步，照镜子。照出大特写。电影里的特定是头部，大特写就是眼睛。一般女子拿出镜子主要照的就是眼、鼻子、口。肯定不会照鞋子。噱头在头，蹩脚在脚。

照镜子，重点语眼、鼻、口。眼、鼻、口的特点就是传情，处理好它，就动人了。不然，姑娘成了小老太，小伙子成了小老头儿。

所以上来就要来个场景，抓住一个最吸引人、最打动人的场景。

西方有位小说家写的小说开头是这样的："地球上只剩下最后一个人，屋外响起了敲门声。"这个场景一下子抓住了人心，只有一个人了，出现敲门声，是人？是鬼？你就想象去吧。

这当然是小说，但新闻也可以如此。写新闻也要讲"语不惊人死不休"。

举一个比较早期的作品，《民族正气歌》中的《原子之光》。

（原子弹爆炸声）

1964年10月16日下午3时，这一声巨响打断了世界的思路。中国第一颗原子弹爆炸成功。

几乎所有的国家在短暂的惊愕之后作出反响，写惯了轰动文章的新闻记者纷纷卷入关于这一事件的新闻竞争。但是他们似乎谁也说不出这一声巨响的深刻内涵。

这是一个民族百年抗争后的呐喊！

这是几代中国人用心血谱写的一曲神圣的歌。

用语豪壮雄健，气度非凡，这就是不同凡响。

第二步，扑粉饼。这也是适当的背景交代。打好底面，以掀高潮。背景是什么？背景就是让照片显影的底片。没有背景，有时就等于没有报道，有时则使报道变得肤浅。所有的比较都是通过对比显出来的。

第三步，描眉毛。勾勒一下轮廓、框架。这种勾勒是重要的。阮玲玉据说每天单单用在画眉毛上的时间就是两个小时。阮玲玉长相算不得大美人，但她的两条眉毛给人留下深刻印象。这就是白描勾勒的作用。中国古代小说中的人物描写，大多用的就是这一招。鲁迅描写豆腐西施，说她长得像个圆规；描写祥林嫂，说她间或一动的眼睛，表示她是一个活物。这给人留下了深刻的印象。

第四步，画口红。着重突出要点。充分渲染。

第五步，涂眼影。加大反差程度。

第六步，补面霜。整体再修饰一下。

2. 从实践方面，怎样写好新闻？

笔者主要以短消息来加以说明，什么是短消息？一篇好的短消息就像苏州园林里的一块太湖石，太湖石的特点是瘦、透、露、皱。

瘦：就是短，就是小、精悍。只要你愿意，所有的消息500字都可以完成。

透：就是透彻。打开大门便见山。写得干脆利落，明明白白。不用过于拐弯抹角。

露：就是显露，就是让人看到主体信息的深层内涵，就事论事是不够的，要让人看到潜在的意义。《大米卖出了猪肉价》，如果只让人简简单单看到表现的一些现象，而没有让人看到现在为什么大米能卖出猪肉价的背后的信息，这条报道也就一般了。当然，作为受众，你也要分辨得出来。分辨不出来，也不是好受众。

皱：作品要有起伏，要一波三折。例如，《浙江省率先为贫困农民筑起最低生活保障线》：

10月初，浙江诸暨市牌头镇农民周信均，到民政部门领取了全家每月160元的最低生活保障费。从这个月开始，浙江省23万贫困农民同城市居民一样，享受到了最低生活保障。10月1日实施的《浙江省最低生活保障办法》对此作出了明确规定。这在全国首开先例。

经过20多年的改革开放，浙江省从一个资源小省，一跃成为经济大省，经济总量、财政收入位居全国前列。有了强大的经济后盾，浙江省在全国率先将贫困农民纳入城乡一体化的最低生活保障范围,并制定了专门的地方法规。全省各级财政每年将拿出一亿多元资金,确保所有贫困农民能够享受最低生活保障。

浙江省改革与发展研究所所长卓勇认为:

"设立农民最低生活保障,这是构建和完善社会保障制度的一个重大举措。这一办法可以让少数目前还处在贫困状态的农民,也能享受到改革开放带来的成果,有利于社会稳定和促进经济的持续快速发展。"

生活中到处都有好新闻。对记者来说,缺少的只是发现。好新闻比的是记者、编辑的眼力。眼力是一种综合素质,是思想水平,是业务水平,也是在众多事物中进行淘沙拣金的把握能力。如果没有好眼力,这是一条在编辑时就容易被忽视的好新闻,最多被当作一个经济先进省份为民办了一件实事这么一条一般的成就报道。这自然也是表象之一,但实质完全可以而且应该看到更高一层。中国的问题是"三农"问题,中国改革开放是否成功,是否实现了预想的几步走的目标,是否实现了小康,一个重要的标准就是"三农"问题得到什么样程度的解决。农村、农业、农民是农业大国——中国的晴雨表。除了几个直辖市外,在全省的范围内,给农民建立最低生活保障,无疑是在发出这么一个信息:中国改革开放政策获得了巨大的成功,并迈上了一个新的台阶。据此,我们完全可以这样认为,这是一条怎样评价也不为过的新闻。就作品本身而言,在谋篇布局的干净利落中富有变化,是它的一大特点。作品由点到面,层层推进。开头以一个鲜活的事例先声夺人,接着由一点到全面,从现象到本质;结尾处巧用专家的点评,画龙点睛,深化主题。另外,文字洗练,无多余之话。主枝突出,削尽了枝蔓。在一条不到1分30秒时间的稿件中,有序地安排好如此丰富的内涵,正是这条新闻让人佩服之处。眼到笔到思想到,好新闻就到。

三、从评奖来看节目的好坏

我们是怎样评奖的,评奖主如同医生给病人看病。医生给病人看病就是四个字——望、闻、问、切。

这里主要针对一个节目说的,而不是针对一条稿子,但道理有时都是相通的。

(一)话题(事件)决定地位

在新闻消息里是事件决定地位,在新闻专题里是话题决定地位。

我们评判一个新闻稿或是一个节目，第一点就是题材是不是重大，事件是不是有意义、是不是新鲜、是不是有价值。话题有价值，新闻就有价值。

有了一个重大的新闻事件，可以说已经有获奖的基础。只是基础，因为不是所有的重大事件都是好新闻，或都能写成好新闻。

如果不是大话题，那就尽量往大话题上靠靠。

《天津"非典"时期生产快速增长》。经济总是在增长的，没有"非典"更会增长。但稿子往"非典"身上一靠，感觉分量加大了。如果不与"非典"挂上钩，那是一个极正常的成就报道。往"非典"上一靠，给人的感觉是，这个地方又抗"非典"，又抓经济。同样是10%的增长率，感觉比平时的10%的增长率价值要大许多。

这是去年中央电台的一等奖。

（二）策划决定段位

一个节目，五分钟听不下去常常就完蛋了。其实，没到五分钟，人们已经不耐烦了。

一条新闻也同样如此，所以好题材也要设计好，写好。

怎么设计？笔者有一个口诀：上来就要吃好，一路喂个小饱，完了让人叫好。

上来就要吃好。专题节目上来就要吃好，这叫先声夺人。这就像有人介绍对象谈恋爱，长相是十分重要的。所以初次见面，一定要化好妆，上来就给人一个好印象。

新闻也一样，导语一定要吸引人。

一路喂个小饱。这是吸引你的注意力。人的听觉也是容易疲劳的，尤其是节目不精彩的时候更是如此。

有的评委在评节目时，都困得不行了，拿来评奖的节目尚且如此，一般的节目会是什么样子、会是什么效果呢。他肯定换台。现在不是有个数据吗，电视观众换台，他在一个个频道上只停留三五秒时间。所以节目当中要时不时地给人以新鲜刺激，能激起听众听下去的欲望。一个场景或一个声音，最好不要超过两分钟，就换场。三分钟听不下去，你的节目已经很难吸引听众了。五分钟听不下去，节目肯定被枪毙。

节目与艺术的道理是相通的。相声或是小品，三分钟没有包袱，演员自己都快坚持不下去了。听说，春节晚会上的小品，不到一分钟就要让人笑出来，它是真正意义中的一路喂个饱了，不是小饱，是大饱。

完了让人叫好。结尾要有感染力。这在社教节目里更是如此。

如获奖作品《小琼和她的家》，最后一段解说：

春节过后，送走最后一批游客，羌寨进入旅游淡季。寨子里恢复了往日的生活。从西伯利亚经青藏高原来的西北风如约而至，这场风刮完，樱桃花就谢了。

这天，县里移动公司的勘测队来到羌寨，为将建设的移动站点选址，羌寨正在申报世界文化遗产。投资人相信，慕名而来的游客会越来越多，今后的羌寨，不会有旅游的淡季了。

这个结尾，言简意赅，意味深长。

这个节目后来获得亚广联的大奖。

总之，一个节目听完之后，要让人家称赞这个节目不错。

（三）包装决定价位

人要衣装，佛要金装。广播节目一定要好听。现在是伴听时代，特别是年轻人，更是如此。年纪稍大的可能不接受。笔者这种年龄处在两可的地步，但年纪轻的好像很接受。他们是未来，所以节目一定要包装，而且要包装好。

（四）主持人决定水位

在一个正常的社会里，专业人才与社会公共人才这两个端点都需要有人在那。我们既要有皓首穷经的专门家，也要有知识广博的通才。著名学者余秋雨就是这样的社会公共人才，他的学问、他的见解、他的口才，能够让人心悦诚服。我们把社会这个范围缩小一下，可以这么说，在一个节目里，主持人也应该承担一个公共人才的任务，他的知识水平和专业水平的高低，常常决定了一个节目的走向，因此，可以这么认为，在广播节目里，主持人的作用正在加大，而且会进一步加大。中央电台《空中之友》栏目，从某种角度说，就是因为主持人徐曼打下的基础。主持人与节目是否交融、是否合拍，都是一个加分的因素。主持人话题牵引是否得当，对节目的走向驾驭是否合适，情景是否交融，主持情绪与节目内容是否和谐……都是检验主持人水平高低，也是检验一个节目、一个栏目水平高低的一个因素。

（五）人文关怀决定品位

"以人为本"是文明社会的一个标识。

要显示作品的品位，人、人本、人文、人的生活质量、妇女地位等，绿色、环保等方面，都是很得分的，以人为本的题材越来越受欢迎和好评。

《白衣天使让海若重现生命光芒》就是这样一个例子。

（六）社会影响决定地位

一个作品要是产生一些影响，无疑它是一个不错的作品。

题材重大、产生巨大社会影响，"非典""神五"申奥等都是，伊拉克战争、孔繁森等更是了。

这次评十佳栏目，中央电台送评的《空中之友》各评委就没有怎么听。为什么，因为它已经有了相当的社会影响。第一，它是中国广播史上较早的一个以主持人主持的这么一个节目。第二，它的主持人是中国广播的第一个主持人。第三，历史上这个节目多次获奖。第四，它有比较广阔的社会影响，而且年头不短。第五，它在对象地区有十分巨大的影响。所以这个节目就评上了奖，排在了第一位。

央广前方编辑部的站位思考及节目设置

中央电台有天然的站位高的优势,它是中央新闻单位,是党的喉舌,它离党中央近。它的政治属性要求它从中央的高度来思考问题,从全局的角度来对待发生的新闻。前方编辑部是中央电台的一部分,中央电台所具有的天然优势它都要具备。同时,它还要有自己的特点,它兼具内宣与外宣两重功能。这个特点是它的存在价值,如果没有特点,它就失去了存在的必要。央广前方编辑部站好位置,发挥长项,就能更好地为中央电台的节目服务,为珠三角和港澳听众服务。

一、央广前方编辑部的站位思考

央广前方编辑部是总部在前方的延伸机构,它是中央电台的一部分,与总部是紧紧连为一体的。所以,前方编辑部的站位思考,首先要站在总部的角度来进行。

(一)站在中央的高度思考问题

中央电台要站在中央的方位考虑问题,站在中央的方位我们才不会错位失位。离开了这个思考的位置和思想的高度,我们就可能滑入地方本位主义的泥淖。

1. 站在中央媒体的制高点,从事物总体的高度思考问题

前方编辑部不能把自己当作地方媒体,从地方角度考虑问题。它是中央电台在前方的延伸机构,它的报道出发点应该与总部一致。我们在作报道的时候,总是站在中央媒体的高度来考虑新闻事件可能产生的各种启示意义。而且,它不仅要从中央媒体的高度来考虑问题,还要从内宣和外宣两个方面来考虑问题。

2. 站在央媒前沿阵地的位置,把具体问题放在全局考虑

前方编辑部毕竟是总部在前方的延伸机构,它必然要带有前方的色彩。没

有这种前方的色彩也是不全面的。最佳的方式应该是：针对前方所接触到的问题，站在中央的角度来思考对待，从内宣和外宣两个方面对待，从具体细小且富有地方色彩的角度报道新闻。例如，2012年《华强北3000商户退出"中国电子第一街"》的报道中，记者站在中央媒体的高度，把具体新闻放在全局的位置来考虑。

被誉为珠三角乃至中国电子业"窗口"，有着"中国电子第一街"称号的深圳华强北商圈内聚集了5万多商家，多年来一直是"一铺难求"，生意异常火爆。然而近年来，随着全球经济衰退，珠三角制造业萎缩，再加上电子商务的冲击，华强北电子街正面临转型的压力。特别是2012年初开展的"三打两建"行动，让华强北大量存在的山寨手机厂商遭受毁灭性打击。也由此，当年坊间不断传出"华强北商户退租潮"的消息。

针对传闻，记者调查发现，尽管传闻略有夸张，但部分地段的商铺空置率确实有越来越高的趋势。也由此记者提出思考问题：山寨手机繁华落尽之后，华强北又将以何立足？这或许不单是华强北所要考虑的问题，也是整个深圳电子产业需要反思之处。而这样的报道，对相邻的香港和澳门地区也有相当重要的意义。

（二）站在总部与前方编辑部交集的方位思考

虽然前方编辑部要站在中央的高度，但具体站的方位，前方编辑部与总部应该有所不同，思考也应该有所不同，它应该更多地站在总部与前方编辑部交集的方位来考虑问题，站在内宣和外宣的交集处来考虑问题。

1. 站在交集处：脚站得高，腰弯得下

作一个形象的比喻，前方编辑部应如老鹰抓小鸡。它飞得很高，这意味着前方编辑部的眼光与站位要高。同时，捕捉新闻的时候，又要能扑下身段，贴近当地的实际情况、贴近生活的真实，这样才能把中央的宣传精神与当地实情结合起来思考问题，报道新闻。

2. 站在交集处：大方向看得清，小问题摸得准

站在交集处是前方编辑部的优势所在，它既能背靠大树，背靠中央电台，深刻领会中央的宣传精神。同时，它又看得清整体真实与局部真实。大方向看得清，具体新闻摸得准。站在总部与前方编辑部交集的位置上报道新闻，这样的新闻才有更多的价值。例如，中央电台对港澳节目中心深圳编辑部地处深

圳,毗邻香港,近年来在港发生的"驱蝗"运动、"限奶令"、港人辱骂内地游客事件等在两地社会关注度极高。作为前方编辑部,我们在内宣节目《聚焦南粤》中进行客观分析为何会产生这些问题,症结在哪里,并引导内地受众理性看待事件;而在外宣节目《魅力香江》中,我们在严把宣传口径的同时也注重引导香港受众正确看待香港回归祖国后所发生的一系列积极变化,增强"同文同种"的民族认同感。特别在2012年2月,报道深圳网友自掏腰包打出"香港人,谢谢你"的广告这一新闻事件,让受众了解两地的生活方式、文化素养和风俗习惯会有差距,但这并不是主流,应该学会包容和理解。

二、央广前方编辑部的主要任务

总的来说,央广前方编辑部的任务是沟通总部与地方,沟通内地与港澳,报道新闻,传播信息。它既起桥梁作用,也起话筒作用。它要准确把握传递舆情,捕捉鲜活的新闻,传播有泥土气息的信息,满足听众的要求。具体到节目,前方编辑部的任务可细分为如下三个方面。

(一)实情的触摸力贴近以求有效

前方编辑部最大的特点是离新闻源和现实的距离近,离受众距离近,相对来说,更能看清新闻发生、发展的脉络,更能亲身触摸受众实际,更好准确把握受众心理。

1. 贴地皮接地气

新闻要"三贴近":贴近群众,贴近实际,贴近生活。贴近,才能接地气,才有生活的本源。前方编辑部最大的特点是受众距离近,能够触摸到鲜活的生活气息。比如中央电台对港澳节目中心深圳编辑部的《聚焦南粤》,从节目名称我们就可以看出,该节目以报道发生在广东特别是深圳、港澳一带的新闻为主。作为生活、工作在深圳的中央电台前方编辑部人员,我们把视野投向自己生活的场所,发现新闻,报道新闻,解释新闻,是轻车熟路的。这样的节目能够接地气,因为我们本身也是听众的一部分。

2. 获实情求实效

前方编辑部有一项任务,就是为中央电台、为所属中心提供舆情。我们在前方、在当地,信息较丰,网络较广,触角较多,相对来说,能够提供更多的实情。近年来,深圳编辑部与当地媒体开展节目听评活动,多请相关人员提供信息、剖析节目,请他们提供指导,这对我们把握当地舆情提供了有力的支撑。同时,尽力与港澳媒体加强联系,互通相关信息。

(二)新闻的求取力求快捷以求新鲜

对前方编辑部来说,处在新闻源,获取新闻素材是比较方便的,这样提供的新闻也比较新鲜。我们要做的主要工作是捕捉、遴选与报道。

1. 更新鲜更生动

报道当地的新闻,新闻的快捷是一定的。除了新闻的快捷以外,前方编辑部还有一大特点就是语言的接近。以中央电台为例,对港澳节目中心有广州编辑部,其节目语言多为广州话,对台湾节目中心的厦门、梅州两个前方编辑部则有闽南话、客家话节目。以方言对具体的听众广播,能增加新鲜生动感。以对台广播为例,台湾中南部民众大多为"台湾闽南人",他们受台湾乡土知识教育的影响很深,绝大多数以闽南话作为通行语言。做好对台闽南话广播,对台湾中南部民众进行有目的的政治、经济、文化等信息传播,是贯彻中央对台宣传精神的有效举措。加强与台湾有关媒体的联系,也能更多地听到当地民众的声音,对我们做好对台工作也有很大的帮助。

2. 更快捷更直接

虽然广播的传播不受地域限制,但前方编辑部离覆盖地域近,距离上的优势是总部无法比拟的。例如2008年9月20日夜,深圳龙岗区舞王俱乐部发生特大火灾时,深圳编辑部就因其距离事件发生地更近,报道也更快捷,展开深度报道时也有更多资源,做评论也有更切实的感受。

(三)传播的效果力求最大以求全面

传播效果其中的一个来源是所报道新闻的新闻性要大。而新闻性的大小,常在于新闻事件和报道新闻的视角,是否把触角扎在现实生活中,是否把关注点放在受众身上。做到这点,传播的效果就会更大。

1. 传播最全面

由于新闻素材丰富,采访便利,前方编辑部挖掘新闻背后的新闻较总部容易,又方便与当地各媒体合作报道,且不少新闻观察员也多在地方,这就构成了前方编辑部对新闻报道的一个覆盖优势,这一优势能使传播范围更全面广泛。

2. 效果最大化

基于采访条件的便利、采访的及时、挖掘的深入,其传播效果也会随之扩大。对台湾节目中心有相应的闽南话协作区,协作区内的媒体能相互协作,扩大传播效果。对港澳节目中心则与港澳媒体及广东媒体多年来相互协作,精作节目,连续多年获得中国广播影视大奖,香港电台普通话台等电台多以获得大奖为荣,这些都大大扩大了传播效果。

三、央广前方编辑部的节目设置

因为央广前方编辑部的位置独特,它不同于记者站,它有自己的节目。单是对港澳节目中心在前方编辑部就设有近10个节目。所以,在设置节目时,前方编辑部也有自己更多的切实考虑。

(一)互补

与总部节目的关系。前方编辑部的节目与总部的节目是各扬其长、互补的关系,各扬其长才能争奇斗艳,互补才能相得益彰、交相辉映。

1. 新闻节目快与深的结合

前方编辑部的特点在于快,快体现在时效上;总部的特点更多的是深,深是解读的必需。以对港澳节目中心深圳编辑部为例,《聚焦南粤》节目中设置了《新闻聚焦》《城市头条》《浏览珠三角》等小栏目,这些小栏目都体现了其"快"的特点。当然,在这一基础上,怎样体现中央电台的水平和节目的深度,也是我们必须要加以考虑的。

2. 专题节目厚与巧的结合

后方编辑部拥有总部的人力优势,节目做得相对更厚实;前方编辑部所做节目则应该更多的是巧,以取材便利、角度巧妙、速度优势为先。如对港澳节目中心的节目中,总部的《中华人物》《中华风雅颂》等节目就体现了厚实,而《岭南音乐风》则体现了富有前方编辑部的巧妙。

(二)独有

富有前方编辑部特点的节目。如今,媒体多打特色牌。一个媒体的特色,常常是这个媒体能否生存下去的生态位。抓牢这点,媒体才有可能有更多的生存空间。

1. 节目要富有前方编辑部特色

前方编辑部是不可或缺的,也是不可替代的,所以,它的节目一定要体现前方编辑部的特色,没有这种特色,就不能称作是成功。如对港澳节目中心广州编辑部设有广东音乐节目,《岭南音乐风》更受听众喜爱,《珠江瞭望》从节目名称就可看出它的地域特色。

2.节目是频率的有机组成部分

设置合理的节目,应该与全中心风格一致,特点不同。对港澳节目中心前方编辑部的节目充分体现了这一特点。无论是新闻节目《珠江瞭望》,还是专题节目《粤动经济》,或是文艺节目《经典最流行》,都与全中心的节目合拢合拍,又富有自己的特点。

(三)接近

与听众的收听互动的关系。许多编辑部都在目标受众的最前沿。深圳编辑部处在深圳,负责对珠三角和港澳地区的广播。这里媒体众多,生存压力很大。因此,加强与听众的互动联系,是吸引听众的一个好方法。

1.更接近听众

接近听众是广播的生命。广东公益活动比较活跃,对港澳节目中心因此设置了一个全新的节目《公益华夏》。该节目主要报道广东的公益事业。由一个节目来报道公益事业,这在以前是没有的,它大大拉近了媒体与听众之间的联系,助推了广东的公益事业,提升了媒体的形象,也提升了对港澳节目中心在覆盖地的收听率。

2.更接近生活

接近生活才更容易与听众产生互运效应。《粤港越精彩》《魅力香江》等节目从名称就能体现出前方编辑部的特点,也很受听众喜欢。这样的节目,来自生活,还原生活,加大了与听众收听、互动的关系。近年来,我们还与港澳听众举行过许多联谊活动,方便听众了解我们的节目方针,让他们更加注意到我们的节目。今年"两会"期间,香港特首接受我们中央电台港澳中心记者的采访,节目播出后,有几十家香港媒体转载、转播,产生了很大的效应。

总之,央广前方编辑部的站位必须与中央电台站在同一海拔,思考必须与中央思考相似的内容,而节目设置则须有中央电台的风范、对港澳节目中心的风格和前方编辑部的特点。这样,我们才能更好地服务听众,为听众提供更多更精彩的节目。

由《共赢之路》说起

——浅议思辨性广播专题节目的创作规律

在对港澳宣传的工作中，华夏之声、香港之声始终保持着正确的导向、敏锐的视角、创新的意识和艺术化的手法，不断探索尝试多种类型与题材的广播节目。《共赢之路》是华夏之声、香港之声从2011~2012年，历时一年完成的大型思辨性系列报道。此系列节目共分12集，以报道香港、澳门的资金对祖国经济建设和改革开放事业所起的巨大推动作用为主，同时真实再现内地在保障香港、澳门两地生活稳定、社会和谐、经济繁荣中发挥的积极作用，通过节目刻画了港澳和内地鱼水共存、合作共赢、利益共享、进步共同的关系。

笔者负责第一集《抉择》的创作。节目完成数月后，再次对该类大型思辨性广播节目的本体属性和创作规律、传播规律进行思考，依旧是一个持续内省的过程。冯友兰在《中国哲学简史》中写道："历稽载籍，良史必有三长：学，识，才。学者，史料精熟也；识者，选材精当也；才者，文笔精妙也。"在笔者看来"学、识、才"这三个词也可作为评判一个优秀的思辨性专题节目的标准。具体到《共赢之路》这一专题中，"学"是要考察从1949年新中国成立至今，港澳与内地几十年共同发展和进步的历史进程中，创作者是否选取了重大的历史事件和关键性的历史节点；"识"，则要衡量创作者能否依循广播的传播规律对现有素材进行取舍、编排和组合；"才"，需要探究创作者能否用生动的、启发式的、思辨性的创作手法进行讲述、点评和升华。当然每一集的创作人员在完成各自任务时，都有着个性化的表达方式。下面笔者试着从普遍性的角度出发，结合第一集创作中的个人经验，总结一些创作规律和准则。

一、治"学"之道如"大浪淘沙始见金"

如果说完成一个大型专题类节目,犹如服装设计师创作一件艺术作品。那么第一步骤便是选择和确定面料。确认适合自己风格和主题的原始素材在广播节目的创作中同样是首要任务。

《共赢之路》第一集《抉择》,涉及素材时间跨度长达三十年,从1949年新中国成立至1979年改革开放初期。这一历史跨度远在笔者出生之前,许多历史事件已超出了笔者已知的常识范畴。由于对大部分历史事件缺乏感性认识,如大浪淘沙一般如何在漫无边际的浩瀚史料中选取此阶段最有代表性、决定性意义的历史事件,便成了创作的首要难点。经过理性思考、不断提炼、反复推敲后,笔者总结出以下三个原则作为治"学"之道的取舍标准。

(一)着眼特殊性

任何一个民族和国家的发展都有其特殊性,基于不同时期社会经济、政治、文化等因素的特定现实,审时度势,从实际出发,才能做出符合长远利益的建树。第一集《抉择》中涉及的三十年正是"经济独立的三十年"。由于主客观条件和国内外形势的影响,香港与内地之间处于相对分离的状态,双方的经济关系主要表现为相对单一的贸易关系,内地供应着香港最基本的生活资料和生产资料,而香港则主要是作为内地与外部世界发生联系的唯一的"窗口、桥梁和国际通道",也是内地获取外汇的主要来源地。

笔者在查阅相关资料时发现,这种经济关系的建立和维持,直接得益于新中国"暂时不动香港""暂时维持现状"以"长期打算、充分利用"的对香港和香港问题的特殊政策。这一特殊政策也正是后来以"一国两制"的方式实现香港回归的基础。由于历史跨度较为久远,大多数听众对新中国成立初期中央对港澳的特殊政策产生的时代背景和深远影响并不明了。为此,创作者依托大量史实,借用众多历史事件中关键性人物的第一视角,还原了当年风云激荡的一幕。可以说,再次解读新中国成立初期,中央对港澳特殊政策产生的特殊背景和现实意义,很大程度上填补了许多普通听众知识世界的空白,对那些曾经对政策心存疑惑的受众,也起到很好的释析作用,成了本节目的一大亮点。

(二)关注变异性

历史总是在变动中不断发展,在第一集中风云激荡的三十年中,最为重要的历史节点便是改革开放。然而这一英明的抉择，并不是一蹴而就的，它是循序渐进水到渠成的。创作时，对这一重大变异，我们不可以简单粗略地仅仅交代整个事件的结果，而是更应该关注和再现它的动态过程。创作者要学会沉潜深入，去寻求发现历史大趋势、大动向背后那些零星散落的小事件、小线索，并着力凸显其中的典型性事件。

1979年"改革开放"的实施，不是空穴来风，不是横空出世，它是内地与港澳经济发展的需要、是同胞之间情感的需求、是三十年铺排与准备的积累，在多种因素叠加下发生的质变。为了反映这一质变，我们选取了1978年前后的宝安的"偷渡潮"、爱国商人刘宇新对内地的捐助、邓小平等一批党的领导人多次出访后产生的震动等一系列史实作为铺垫，把这些历史大潮中闪亮的浪花重聚在一起，再现光华。

事实上，创作者在观察出具有变异性的历史事件的同时，更应该学会拆解和分析这一趋势形成的过程，见其全、见其大、见其远、见其深、见其微，巧妙地将有助于展现决定性转变的典型事件有机地串联起来，动态地呈现历史进程发生转变的必然性。

（三）立足普遍性

普遍性也可以理解为传统性和一贯性。它长期存在，并形成了固定的规律和模式，蕴藏着内在的统一性和连贯性。从新中国成立初期到改革开放之前，无论国内环境和国际形势怎样变化，两地始终不变的是荣辱与共、同舟共济的深厚情感。

创作者的工作便是发现这一普遍性的规律，并由表及里、由此及彼、层层深入，去寻找最本质、最具代表性的事实，并将这种普遍性的情感归属浸润在节目之中。为此我们选取了霍英东等香港爱国商人冲破西方对新中国的禁运，向内地运送了大量重要的稀缺物资，以及内地的三趟快车这些极具代表性的事件来见证风雨三十年来两地的往来。我们将这些不同时间尺度下的前后连贯、多视角的故事串联起来，增强了节目的丰富性与感染力，并对这一普遍事实给予了连贯的解释。

二、修"识"之术如"胸有沟壑，文自生姿"

经过一番前期的准备、查找之后，便拥有了丰厚、全面的创作素材，以如此扎实的史"学"作为基础,接下来创作者就要研习"识"学之术了。此时,创作者如同设计师一样需要依照广播节目的创作规律排序、定位、裁剪、拼接,经过一系列严格的工序之后,才能把这些散落的材料重组成一个优秀的艺术品。这一过程中,只有熟悉和尊重广播节目的创作规律和创作要素,我们才能做到"胸有沟壑,文自生姿"。

(一)建立正确的传播坐标

众所周知,使用坐标体系,最大的功用便是定位。在创作节目中,如何对传播本体、传播受众进行准确的定位,这是节目在制作前,主创人员就需要清醒认识的问题。华夏之声、香港之声作为对港澳地区传播的外宣媒体,在跨文化传播的背景下,如何让如此宏大的一个历史性题材的专题节目达到入耳、入心的传播效果,是需要节目制作者仔细思考的关键。当这一坐标系确定之后,任何一个题材都可以放在里边观察,而创作者据此也有了观察和判断的角度,以及选择和取舍的依据。

在这个节目中,主创者创作的定位是,不居高临下,不唯书、不唯上,不板起面孔说教,以更加合理、亲切的人际化传播关系,去实现一种"人文教化",或者说以一种平等的态度引导受众去了解、去思考,了解历史、照见现实。正是因为有了这样的坐标定位,我们在创作中才有了这样的要求,力争做到不偏不倚,以"共赢"二字为标准,力求展现内地与港澳双方在风雨三十年中相互扶持、共同发展的鱼水深情。同时,不粉饰、不回避,对这三十年的过程中,新中国成立初期和改革开放前内地曾经的困顿、挫折以坦率的心态面对、陈述。只有依靠真实史料,并以客观的角度表述历史,才能够让受众从心理上接受传播内容,达到传播效果。

(二)把握讲述的三要素:密度、落点、故事

作为广播节目的创作人员,如何理解尊重广播节目的传播规律,学会运用广播的语言讲述故事,在创作中显得尤为重要。

1. 控制密度

密度在广播节目中指的是一定时间内,传播者有意传递出的有效信息的数量。由于广播是线性传播,一个段落只能传递一个信息。同一段落中如果传递了过度的信息点,或者是过长的时间段传递同一个信息点,听众就不知道你在说什么或者注意力转移,对该信息点失去兴趣。

广播节目中有一个重要的技巧可以完成对信息密度的控制,即精简采访和同期声。广播节目中为了让节目的层次更加丰富、素材更有说服力,通常会运用大量的采访和同期声。有时候,为了追求表达的完整性,创作者通常难于取舍。但事实上信息多并不一定就是好事,正如困于汪洋中的人反而渴死,多而无当的信息也可能弱化受众的思维判断,注意力减退。为了避免这类现象出现,创作第一集时,我们反复研究采访的素材和同期音响,严格把关,甚至几乎有一个硬性的标准,每段音响出现的时间不超过1分钟,并确立了以下几个标准来挑选素材:

(1)典型性素材,即能够深刻揭示事物本质,具有广大代表性和强大说服力的材料留下。如《霍英东全传》作者冷夏对爱国港商在抗美援朝期间对内地援助的介绍;原宝安县委书记方苞对改革开放前"偷渡潮"的背景介绍。

(2)解释性素材,即对某一特定概念或特定史实进行解释说明的材料。如国务院港澳办原副主任陈原对"长期打算、充分利用"八字方针的解释。

(3)冲击性素材,即能够造成强烈的听觉震撼,能够引起听者注意、共鸣,言辞中有浓烈的感情色彩的素材。如"方苞回忆李先念同志的一份批示。他说,'如果不把宝安深圳建设好,我死了也不瞑目。'方苞回忆习仲勋的态度:他就说'偷渡问题是政策问题,是体制问题'。"这些音响篇幅并不长,有的甚至只有短短一句话而已,但正是言简意赅的话语犹如握起的重拳,让传播的信息一击即中,打入听众的内心。

2. 寻找落点

所谓落,便是段落,点,指的就是停顿。在广播手法中,段落与段落之间是需要有停顿的!这里的停顿并不是停止,而是一种转换。停顿的方式多种多样,可能是解说词,对上段的综述,帮听众归纳梳理,更好地厘清然后再往前走;可能是音效,如三趟快车段落前,火车汽笛的鸣响;也可以是音乐,如讲述抗美援朝期间,港澳对内地支援的段落前,奏响的《中国人民志愿军军歌》。它犹如电视中的空镜头,并没有实质的所指,但运用得当时,可以烘托、渲染气氛,并顺畅地完成不同段落的过渡。一旦有了这些停顿,听众就会回味,加深对前面内容的理解,引发对后面内容的期待,并在落点中巧妙设计的音效指引下进入到一个特定的情境之中。

3. 关注故事

正是故事的细节构成人们所说的"历史的质感"。没有细节就没有记忆。作为严肃题材的政论性专题节目，人们往往在关注它深刻的政治内涵、宏大的主体和篇章的同时，忽略了在宏大历史背景下细微的故事的雕琢。事实上，一个长达30分钟的节目最后能打动人心的并不是宏大的政治口号，而是微小、亲近、具有故事性的片段。可以说，故事化的讲述方式是整个《共赢之路》节目的亮点所在。所以在第一集中，我们也刻意地选取了有情节、有镜头感、有故事性的细节，支撑起整个主题。例如邓小平去联合国开会时给不起小费，给孙女带来的礼物仅是一块巧克力；决定伍氏集团入主中国航天业食品供应企业的决定性因素竟然是一个小小的面包；邓小平南行的时候提到对"三只鸭子是社会主义、五只鸭子是资本主义"的论断的质疑。这些轻松、有趣、充满了戏剧性的小故事，巧妙地集结在一起，不但可以给听众留下深刻的印象，而且可以用另一种方式表达主题的深刻，揭示历史的走向。一个成功的编导可以从节目中每一个主人公的故事中寻找到个人命运与国家命运、历史命运的联系与链接，这就是广播节目真正的深刻所在。

三、习"才"之艺如"运斤成风刃发硎"

在大型思辨性节目《共赢之路》中，能否具备思辨性的表达方式是衡量整个节目创作者"才"艺高下的关键所在。当然，这种思辨性的表达方式想要形成绝非一日之功，它需要我们在日常生活中善于从多重方向思考、感受、体验和理解并加以提炼总结，以思辨性的文字呈现出思想的魅力、节目的魅力。

(一) 思维的开放

"思辨，慎思明辨。"思辨性的文字一般比较轻巧、灵便，创作者应该有发散型而不是封闭型的思维方式。在思辨性的专题中，听众渴望得到新鲜的思辨成果，这就需要克服一般化、浅层次的流弊。例如，在回顾香港企业美心集团与中国民航总局的第一次合作时，创作者并没有粗浅潦草地简述这一事实，而是据实再现了双方面临的困难、质疑、困惑，从事物的曲折性和纵深度上做文章。由此可见，思辨性专题，不是简单地复述事物发展的结果，而是侧重于事物发展过程和成因分析；不是用事实去论证某种现成的结论，而是敢于呈现社会生活中交织的矛盾；不是一边倒式的肯定与否定，而是如实描绘改革中的曲折历程, 起到释疑解惑、言事悟理的作用。

(二)角度的选择

语言是思想的外化, 想要拥有思辨性的语言, 首先就应该练习哲学化的思维方式。哲学研索本身就是一种视角的选择, 视角不同, 阐释出来的道理就完全不同。视角和眼光是联系着的。创作者需要把笔触伸向隐藏在现象背面的内在本质, 靠理性思维的穿透力去开掘深层次信息, 以逻辑的思辨和理性的灵光给读者以新思想的启迪。在第一集《抉择》中, 有一些词句就闪现着思辨的灵光。例如, "都说时势造英雄, 须知时势亦需英雄造。"再如, "历史对每一个亲历者而言, 绝不仅仅只是故纸堆中一张张枯黄且薄脆的纸片。那是波澜壮阔的舞台上豪气干云的热血与激情, 是风云万千的复杂环境中一个个冷静智慧的抉择, 是每一个普通人平凡的坚守和付出, 它是个人、民族的, 也是社会的、时代的命运兴衰与起伏。"这些点评绝不是简单的文字游戏, 而是以一种辩证的视角、全面立体的眼光进行总结。同时善用短句和排比句, 说理透彻而有力; 以散文化的笔调一路叙来, 自然而富有变化, 理性而富有诗意, 给人以醒悟和思考。

(三)意象的创造

写思辨性的文章, 也不应忽略意象的运用。有人说, 意象是作家的"营业执照"。创造者通过主观意趣的神思驰骋、变幻联想, 由此而铸造了极大想象的空间, 从而通向了无限的创造。所谓"策杖无道路, 直造意所便"。意象的自由至真境界, 超越物象, 使人获得美学启迪。第一集《抉择》中, 笔者写道: "此时在风雨中飘摇的新中国像一张鼓胀的风帆, 也似一片吹脱的落叶, 面对着这场史无前例的严峻挑战, 谁也无法知晓将何去何从。"风帆和落叶显然是两种不同意象的表达, 一个预示着蒸蒸日上、一片光明, 另一个代表衰败落寞, 听众从这两个形象的比喻当中就可以感知到中国的前途正来到了命运的十字路口, 这个抉择的成败关系到国运的兴衰。这些颇具意象的思辨性的表达, 不仅着手成春, 触笔生妙, 而且能使文气从容舒缓, 平添几分情趣。

恩格斯说: "一个民族要站在科学高峰, 就一刻也不能没有理论思维。"如果理论思维标志着一个民族的思想成熟程度, 那么, 思辨性的专题节目, 标志着专题类广播节目的新高度。《共赢之路》这一大型系列报道散发的思辨性的璀璨光芒,使对港澳受众的传播获得前所未有的厚度和力度。而我们只有对这一类型广播节目的创作规律不断研究和实践才能突破广播专题节目的传统,在更高的思维层次上把握报道对象,显露出更为理性的魅力和更有力的传播效果。

主持人在访谈节目中要做到的几个掌控

在如今的广电新闻节目中，主持人正越来越成为广电媒体访谈节目中事实上的最后一道把关人。他们大多是节目的设计者，话题的草拟人，节目发布出去的最后一道提问者、总结者和事实上的把关者。因此，主持人要有较高的政治水平、新闻业务能力、随机应变的主持能力。在访谈节目中，特别是在直播访谈节目中要做到对节目掌控有力，对主持把握有度，对嘉宾心中有底，对话题变化有数。突出表现在以下几个方面。

一、事前策划：节目设计与节目成功的保障

直播节目要做好事先策划，事先策划是节目成功的保证。没有事先策划，节目的主题就难以凸显，节目的背景就难以显现，节目的灵动就难以表现，节目的正常运行也难以得到有力的保障。许多事例都证明了这一点，没有策划就难有精彩的访谈节目，策划是节目成功的保证，策划越是精细，节目越有可能成功。

(一)策划是为了掌握分析详细材料获取节目的要义

策划是一个节目的必需，是一个成功与否的保证。一个节目，特别是大型节目，其策划会在多方面展现，包括主旨要求、观点要求、内容要求、结构要求、语言要求等，会有很具体详细的要求。策划的目的是尽可能多地掌握素材，尽可能多地把人物背后的故事挖掘出来，尽可能使自己的节目与众不同且有自己的标高与层位。我们在做人物访谈节目时，会仔细阅读嘉宾所著的几本书，从中选出听众感兴趣的话题，作为整个访谈节目的有力补充，也作为让听众深度了解嘉宾的一个点面。

(二)策划是为了获得节目的亮点以保障节目成功

每一档节目都有自身的侧重点和亮点。同一个人物，我们可以从不同的角

度切分,体现他不同的华彩片断。比如,我们在做访谈节目的策划时,对问题的设计常常在30个以上,深浅不一,方面不同,揭秘程度也有所不同,它们之间又相互连贯,步步深入。而开头的设计尤其重要,它是吸引听众听下去的导引图。有了众多的考虑,节目自然有其精彩亮点。在《文化名家访谈》中,我们采访了蒋大为,我们针对蒋大为引为自豪的65岁高龄还精力旺盛的表现,这样设计了开头:

【主持人】蒋大为是著名的男高音歌唱家,是中国歌坛上的一棵常青树。80年代他演唱电影《红牡丹》的主题曲一举成名,在他42年的演艺生涯当中,演唱过上千首歌曲和上百部电影、电视剧的主题歌,深受歌迷喜爱。前不久,华夏之声记者陈燕、洪涛采访了他。

【记者】您现在的演出密度,一周能演几场啊?

【蒋大为】我几乎一个月要有一大半的时间在外面跑。

【记者】这么高强度的演出,怎么保持非常旺盛的精力?

【蒋大为】我可能身体比较好一些,底子好,再一个我觉得三个方面:一个方面注意休息好,就是你这么奔波,常年的奔波,像我65岁的年龄,每天奔波在飞机和路上,一定要会抓紧(时间)休息。第二就是要保持一个良好的生活习惯,按时睡觉,按时吃饭,我一般不是那种像有的演员生活不规律,早晨不起,晚上不睡。我一般就是到点该吃饭吃饭,该睡觉睡觉。尽管我现在这个年龄,现在这个名声,但是我一直在我自己的唱歌方法上,我一直在解决一个科学的唱法。我把它叫作“中国唱法”,就是科学的民族声乐,我觉得应该叫中国唱法。我觉得这个“科学”二字太深奥了,不是说你说我科学就科学了,这个探索起来也是无止境的,也是很深的,而且唱歌这个东西又看不见、摸不着,全凭感觉。所以,这个“科学”二字怎么理解、怎么体现,我一直在探索,到现在我也没有放弃对自己声音的改造和训练,就是因为这样,所以才把艺术能够延长到现在。

“到现在我也没有放弃对自己声音的改造和训练”,这是歌唱家蒋大为的成功之处,也是他的得意之处,“就是因为这样,所以才把艺术能够延长到现在。”也正是因为这样,节目也得以顺着嘉宾的兴趣点,也是听众的兴趣点顺利展开。

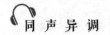

（三）策划是为了保证节目运行顺畅

现在有一些访谈节目明显表现出几个问题：一是浅，二是涩，三是节目缺少明显的层层递进的关联。究其原因，大多是因为在主持人上节目之前没有对节目进行比较周详的策划。人物背景了解较少，事件经过了解不够，主持人对这些嘉宾及事件的心理状态把握不对。策划正是为了消除这些问题，它努力挖掘人们感兴趣的这些人背后的故事，尽量多地了解事情的经过，尽可能地掌握社会各方面对这些问题的看法。有了策划，才能尽可能多地掌握情况，把握听众的兴趣点，才能保证节目运行的顺畅，听众也可能听到一档比较满意的节目。另外，策划也是为了预判事件的发展和变化。所以新闻主持人要预判事件的发展和可能出现的变化，有了策划，就能迅速应对问题变化，就能牢牢把握新闻话题与舆论导向。

二、嘉宾遴选：保证导向与保证质量的必然

节目选择嘉宾，也是选观点、选导向，而不是选谁能吸引眼球。选择嘉宾政治要可靠，要摒弃有低俗表现和与党的正确观点不同的嘉宾，也要摒弃有过不良记录的人和是非中人。节目中嘉宾如果发表不妥的观点，主持人要及时扭转话题的导向。当然，一个媒体要建立访谈节目相应的嘉宾推荐系统，让更多政治上可靠、品德上优良、专业上拔尖、公众形象好的各方面的专家进入听众的视野。

（一）政治标准的遴选

党管新闻，嘉宾的选择政治标准一定是第一位的。有的人以学术之争为托词，选了一些并不恰当的嘉宾作访谈。学术之争自有它应有的平台，但如果某些人的观点是与我们的政治、体制不相符的，媒体就不应成为这种观点讨论的平台，它是党的话筒、人民的话筒，只能出一个声音。所以，无论什么时候，访谈节目的嘉宾人选都要符合我们的宣传要求，至少，在嘉宾议论的某个专业的话题上，不能与我们宣传的政治要求相违背。以政治标准选好嘉宾，政治上就不会出错。

（二）业务水平的遴选

目前，社会各个行业中不合格的专家太多，有的说过头话以博眼球，有的没有学术依据故作惊人语，有的对事物的判断缺少应有的理性思维。这些专家

在专业平台上表现得并不专业。面对这样的专家，我们在访谈节目中的嘉宾选择时一定要注意把关，避免选择这样的人来当嘉宾。党的新闻单位不能成为一些人散布自己与中央政治口径不相符合的观点之平台，也不能选择不学无术之辈站在我们媒体的平台上。以业务水平选好嘉宾，话题能谈得更加透彻。

（三）大众对专家擅长话题的关注度之遴选

每位专家都有自己擅长的领域，这些领域不是所有的方面都是听众关注的。有的专家擅长的方面十分冷僻，关注度不高，有的专家擅长的是大众十分关注的领域。我们的选择嘉宾的时候，一是要注意选取时下热门的话题，这是吸引听众关心的需做的事。二是对那些不太热门但同时又必须做一些解释工作的话题，则要注意在冷中求热。冷话题中寻找到热侧面，也是节目设计者要做的一个工作。有时，冷中求热更易得到听众的追捧。以话题关注度选择嘉宾，节目能得到听众更大的满意度。

（四）嘉宾表达能力的遴选

作为一个访谈节目，嘉宾的表达能力也是节目需要考虑的一个方面。嘉宾流利的表达，能为节目增添许多光彩。我们听一些获奖的访谈节目，其嘉宾都是表达十分流利的，思路清楚，语意连贯，有不少还能抑扬顿挫。而有一些嘉宾，表达困难，语句断续，虽有很好的学问，但终是不能为节目增添亮点。这是节目选择嘉宾的时候，也需要考虑的一个方面。以嘉宾表达能力选择嘉宾，会使节目更加流畅好听。

三、提问技巧：节目深度与思想碰撞的手段

由于电台节目形式的改变，直播节目增多，主持人现在成了事实上的节目终审者，因此对主持人的上岗要求，不能只是停留在普通话的"一级甲等"上，要提高政治要求和考核标准，在政治口径、政策掌握上从严把关，要以新闻节目审稿人的标准要求他们。媒体要定期对主持人进行政策培训、考核，不达优秀者不能上岗。

（一）主持人向嘉宾的提问就是节目的导向

提问是政治观点的反映，思想深度的折射，是业务技巧的展示。主持人的提问不是随意的，而是包涵了政治导向的。提问水平的高低，不仅反映了一个主持人的业务能力，也反映了一个主持人的思想成熟度。高水平的提问体现了

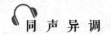

一个主持人的业务水平，而且，他的提问大多不是开放型的，而是闭合型的。闭合型的提问，嘉宾大致会回答你所希望得到的结果，而开放型的提问相对就不好把握了。有的时候，离题万里，常常是由这种开放型的提问所导致的。要什么样的结果，常常是由提问者提什么样的问题所决定的。主持人要做好的几个掌控，其中之一就是掌控好自己提什么样的问题。

（二）主持人向嘉宾提问的角度就是节目看待事件的视角

在有限的一个节目时间里，提问要有一定的角度是必不可少的。没有合适的角度，节目会漫无目的，不太有吸引力。有了合适的角度，也需以合适的问题切入，这样才更有利于话题的展开。有些主持人的提问，不能有效地打开嘉宾的话匣子，这往往是主持人没有很了解嘉宾、没有很了解节目主旨所导致的。高明的主持人，必定事先做过精细的准备，从嘉宾最欲表现的方位切入，这样才有助于节目的深入展出，听众才能听到一档精彩的节目。在《文化名家访谈》中，我们采访了"陕北歌王"王向荣。我们节目的开头是这样设计的：

【记者】您现在都已经是陕北歌王了，跟过去的生活有什么大的变化吗？

【王向荣】变化对于我来讲，不管是在繁华的闹市，在大城市、在乡村，我的这种勤俭是不变的，这个肯定是不变的。因为，我们从小的生存环境和我出生的那个年代，这种思想、思路，这个生活习惯、生活方式已经全部固定化了。说到民歌或者是唱民歌，那我就满脑子都是那一块地方，那不可能说面对的就是城市里面的俊男靓女，不是那么回事。

【记者】您每一次唱歌脑子里面都会想到您成长的地方吗？

【王向荣】那我闭着眼睛都知道，比如是30年代、40年代，陕北红军和中央红军汇合以后在陕北如何战斗、如何生活产生的这些民歌。传统民歌更不用说，我们从小是怎么过来的，那么他就是一代一代传承这种情况，脑子里面已经形成了很新鲜的画面了，所以，这东西是不会走样，也不会改变了。

这样的角度，是经过思考的角度。它从嘉宾生活中最熟悉的场景开始，从嘉宾最擅长的领域开头，这样就能很好地打开嘉宾的话匣子，得到听众爱听的内容。

（三）主持人提问的分量就是节目主题的分量

新闻主持人在一个节目中的提问很重要，主题没有分量，提问必然缺少分量。同样，提问没有力度，便不能反映出话题的力度。我们平时说，新闻的标题很重要，标题即话题。新闻的话题更重要，话题即新闻的主题。主持人能不能提出有分量的问题，全在于事先的策划，在于对嘉宾的了解程度，在于事件本身的分量。嘉宾已在那里，事件也已在那里，如果提不出有分量的问题，不能使节目有序、有力地展开，那说明，事件的策划是不成功的。整个节目也就不能称之为成功。

四、情景应变：掌控节目与引领话题的必备

主持人的情景应变能力是一个成熟的主持人需要具备的能力。这种能力虽说是主持能力，但更多地还表现出一个主持人包括政治、业务在内的综合能力。这种能力的高低，常常是一个主持人综合水平高低的一个主要参照。

(一)适时拉回

嘉宾发言内容与节目不符要适时拉回。节目中常有一种现象，嘉宾的发言与先前节目设置的主题游离，即我们所说的跑题。这个时候，主持人要在适当的时候艺术地把主题拉回到原先设置的主题上。所谓艺术，一是不让节目转得生硬，二是为了节目的连贯，三是为了保持嘉宾正常的心理状态。而嘉宾的正常的心理状态是节目的保证之一。这个地方如果做得不好，整个节目的效果就会大打折扣。

(二)及时改变

嘉宾发言内容不当要及时改变。主持人要把控好节目，对访谈中出现主题偏差等现象，主持人要及时控制，不让节目走偏。要把好政治关，特别是把好嘉宾的政治关。媒体从业人员必须树立讲政治的意识。政治关通不过者，不能坐在嘉宾的位置上。要保证中央政令的畅通，要保证新闻节目的严肃性，从事这个工作的人员必须在政治上过关，同时对嘉宾的话语也要有一个正确的判断，确保在政治上不出偏差，没有误导作用。

(三)延时继续

在谈话中出现事先没有设计到的听众感兴趣的话题要继续进行。在直播中，访谈节目一般要按照事先的策划方案进行。但在预料之外，节目也常常会遇上更有趣、更新鲜、听众更感兴趣的话题。这时，节目也可打破原有设计，在这些话题下继续深入展开。这时，节目几乎完全在主持人的个人掌握之下，除非导播有超强的业务水准，或他本身就是一个百科全书类的人物。而主持人的这种

能力，完全基于其个人业务能力的高下，对话题有趣度的判断把握，话题是否在主持人的知识、能力掌控范围之内。这种能力，正是判断一个主持人业务能力高低的一个标准。也是主持人培养的一个方向。

总之，主持人在访谈节目中要做到以上几个掌控，掌握有度，节目就有保障；掌握失度，节目就可能走向失败。作为央广的主持人，在这方面加强修炼，提高能力，会为我们的节目走向成功打下坚实的基础。

浅议广播主持人在文艺节目现场转播中的基本能力

文艺节目广播现场转播指的是以歌舞、戏曲、音乐会和综艺晚会等文艺演出为主体,以广播媒介为传播手段,在不改变演出现场的情况下,以电波的形式将演出传播给听众的广播形式。在这类文艺节目的广播现场转播(以下简称现场转播)中,主持人作为身处现场唯一的观众,不光是听众的耳朵,更是他们的眼睛,除了完成节目主体内容完整的转播需求外,更应该迅速观察整合现场的各类信息,进行丰富生动、细致准确的传播。

一场文艺节目的现场转播成功与否与主持人的水平高下密切相关,如何提高主持人现场转播的能力成了越来越多研究者关心的课题。笔者曾多次参加澳门国际音乐节和一系列大型文艺活动的现场转播,本文将结合自身经验对广播主持人在文艺节日现场转播中应具备的基本能力做些探讨。

一、多重身份的自由切换能力

文艺节目的现场转播是展现广播主持人专业素养和业务能力的良好舞台。在这类转播活动中,主持人通常以文艺节目或晚会活动作为自己创作实践的基础,在文艺节目的动态进程中,除了依据现有的稿件进行转播外,更要灵活地按照现场的情况进行即兴的描述、互动或点评。转播中一个优秀的主持人应该身兼数职,并能够根据现场需求在不同的身份间自由切换,他是优秀的讲解者、是健谈的采访者,同时也应该是睿智的点评者。

(一)以讲解者的身份串联衔接、讲解推介

作为一位文艺节目现场转播的广播主持人首先应该是一位优秀的讲解者,具备良好的串联叙事能力。在广播转播时,前方主持人必须根据节目内容和播

出需要,顺畅地完成节目表演间隙的衔接,并对舞台上的动态变化及时做出描述,达到有效传播。这种串联除了在内容上完成对演出人员、演出内容的补充介绍外,更应该参照演出特质、受众需求对语言风格和主持样态进行调整,让主持语言与整场演出的内容流畅有机地整合在一起,凸显出文艺类节目的节奏感和美感。

例如转播《来自草原的稀世之音》——内蒙古少年合唱团的演出时,主持人串联词的重点就放在介绍演出的亮点无伴奏合唱、马头琴以及蒙古长调的艺术特色上,用深入浅出、贴近生活、通俗易懂的表达让相对专业的艺术术语被普通听众所了解,激发听众的聆听兴趣。在转播《普契尼歌剧三联剧》时,对待此类表演戏剧化、故事剧情跌宕起伏的演出时,主持人则将解说的重点放在每一幕的剧情内容、人物关系的交代上,用极富感染力的讲述配合音乐和演员们的表演紧紧地捉住观众,为演出增色。

(二)以采访者的身份沟通对话、交锋碰撞

在完成转播节目的过程中,主持人除了相互之间的交流外,通常还有一个重要的职能就是以采访者的身份完成与不同的嘉宾的对话。以积极的活动,真诚的沟通,就受众感兴趣的话题与嘉宾达成观点的碰撞融合,形成信息共享、认知共识和情感共鸣。

在澳门国际音乐节转播期间,几乎每场演出都分为上下场,中场休息时主持人通常要邀请嘉宾参与讨论。由于嘉宾的身份和背景各不相同,主持人在与其沟通时就必须了解嘉宾的经历、特长、兴趣甚至是表达风格,有针对性地与嘉宾进行交流。

例如在转播粤剧《双仙拜月亭》《紫钗记》精华版的演出期间,我们得知嘉宾是本场演出的艺术总监梁汉威先生,他长期致力于粤剧的普及和创新工作,为此主持人特意设计了以下问题:(1)梁汉威先生,我们知道这些年您一直致力于粤剧的创新工作,在这两出戏中请问您的创新之处在哪里?(2)近年来,我们知道您一直在提倡粤剧年轻化,并且希望让更多的年轻人将它传承下去。以您的观点,认为粤剧工作者在创新方面可以做哪些新的尝试?

对被采访对象而言,这些正是他最熟悉且有过深度思考和探索的问题,回答起来自然胸有成竹、滔滔不绝,这样的提问使得对话进行得特别自然顺畅,让嘉宾做到言之有物,同时也让听众在最短时间内了解了本场演出的亮点以及

香港粤剧精英在普及推广粤剧方面做出的具体成绩,增强了现场转播的效果和精彩度。

(三)以评论者的身份评论解析、画龙点睛

对人和事进行合情合理的分析评论,很多人都认为是新闻类主持人应当具备的能力。事实上,在文艺节目转播中主持人如果可以是睿智的点评者对演出加以适当点评,同样可以提升节目的深度和可听性,增强节目的吸引力。在这个信息共享的时代,很多文艺演出都有多家转播媒体,如何能够吸引受众,很大程度上取决于主持人能否以个性化的视角进行解读,引领受众欣赏节目。

现场转播时主持人的评论往往是即兴的,篇幅不宜太多,但需要精准到位。这种评论往往需要依托主持人相关知识的日常累积和文艺素养的长期培养。例如在转播《浪漫经典一王健与澳门乐团》这场演出的结束部分时,主持人和现场观众一起被艺术家们精彩恢宏、细致丰富的演出打动,有感而发说出以下评论:

主持人:马勒的作品我们已经听过了许多不同风格的演绎版本。有一个说法,东方指挥大师的激情和率真非常合适演绎第一和第二乐章。然而,一旦面对第四乐章那种如雷贯耳的豪情和张力,有时就难以游刃有余,显得过于率直和单一,而这又恰好是马勒音乐风格一直以来难以把握的关键所在,也就是激情中高度融合着人生道不尽的沧桑感和苦涩感。所以,有人说没有经历人生风霜,即便技术再好,要去把握马勒风格,是难乎其难。这也正是那些堪称优秀的指挥家望"马勒"而兴叹的原因。但是今天,我想吕嘉和澳门乐团无疑用他们精湛的演奏出色地完成了这一挑战,赋予了马勒的《D大调第一交响曲》这部作品积极向上、充满活力的精神。让我们在马勒营造的这个世界中,亲身体验到了另一种清新辽阔的气息,感到精神抖擞、心旷神怡。

这段主持人的现场评论虽然有着很强的个人主观色彩,但有利于帮助听众深化对演出的理解,也从专业的角度解析了作品的技术难点和艺术家的演奏亮点。虽然篇幅不多,但在演出结束时说出,可以说是一次非常好的听后总结,为整个节目起到了画龙点睛的作用。

二、现场的捕捉再现能力

既然是现场转播,能否最大限度地传递现场信息无疑是衡量转播是否成

功的关键。与电视画面的一目了然不同,广播只有声音一种介质,所以在文艺类节目的广播转播中,广播作为传播信息的有效载体,除了需要转播现场音响即演员们的表演内容外,还需要依靠主持人直观而生动的形象表达,让受众在短时间内接受更多更新的内容,通过语言仿佛看到一个五彩缤纷的世界。这就要求主持人具有优秀的现场捕捉和再现能力。根据笔者的经验这种能力可以通过以下几种途径得以实现。

(一)专注细节的精准把控,实现信息现场的深度还原

信息现场通常意义上指的是主持人观察到的如舞台的背景、陈设,演员的服装、道具,乐手的表情动作和演出花絮等这些细微的点滴。在现场转播的过程中,前方直播的主持人作为连接演出现场与观众的纽带,是整个节目中最积极的主导人物,他必须眼观六路、耳听八方,敏锐地捕捉现场信息,并将直观的观察通过有质感的语言传达出来。这种质感的传达主要源于主持人对细节的把握,拥有细节的转播才会有亮点和特色,才会摆脱简单的串联和介绍,让转播变得生动,充满画面感。

笔者在参与转播香港回归祖国15周年的文艺晚会时遇到了一个难题,整台晚会中有一个是由中国杂技团表演的节目《十三顶碗》。杂技这样的表演形式对电视观众来说无疑深具吸引力,对广播转播而言却是颇有挑战。由于没有画面,观众无法亲见这一表演,只能通过主持人对场景、表演的一系列描述,加上自我的想象,还原现场的一切。在转播这一节目时,主持人正是用强化细节的方式弥补了广播节目的缺陷,完成了对这一节目的精彩转播。

从演员一上场,主持人的解说就在细节上大做文章。

主持人:我们看到,13位身着黑衣的演员迈着整齐的步子在寂静中进入场地,表演即将开始……

仅仅一句话的解说词当中就涵括了众多细节,如人数、演员服装的颜色、精神状态以及现场的氛围,也是这一句解说就可以让听众瞬间跨越空间的界限,仿佛也置身晚会现场屏气凝神,期待精彩的演出马上开始。

在演员表演的最高潮,主持人则继续用一系列准确的动词将演员们表演的每一个精彩的细节一一呈现。

女:真是太精彩了,黑衣王子与空中倒悬的美丽少女手手相接,形成唯美凝重的画面,无论少女怎样自由地转体、翻转,足底的一摞碗都纹丝不动……

单臂举单手连接、双举顶对抛接、双举顶后下腰滚卧起腰、单臂举单手顶滚卧起腰……当演员们在跌宕起伏的音乐中如行云流水一般准确无误地完成全套动作，观众都被那险象环生的情节深深地吸引。大家也可以听到，我们的现场不时地响起热烈的掌声。

事实上，在转播整个过程中，细节常常无处不在。它可以是演员的一个眼神、表情或手势，也可以是一个现场景观或身边环境，甚至是毫不经意的一句话、一个动作，可以说捉住了这些细节并用准确的语言展示出来，不仅能加大转播时的信息密度，更可以弥补广播转播时缺乏画面的先天弱势，使整场转播更富感染力和表现力，让听众可以仿若身临其境。

（二）整合第二现场信息资源，完成信息的有效补充

所谓第二现场，指的是正式演出之外与演员接触见面的机会，如排练、采访和演出前的工作坊、交流会等。这些演出之外的时间，是主持人与演员近距离沟通、获取信息来源的重要渠道，而且这些信息往往更加直观、生动、充满趣味性，也更可以表现出演员的常态，更符合受众获取全面真实信息的心理期待。

例如在第28届澳门国际音乐节的最后一场转播间隙，主持人除了对上半场的演出进行简单的点评和回顾之外，整合梳理了整个音乐节期间在第二现场采访中捕捉的信息点，通过对话的方式巧妙地传播出去。

女：今天是我们转播的最后一场，其实在本次音乐节期间还有很多精彩的地方值得和各位分享，可以说每一位艺术家身上都颇具亮点。我想问问伟琪，这么多场演出和音乐会，哪一位艺术家最令你印象深刻？

男：我个人最喜欢的是来自于美国的音乐家劳伦·安德森。她设计的一系列声光电结合的乐器太有未来感了，就连我这个电子达人都觉得超酷。比如穿在身上，敲击不同的地方可以发出不同声响并引发不同颜色灯光的演奏服，还有一根可以模拟不同乐器，兼具多重音色的棍子，也是让我耳目一新。

女：是的，都说科技改变生活，这些实验性的高科技乐器，也让我们对可见的未来音乐的演奏形式、音乐家的演奏技法，甚至是观众们观赏演出的方式都充满了期待。刚刚伟琪说到的是对未来的惊叹，而我则是想向传统致敬。如果大家还记得，我们转播的第一场演出是俄罗斯圣彼得堡交响乐团演奏的《天方夜谭》。我想当晚一定会有很多听众和我们一样被艺术家们的精湛表演所折服。在

采访他们的指挥尤里·捷米尔卡洛夫的时候,他告诉我说,他的团队是世界一流的音乐人,每一次排练从来没有人会抬手看表,因为音乐让他们忘记时间。由此我们可以想见,任何一场高水准的演出背后,都离不开每一位艺术家专注的投入和对音乐近乎虔诚的热爱。

以上这些信息,都不是来自于当天演出的第一现场,两位主持人整合了在第二现场各自的观察和发现,这种有效信息的补充,有助于听众了解音乐背后的故事,而这种平实严谨又不失幽默生动的口语化的讲述方式,也令人印象深刻。

(三)强化心灵现场的内在感受,引发愉悦的收听体验

一场令人愉悦的文艺节目广播转播可以让听众在电波的另一端,不光欣赏一场精彩的演出,还能够全身心地感受演出现场的气氛,观众的情绪反馈,让自己也仿若置身现场。这样的收听体验才能更享受、更愉悦,这样的转播才能更完整地再现现场演出的特殊魅力。

几乎每一场演出观众对演员们的表演都会报以最直接的反馈,主持人应该充分感受及时捕捉,将现场观众兴奋欢乐的情绪以及乐手的即兴发挥第一时间带给听众,让他们即便仅仅通过声音一种媒介也可以有极强的带入感。

在转播《堂·吉诃德》这场演出时,来自俄罗斯的中提琴手维也托斯拉夫·比罗哥洛夫表现非常出色,他以娴熟的技艺征服了全场的听众。在上半场演出结束后,他起立向观众致谢,观众则报以了热烈的掌声、欢呼声和尖叫声。这位中提琴手显然被观众的热情打动,他沿着舞台一路小跑,还佯装要将自己的中提琴抛向观众席,引得观众阵阵笑声。这个小小的动作,将他愉悦的心情和活泼的性格表露无遗。这些即兴的表现,完全出乎人们的意料,主持人将这一切看在眼里,巧妙地暂停了转播稿的内容,将现场的轻松愉悦的氛围用语言加以描述,弥补了听众无法亲见这一幕的遗憾。

三、沉着冷静的心理素质和机智灵活的应变能力

有过转播经验的主持人大多知道,现场转播中有一个每位主持人都必须跨越的挑战就是面对各种突发状况时能否拥有沉着冷静的心理素质和机智灵活的应变能力,而这一切离不开多年直播经验的累积和转播前的充分准备。主持人在演出前必须对演出内容、演出流程和演员的相关背景、特长有全盘的

了解，当出现突发情况时，才能够合理运用各类资源，多方调动知识储备，机敏果断地处理状况，使转播有条不紊、准确清晰并与现场的气氛和节奏相互吻合。

(一)丰富积淀 灵活应变

在文艺节目转播的过程中，由于种种原因，演出曲目和演职人员经常会发生临时性的调换，为了避免失误，主持人在有条件的情况下应该预听现有的音频资料或观看彩排，在正式转播前对整场演出有一个感性认识。当遇到节目首演或音频资料缺乏时，主持人在直播中就更应该小心谨慎，确保信息准确，避免张冠李戴、贻笑大方。实际经验是，主持人在转播的现场并不能完全依赖场刊，只能将其作为参考的资料，以演奏乐器、演员和曲目风格等元素为参照物对演出曲目和演员进行判断。

笔者在转播台北市立国乐团《光华耀目》这场演出时，《匏乐》笙协奏曲和《艋舺—泽厚民丰》这两支曲子的实际演出顺序与场刊正好相反，原本应该作为第二首曲子演出的《匏乐》笙协奏曲成了开场曲目。所幸在现场转播时，主持人敏锐地发现，第一支曲子开演前，乐池中笙乐的演奏席人数众多，而且笙的器形多样，非常符合《匏乐》笙协奏曲的特征，所以在节目开场时，刻意回避了曲名的介绍，等到笙乐的独奏演员朱乐宁演出时，确定了演出曲目才正式介绍演出曲目，避免了一场错误的发生。

(二)沉着冷静 拾遗补阙

即兴是现场转播中最大的魅力和压力所在，在现场转播的过程中，无论你准备得多么充分，总会有一些意想不到的突发情况干扰节目的完整度和流畅度，如现场演出已结束但转播仍然继续，需要主持人持续口播调节时长，演员A、B角临时调换，设备临时出现故障等突发问题，正是这些风险和恐惧增加了现场转播的压力。面对这些意想不到的挑战，主持人只有沉着冷静从容应对，才能将演出中的这些突发状况拾遗补阙，化险为夷。

例如在转播澳门乐团演奏的交响音乐会《哲人的冥想》时，原定一个半小时的演出时长，当天下午临时被告知演出时长延至两个小时。主持人除了要在有限的时间内准备中场休息环节与嘉宾的沟通内容之外，还要加大对这场演出各种背景资料的了解，以备不时之需。经过前期的大量准备，转播时一切顺利，直至演出尾声。按照惯例，主持人需提前1分30秒开始播报结束语，最后预留1

分钟的现场演奏部分,顺畅地与前方完成直播间的切换。但在当晚转播时,却出现了非常戏剧化的一幕,几乎是在主持人结束口播部分的同时,乐池中演奏的部分也进入尾声,此时观众依然沉浸在乐音当中,没有掌声、没有反馈,现场几乎没有了任何声响。这时,为了避免直播中最大的忌讳出现空播事故,主持人迅速做出反应,在播报了结束语后没有立刻结束直播,而是对现场的状况继续进行了描述,同时回报呼号台头,并对下一场的转播内容进行了预告。整个口播过程整整持续了58秒,完整地填补了演出结束到转播结束的这段空白,可以说是一次对突发状况非常好的救场处理。理论上,在播报了结束语之后再度进行播音,这样的衔接虽然略显突然,但因为整个播报内容完整且符合当时现场的语境,所以从收听体验上并没有给听众带来突兀之感,可以说是一次合理化的应急处理,事后收到了很好的反馈。

综上所述,文艺节目的现场转播对广播主持人的综合能力有着严格的要求。因为这并不是一次简单的再现,它要求主持人不但拥有深厚的文艺知识和综合素养,同时还拥有敏锐的现场感受能力,并能够气定神闲地自如化解各种状况,通过非凡的细节表现力,将这种即兴的美感展现得鲜活生动、引人入胜,进而营造出精妙的艺术美感。它是一种再现更是一种创造,是主持人与艺术家、听众三方之间的默契交流。它离不开主持人个人的努力,也需要与不同岗位的工作人员密切配合。唯有如此,才能最大化地发挥直播中广播主持人的作用,达到最佳的直播效果。

音乐节目的设置与主持的把控

音乐节目是电台节目中的一个重要组成部分,它不仅拥有大量听众,而且拥有听众很高的忠诚度。加强音乐节目的内容设置,提高主持人合理把控节目的能力,是电台工作者应该多加考虑的一个问题。本文试对音乐节目的内容设置与主持人对音乐节目的把控做一个分析。

一、节目设置四分法

现在音乐节目的设置并没有明确的规定,一般一档节目大多为一个小时。在音乐节目内容设置时,也没有更细的划分,但一般是将节目分隔成既相对独立又彼此关联的几个部分。在实践工作中,我们认为较为合理的方法是把一个小时的音乐节目分成四个单元,每个单元15分钟。这种方法体现了以下几个方面的优点。

(一)符合交响乐的构成

一部交响乐一般分四个部分,各个部分的乐章之间是互相联系的。它们按照一定的关系先后排列,构成一个完整的艺术思想。把一档音乐节目分成四个部分,比较符合交响乐的构成。

简单地说,交响乐第一乐章主要展示形象,要把一个或多个主题陈述出来,显示它们的相互影响和矛盾冲突。第二乐章通常是整个交响乐的抒情中心,表现人们一定的生活体验、心理感受和哲理性的思考等。第三乐章展现的是休息、娱乐,这个乐章一般比较生动活泼。第四乐章即终曲,内容常常是描绘生活风俗的情景和人民群众欢庆节日的宏伟场面。这四个乐章构成了一部完整的交响乐。我们以香港之声一档音乐节目《温馨时光——风情·上海》为例:这个节目把内容分成四个板块。在第一乐章里,说的是上海这座独具文化魅力的大都市,150年的沧桑凝结成一种堪称经典的城市文化,其中深藏着令人惊叹不已而回味无穷的传奇故事。节目以"周璇——夜上海；叶丽仪——上海滩；周杰伦——上海1943"来表现。第二乐章，则安排"黑棒组合——霞飞路87号；袁成杰、戚薇——外滩18号"来表现。第三乐章，安排了"张信哲——上海姑娘；品冠——张爱玲；梁朝伟、吴恩琪——花样年华"这些内容来展示。第四乐章，则播出"邰正宵——MY SHANGHAI；李泉——上海梦；孙楠——爱上海"。这样，把一个小时的音乐节目，分成四个既相关又独立且递进的组成部分，其好处是对音乐节目有个较为明确的间隔，但又不明显受打断，可以方便节目做清晰的章回处理，而便于听众聆听吸收。

（二）贴合歌曲的时长

现在一首歌时长大约在4分多钟，这样，在15分钟的一节节目里可以安排三首歌。如果歌曲长度是5分多钟，则可以安排两首歌。这样余出2分钟时间，可以用来介绍歌曲或歌者或作者。用这点时间来介绍，在时间的把控上恰到好处，既不会喧宾夺主，也不会让受众对歌曲一无所知。如上，香港之声《温馨时光》节目，就是这样安排设计节目的。四部分，每一部分安排两到三首曲子。曲目相近，内容与风格不尽相同。有一个主题，但又有所散发开来，让听众听着不累，且歌曲、文字各部分都有恰到好处的感觉。而恰到好处，正是让听众保持继续倾听愿望的一个吸引力。

二、内容安排旋进法

一组有思想的节目，要体现出应有的主题。比较合理的安排应该既要有相应的主题，同时，围绕这个主题还应有相应的枝蔓，让它呈现多层次、多变化的格局，而这种多层次多变化的状态正是音乐节目繁复多变吸引听众的必须。

（一）围绕节目主题

一档音乐节目，以围绕一个相近的主题为宜，这样可以强化收听的效果，并比较出各种不同曲子的不同表述与演绎，听出其中的变化。听众在欣赏的过程中，也能得到启示，提高欣赏能力。以《温馨时光——风情·上海》为例，它每个部分都围绕上海这个主题，由远及近，细细铺陈，为听众展开一张张老上海的画面。而这一张张老上海的面孔，因时代的不同，社会的不同，人物的不同，性格的不同，呈献出各个不同的侧面。听众正是在这种不同的侧面上，得到了美的享受。

（二）内容相关递进

把一档音乐节目分成四部分，正好让节目围绕主题递次前行，高低错落，各有侧面，各有重点。这样可以比较全面地展现出一档音乐节目的风采，宣示某个内在的主题，并且可以呈现出编辑的思想来。以《温馨时光——风情·上海》为例，这个节目，可以分别以周璇的夜上海，袁成杰、戚薇的洋上海，张爱玲的海派上海，李泉的梦上海这四个部分来代表，内容相关，年代各异，风格不同，节目递次进展，时序有度，很好地体现了节目的设计思想，也体现了节目主持人的编辑能力、把控能力、解释能力。

三、串词撰写点睛法

音乐节目的串词如同建筑的榫卯，要严密一点。它虽然细小，但如果没有它来衔接，整个节目都会散架，构不成一个整体。不成整体，整档节目的思想就无从体现。而精密的榫卯，会使整个节目组合在一起，让它浑然一体，不留痕迹。

（一）摆正主干与枝叶的位置

一档音乐节目，音乐永远是主干。要把最多的时间留给音乐，为的就是突出音乐这个主体，不能本末倒置，要分清绿叶与红花。有的主持人在节目中使用了过多的文字，这是颠倒了音乐节目本来应有的设置。以《温馨时光——风情·上海》为例，这档音乐节目所有文字约3000字，时长10分钟左右，占整档节目时间的十分之一，这样就较好地烘托出了音乐这个主体。而这样的文字，比较均衡地布放在节目四个板块中，既起着间隔的作用，也起着连接的作用和解释的作用。这样的文字，虽是枝叶，也等同于红花。这样的文字如果优美，那就是与整个音乐节目相互相生，彼此不能分开了。这样的境界，是音乐节目主持人较高的一个境界。

（二）文辞不用长但要精

因为音乐节目中文字部分不用过多，这反而要求这部分的文字要十分精练。不精彩的语言，起不到相关的作用。啰唆的语言，又会占用过多的时间。好的文字应该是这样的，它是红花不可或缺的绿叶，它是音乐节目必不可少的补充。例如：《温馨时光——风情·上海》在介绍海派上海的张爱玲时，主持人说："海派美女的优雅娴丽，柔媚娇娜，有着几分时髦洋气，似乎已经是很多人的共识,同时海派美女的知性也为她们增加了另一种魅力和光彩。比如颇具传奇色彩的上海女作家张爱玲。张爱玲出身贵族之家,是个气质优雅、风情万种的美女,她在文学创作上的卓越成就,也是难能罕见的。在张爱玲的小说中,那萦绕在旧上海上空的片片白云似乎都才华横溢,而她笔下的那些上海女子大多优雅华丽,也正因为二三十年代的旧上海有着她们,上海这个香艳的城市才成为张爱玲笔下永恒的沉香。"文字既精美又精简,几乎是张爱玲个人和作品的简介。而听众又能在这样的文字介绍中,得到知识的满足,甚至是情感的满足。这样的文字,最是节目中所需要的。

四、主持把控烘托法

音乐节目的主持人,既是节目各部分的穿针引线者,也是节目的点睛人。不能穿针引线,节目会破碎不成整体;不能起到点睛的作用,则节目的宣泄与解释的作用也会降低。

(一)贴近音乐

音乐节目的主持,最忌讳远离音乐而随着主持人个人的喜好漫无边际地走偏了主题,这在音乐节目中并不少见。好的主持人,特别注意在主持时,让自己的文字和语言贴着音乐,犹如雨后的蜻蜓贴着水面飞行。

节目在播出《周璇——夜上海》时,主持人说道:"作家白先勇曾经回忆说:'我的童年在上海度过,那时上海滩到处都在播放周璇的歌。'周璇,虽然不是上海人,但是似乎已经被贴上了'大上海'的标签,大时代下的上海总是会有很多的故事,爱恨情仇交汇,嗅着'上海味道',再加上刚刚那首《夜上海》,仿佛重新回到30年代的上海滩。"这段文字说的是周璇、是张爱玲,都与整档音乐的主题紧紧地贴在一起。没有这样的文字,整个音乐节目的色彩将会有所减弱。

(二)抚慰灵魂

音乐节目是抚慰灵魂的,所以主持的语言也应该是抚慰人的灵魂的。真正的音乐家们应该成为人类精神的布道者。真正的音乐节目,真正的音乐节目的主持人,是我们灵魂的牧师。这是一个很高的要求,我们的主持人应该向这个方向努力。

以《温馨时光——风情·上海》为例,在节目的一开始,主持人就说:"我相信，生活在大都市的人们对自己所在的城市都是情有独钟的。它的情怀、它的文化、它的变化都是我们喜爱它的理由。上海这座独具文化魅力的大都市，150年的沧桑凝结成一种堪称经典的城市文化，其中深藏着令人惊叹不已而回味无穷的传奇故事。石库门、高脚杯、咖啡吧和老唱片里都流淌着香艳的上海情。今天的《温馨时光》里，秋扬就将带你从一些带着上海气息，或者记录着上海故事的歌声中感受上海的情调和味道。"这段文字不是孤立的文字，这是紧紧与音乐相贴在一起的文字，它是作品的主题，也是音乐的释文。接着，主持人说："关于上世纪三四十年代那个纸醉金迷的旧上海，我们这些80年代出生的人对于这个浮华城市的所有记忆都是来自旧画报、黑白照片或是王家卫那些旧上海情结弥漫的小资电影和关不掉的老唱机，周璇、白光、李香兰……这些流光溢彩的名字背后是一个时代的缩影，节目的一开始就让我们随着这些久违的声音一起，去追溯那段被遗忘的时光……"听到这样的文字，听众就会自然舒展自己的躯体，与主持人一起，和着音乐的旋律，展开自己的灵魂，享受着音乐广播给自己带来的抚慰。

（三）宣泄心情

音乐节目最主要的一个方面，是宣泄人的心情。《温馨时光——风情·上海》这档音乐节目，在说到上海市时，主持人说："上海，作为国际化的大都市，这里时尚繁华，动感活力，在这座城市中打拼的年轻人，难免迷失在自我理想的追求中。有时生活会让他们在城市里失去位置，那些渴求慰藉的心灵，总能在歌里得到答案。上海的本土歌手李泉就用音乐建筑梦的城市，收集每个人现实生活中得不到的渴望。如果你在歌声中听见了对爱或美好生活的渴望，与对音乐单纯的感动和喜悦，那正是李泉想要用音乐去说的《上海梦》。"

总之，一档精心打造的音乐节目，板块设计要符合乐理，内容分隔要合情合理，音乐与文字有一定比例。特别是主持人，要精心撰写文字，充分贴切地做好文字的补充说明，要挖掘并扩大文字的解释功能、导听功能，努力加强一档音乐节目主题内容的宣解作用，帮助听众宣泄情感，在音乐中得到灵魂抚慰，提高听众收听的满意度、满足感。

音乐类广播节目的声觉空间

"声觉空间"这一概念在麦克卢汉之前鲜少被人提及，西方传播学巨匠麦克卢汉1954年首次解说了"声觉空间"这一术语。他认为，以广播、电视为代表的电子传媒时代的来临，让人们经历的最大变革便是从眼睛到耳朵的过渡，即声觉空间的回归。相对于文字时代单调的视觉空间来说，电子时代呼吁耳朵的回归，也需要耳朵的回归。

广播这种纯粹依靠耳朵的媒介没有文字、没有图像，完全依赖单一的声音元素让人们获取信息，感受情感。在被电子媒体和网络媒体逼入困境，与强大的对手面面相觑的21世纪第一个十年里，它显示出了一定的局限性，却也彰显出更为独特的优势，即独特的空间创造能力，由此产生的声觉空间的价值也被越来越多的人所关注。

在类型众多的广播节目中，音乐类节目因其占据主体位置的音乐元素的加入，使受众摆脱了屏幕、画面的限制。节目里的每一首歌、每一段音乐都是独特的声觉语汇，它不如图像符号那样直接明示其意指对象，从音乐的刺激到在受众脑海中具象的形成，整个过程需要听众对音律发挥充分的想象才能最终完成，但正是这个看似残缺的半成品刺激使听者有了更加直接和细腻的情感反应，进而也创造了更广阔的声觉空间。

基于音乐类广播节目在声觉空间的创造力方面更具优势的表现，本文将以中央电台对港澳节目中心音乐节目为个案，在与传统电子媒体和网络媒体的特性对比中探讨音乐类广播节目声觉空间的不同层面，并试图以此为切入点管见音乐类广播节目生存和延续的可能性。

一、广播类音乐节目的内容空间：轻松的声觉语汇构筑通感化的立体型声觉空间

就以音乐作为主要信息符号的音乐类广播节目而言，其内容空间的构建主要是依靠根据不同栏目设置选取的相关音乐和主持人的串联共同完成的。本文选取了3月27日这一天，中央人民广播电台对港澳节目中心音乐部的全部节目，来鸟瞰其空间设置。

节目	栏目及内容
华夏原创金曲榜	《家家》《我没资格》等港台和内地部分共10首榜单歌曲推荐
音乐达人汇	达人进行时——音乐话题讨论"去过的最高的地方" 音乐暴走——播报4则音乐新闻
音乐你我他	与听友互动的音乐点歌类节目
民歌风尚	谭晶专辑《在那东山顶上》
温馨时光	周华健《花心》等经典老歌的回顾
华夏晨曲	音乐主题"春日圆舞曲"——一系列与春天有关的歌曲

从上表我们可以看出，每档音乐节目的内容设置都不尽相同。新鲜的流行金曲、前沿的音乐资讯、怀旧的经典老歌、温馨的音乐祝福、多元的音乐话题，这些风格各异的音乐内容交织在一起并通过电波传递到听众耳边时，便形成了一个人与音乐和文化乃至与社会交融而成的立体型空间结构。

这些栏目和播出内容所形成的声觉空间关系，明显地呈现出中央人民广播电台对港澳节目中心音乐节目的主流价值取向，即通过主持人对歌曲艺术的把握和衔接，以一种轻松而感人的方式深入听众内心，给予他们单纯的音乐享受的同时，也引导听众对人生、社会和幸福等问题进行有益的思考。这样的空间结构特征，与报纸、电视以及网络媒体的呈现方式表现出明显的差异。

在电视媒体尤其是网络媒体出现和普及之前，报纸以信息告知为主要方式。现在，对信息的深度解读成为报纸最主要的功能。与报纸等纸质媒体不同，音乐类广播节目虽然也有音乐资讯的播报（如《音乐达人汇》的栏目《达人进行时》）。但它并不进行纯粹的理性解读，它以更生活化的交流方式、更轻松的信息传递，引导听者进入声觉空间，从而达到更好的宣传效果。

电视的图像形式和内容滚动都明显地呈现出动态过程,它很容易攫取观众的目光,但观众的注意力和思维必须与电视内容的呈现同步,最大限度地强化视觉的感受,才能达到情感和/或理性的共鸣。在某种程度上,视觉会将受众保持在一定距离之外,带来的是客观化的感受,而广播中的交流则以接纳的方式化解距离,如同面对面的口头交流,口语不能视象化,不能像图像、文字那样形成视觉空间,但是它真实、生动、互动性强,是一种浸入式的深度体验。

从上表中我们还可以看出,无论是哪种类型的音乐类广播节目,其中内容空间的构成中都有一个重要的元素即音乐,这些富于地域特色或感情色彩的歌曲,能借由动听的旋律和贴切的歌词,丰富人们的想象力,使受众获取更多的信息,使人们在聆听时不只突出一种感官,而是调动耳口鼻舌身等一切感官,从而形成一个没有中心和边缘的立体化的声觉空间,可以说这个空间是同步、整合、通感的。

网络媒体以静态的图像、动态的视频、动静结合的内容以及链接和超链接功能,使网络媒体呈现出多维的动态空间和二维的静态版面。这种特性赋予了网络媒体用户比调换电视频道更大的自由,他们可以在极短的时间内从一个网页"冲浪"到另外一个网页,从而降低了网络浏览者接受环境的安静度。与之相比,音乐类的广播节目所营造的内容空间更加单一,其选择是有限的,加之听觉信息通常稍纵即逝,是一种偶然事件式的存在,使得听者对这一空间中出现的信息专注度更高。当音乐类广播节目中出现歌曲时,无论是明快舒展,还是激越跳动的旋律都会成为受众思维的缓冲地带,使节目真正成为一种伴随式的存在,营造出相对静态的收听环境。

二、音乐类广播节目的聆听空间:身体空间和外在空间的甜蜜碰撞

在展开这一章节的讨论前,本文将借鉴梅洛庞蒂对空间的理解来解释聆听空间的两大构成要素即身体空间和外在空间。梅洛庞蒂的空间现象学在心理学的基础上划分了身体空间和外在空间的区别。他认为,个体在世界中的存在是由其身体方面的形象所表达出来的,而每一种形象都是从外部空间和身体空间这双重地平线上站起来的。身体空间是个体的实存状况,外在空间是这个

实存的个体向它以外的三维延伸。[1]

音乐类广播节目的聆听通常发生在家中、教室、办公室里或移动空间（即各类交通工具当中）。在这些空间中，听者经历了身体空间和外在空间的碰撞，包括和其他家庭成员、同学和同事的身体空间的碰撞，但这种碰撞是相容性碰撞，而非干扰性碰撞。

尽管家庭聆听环境不像我们所想象的那般静谧，但当音乐响起的时候，绝大多数深处这一空间的人会愿意沉浸其中。在场的其他人的活动，也就是说他人的身体空间，仍然构成了外在空间的一个重要部分，并和聆听者的空间缠绕在一起。有音乐伴随的聆听环境中，听者的身心是极易放松的。在这样一种放松的状态下，心灵既容易进入声觉空间，其个体空间也容易与他人的空间相融在一起。

当然也会有不少的聆听行为发生在户外、私家车、公共交通工具、咖啡店、饭店等开放空间中。聆听者的投入程度的差异，一方面与这些场所的环境相关，一方面与个体差异有关。对于一部分听众而言，环境气氛对他们的影响会非常的明显，当处于高干扰的环境中，不管这些干扰与他们有没有直接的关系，他们的注意力都会极度分散，并停下聆听东张西望；而对于另外一些聆听者，他们只被那些与自己相关的外部刺激物所干扰，在与他们无关的刺激物出现时，则表现出很高的投入度。投入的程度还与存在于开放空间中的"噪音"的强度有关。但无论投入度的高低，如同法国启蒙思想家卢梭曾经说过的："音乐将能打动人类的情感带给心灵。"这些音乐都会带给受众情感上的反应，产生真实感和美感，从而打动他们的心灵。

三、听众的声觉想象空间：开放化的多元互动，生动温情的聆听体验

上文中，笔者借鉴了梅洛庞蒂的身体空间和外在空间的概念对音乐类广播节目的聆听空间进行了分析，在此基础上，本文将进一步对划分出第三个空间，即通过处于身体空间中自我的想象，向外界的三维延伸，从而建立起的想象空间。这种延伸不是实存的，它是想象和意识的虚拟存在。事实上，任何一种

---

[1] 梅洛庞蒂著，姜志辉译：《知觉现象学》，商务印书馆2001年版，第101页。

媒体,都具有创造这种空间的能力,电视通过电视剧为观众创造了故事情节在时间的系列中延展的空间,电视综艺节目为观众创造了特定参与者聚集的情景空间,网络和手机媒体通过连接使不同现实空间中网络用户在同一个虚拟空间中相聚,而广播媒体在声音系列的地平线上让受众用"内在的眼睛"再现看到的现象和景物,在主观意象中受到感染,为听者创造了一个开放化的想象空间。

现实的压力是严酷的,考场的竞争、生存的奔波,甚至是闲暇的无奈,都得以某种方式得到排解。尽管解压的方式多种多样,对于很多人而言,排解的出口非常有限——此时聆听广播,特别是音乐类节目便成为他们合理的选择。尤其是时下最热门的流行金曲,如华夏原创金曲榜中推荐的热门打榜歌曲,代表的便是主流的音乐风潮与年轻人特别是学生朋友的欣赏口味相契合。

对于独自待在家中或办公室里或较封闭的空间中进行聆听的受众而言,通过音乐节目中的歌曲或是在节目中与主持人和听友进行互动,其实是在完成听众与内心中自我及他人的交流。这种虚拟关系在声觉空间里能更好地展开,相对独立的聆听空间赋予了他们更多心驰神往、无拘无束的感觉,可以放大很多情感的细节,它们是美好的、感人的。例如《音乐你我他》这样一档简单的点歌类节目就深受听众的追捧,每天都有几百名听众通过互动平台为家人、朋友甚至为自己送出祝福,在这里"即使是一个小小的问候,有时也会那么意味深长"。相较现实的纷乱,电视的五光十色,网络的鱼龙混杂,广播节目所营造出来的听觉空间显得格外的温暖、清新、温情。

对于一档陌生的音乐类节目,听众的初次聆听体验常常开始于一首歌曲,但对一档音乐节目产生的忠诚度则大多要取决于主持人的歌曲编排和串联风格及与听众的互动方式。例如《音乐达人汇》这样的话题类音乐节目,吸引的大多数便是社会的生力军。对于这些忙于工作的成年人,尤其是初入职场的新鲜人,对他们来说,切合主题的音乐、亦庄亦谐、富于哲理的幽默话语,以及主持人和听友间的互动和启发,是他们从卡通式生活向成人思维进化的驿站。他们获得了社会化过程中的人生体验,虽然是间接的,但这些感触是真切的,在聆听中怦然心动或是潸然泪下时有发生。

例如在《音乐达人汇》的一期节目中主持人与听众探讨的话题是"你曾去过的最高的地方",听友们纷纷回忆起自己曾经去过的地方。V说:"我就一阿宅,最高的就爬过深圳的凤凰山,听了今天这话题决定从今天起放假再也不当阿宅啦。"这样的聆听常常会唤起听众对生活的一种过往的回忆,有时也可以是对现实的一次理性的梳理,还有可能成为未来的一种启发。

在音乐类广播节目中有绝大部分听众是中老年人,他们的收听行为大多认为是多年(10～30年不等)养成的习惯,打开收音机,听到这些熟悉的老歌就会让他们想到过去,常常唤起他们对往日的回忆。《民歌风尚》《温馨时光》《华夏晨曲》这些音乐节目中播放的老歌、民歌等很多都是几十年前流行的经典作品,这些旋律带给听者的不光是歌曲本身,还有一段温馨的回忆和略带一丝伤感的怀旧情绪。

四、听众的生活形态与音乐类广播节目的未来

在消费者研究中,美国学者根据生活方式和价值观的差异,划分了三种类型的消费者,第一种是原则取向的,第二种是地位取向的,第三种是行为取向的。按照所占有财富的多少,又分别把他们划分为——满足者和信仰者,成就者和奋斗者,体验者和创造者。

原则取向的消费者,恪守原则,重视传统,其"满足者"占有较多的社会财富,是主流价值的维护者。广播的音乐类节目中播出的民族音乐和古典音乐彰显出的主流文化价值最受他们欢迎,也最易被他们接受。"信仰者"所占有的社会财富虽然不能同"满足者"相比,但这不是他们所看重的,对于秩序和传统的尊重使得音乐类广播节目成为他们的精神补给。尤其是老歌类音乐节目中的怀旧情愫会使它区别于那些五光十色的电子和网络媒体,带给听者秩序感和稳定感。

地位取向的消费者,看重名利,追求成功。其"成就者"占有较多的社会财富,拥有较高的社会地位。音乐类广播节目中人物类和访谈类等栏目中成功歌手经历的介绍与他们的经历和成功有密切的关系,从中可以引发较多的共鸣。占有较少社会财富的"奋斗者",在工作之余,也会把音乐节目中播出的不同风格和基调的歌曲当成他们繁忙生活的"缓冲器",也可以成为他们的情感"安慰剂",抑或是激励自我走向成功的"助推器"。

行为取向的消费者,珍视当下,注重生活。其"体验者"拥有较多的社会财富,讲究生活品质,他们是前沿时尚音乐的聆听者,是户外运动和非功利性社

会活动的参与者,榜单类的潮流音乐节目符合他们渴望了解时尚脉搏的需求,以及对生活品质的要求。拥有较少财富的"创造者"经常在音乐节目的聆听中发现他们生活的价值,特别是话题类的音乐节目是他们生活在当下的最好的注释,感悟人生,体验百味就是他们的幸福所在。在这类互动型音乐节目营造的声觉空间里,没有说教,只有体验式的相互启发和供给。

由于音乐类节目所创造的声觉空间所具有的特质能够契合不同层面听众的需求,使广播媒体在同传统的电子媒体和网络媒体的对比中,让媒介的传播从视觉空间下的单向传播恢复到了听觉空间下的双向传播,同时克服了时间与空间的掣肘,使人们在借助媒介的情况下重新享受"面对面"的交流。当其声觉空间所营造的气氛,与主流价值互相呼应时,便以一种润物细无声的方式进入听众的日常生活。——据此我们有可能看到这样一种未来:音乐类广播节目将会长久地生存下去并向更精致的方向发展。这种精致包含了两个维度:一是形式层面的精致,如片头、片花的制作等;二是内容层面的精致,节目类型的细分、音乐的选择、主持人话题设计、串联的技巧等。这种发展既顺应当下受众对大众媒介时代化的要求,又可以提供很多其他媒介难以带来的人际传播的亲切感并满足受众的情感延续。这种声觉空间里所承载的创造性内容不仅对听众的价值观、审美、行为方式和情感方式起到了潜移默化的作用,而且通过长期的、稳定的聆听行为,成为听众生活方式的构成内容。

巧用冲突营造广播节目的美感

现今，广播节目的创作越来越趋向于平民化、纪实性和开放式的结构，其真实性和客观性是每一位创作人员的自觉追求。但不可否认的是，恰当运用各种声音元素，形成多重冲突，对于塑造丰满的人物形象、升华作品的主题以及凸显听觉美感，具有重要作用。

古人说"山忌无峰文忌平"，起伏与跌宕正好滋生绵绵无尽的美景与激情。同样优秀的广播节目也是因为冲突的出现，而加强了悬念，集中了矛盾，提炼了美感，由此对听众产生了强烈的吸引和深入的感染。

广播节目中的"矛盾冲突"不是指表面的争斗，更不能狭义理解为关于某个人物或某种事物的争议。这里的"矛盾冲突"表现的是一种"对立性"，如脆弱与坚强、愿望与现实、苦难与欢乐……虽然它们未必诉诸表面的争斗，但必然能够形成隐形的张力。

广播特写大师岩斯先生曾反复强调在表现主题的过程中故事的重要性，而讲述故事的时候，出现的冲突和矛盾如同平面上裂开的小的缝隙，让我们得以深入。于是如何发现并利用各类矛盾和冲突来架构节目，展开故事，更成为广播节目创作的重点，同时也是本文主要探讨的内容。

笔者曾参加了音乐节目《拉祜印象》的创作。本节目深入拉祜村寨，记录了热爱音乐的拉祜族淳朴山民的生活现状，带领听众了解拉祜族的创世史诗《牡帕密帕》古老的历史渊源、传承的现状，以及新生代拉祜音乐人对本民族音乐的尝试和探索。

本文从《拉祜印象》入手，结合创作的心得，探讨在广播节目创作过程中如何运用冲突和矛盾展开故事、架构节目。

创作之初，我们对节目的主题定位是希望通过对拉祜山乡音乐现状的描述和记录，引发人们思考如何在新兴文化和外来文明的冲击下保护和传承古老的文化传统。这一主题本身就充满了新与旧、保守与开放、经济效益与文化价值等一系列的矛盾冲突。为了更加凸显这一主题的张力,节目并没有过多地渲染或突出古老文明的式微与没落,而是尽可能把古老和现代两种文明样态及代表不同文化人群的生活状态真实地再现,形成一个开放式的结构和结局,将更多的思考和判断留给听众。围绕这一主题,我们从现有的40多个小时录音素材当中,尽量选取具有冲突性的各类声音元素,制造矛盾情节。

一、寻求人物间的对立与冲突

所谓冲突,即conflict,它来源于拉丁文conflitus,可译为分歧、争斗、冲突等。一个广播节目就如同一部剧本,冲突是构成整个节目的基础。它的人物、事件、矛盾以及各种纠葛等都必须高度集中起来,并且迅速地使之激化,构成尖锐、强烈的对立。但冲突在节目中的表现形式是不尽相同的,有的冲突激烈明朗,有的含蓄深沉,有的富有强烈的动感,有的则主要体现于内心世界。这需要创作者根据节目的要求和现有的素材有选择、有意识地进行编辑、组合和创作。

在《拉祜印象》中出现的扎努一家四代众多的人物,虽然同样出生在拉祜山乡的老达保寨子里,但由于时代背景、社会经历、文化程度、生活环境、性格特点等因素的差距,对待同一事物的态度立场各不相同,表达方式也各有差异,从而自然形成了各种各样的矛盾冲突。在创作者刻意的编排之下,将它们共同呈现在一个特定的时空环境中,形成了一种强烈的对比反差。

爱情从来就是一个亘古不变的主题,千百年来爱的本质一直在延续,但表达爱情的方式却几经更迭。在拉祜山乡,扎努父母恋爱的年代,按照拉祜族的传统,男孩吹芦笙、女孩吹响篾,一来一往,这种琴瑟和鸣是超越了语言的精神告白的最有意义的恋爱方式。有意思的是在达保寨子中,当扎努的父母当着我们的面再一次吹奏起年轻时他们表达爱意的曲子时,孩子们已经听不出深藏在其中的缠绵爱意了。

扎努的姐姐娜倮作为拉祜族新生代的创作型女歌手,恋爱时为了寄托自己的相思之情,用吉他创作了《真的好想你》,后来成为在拉祜族广为传唱的流行歌曲。采访中,扎努告诉我们,如今拉祜族的年轻人面对爱情更为普遍的是选择短信、电话或者当面诉说彼此的爱意。

在这一情境中，我们营造的人物间冲突是隐性的，两代人之间没有对话、没有争吵、没有论辩，只是客观地将他们各自的爱情表达方式呈现出来，解说者也没有加入一句主观的评述，用事实形成对比。在这里，我们借鉴了国画中特别是水墨画中留白的写意手法。在写实硬性风格的粗线条勾勒骨架的背景下，不多笔墨，尽显人间百态。听众则尽可以想象与思考。

二、寻求人物内心的冲突和对立

黑格尔认为，人物性格的深度、广度取决于矛盾冲突的深度、广度。冲突越激烈、矛盾越尖锐，就越能深刻地表现人物性格。性格自身的内部冲突，即通过人物性格内部两种品质趋向或思想情感的自相矛盾及矛盾的定向解决，来表现立体的人物形象。严格地说，每个现实中的人，其性格内部都或多或少存在着矛盾与冲突，绝对的"铁板一块"是没有的。因此，在广播节目的创作中，从采访到制作，在篇幅可能的情况下，都应尽量收集和挖掘不同人物内在的性格冲突。这样，节目中出现的人物会真实可信，也能使情节更为丰富曲折，增加艺术魅力。

达保兄弟组合的成员本来都生活在小小的拉祜山寨中，日子平静、祥和。但当他们因为音乐或生计离开山村，在外面闯荡，见识了大城市的繁华和现代，几经波折又重新回到家乡时，古老与现代的生活方式发生了碰撞，他们无可避免地会进行比较和选择，此时矛盾和冲突就产生了。

达保兄弟的成员扎思是一个穿着牛仔裤、喜欢西洋乐器吉他的小伙子，最爱的是美国乡村音乐。他和队友在一个几乎与世隔绝的偏僻乡间唱出英文版的《加州旅馆》，无疑是让人吃惊的。但在拉祜族的火塘边，他严肃而诚恳地给我们讲述拉祜族古老的谚语，"砍柴要分头尾，做人要有根。拉祜族什么都能丢，只有古老的传世歌谣《牡帕密帕》不能丢，因为有了《牡帕密帕》才有了拉祜族的祖先和山川万物，以及世间的欢乐。"

古老与现代、东方与西方，这些看似不可调和的对立，却这么微妙地在拉祜山乡年青一代的音乐人心中统一起来。他们的梦想是融合这两种文明，用自己的方式将古老的歌谣传唱下去。创作的时候，我们以事实为前提，摒弃了单一、单向性的表现，利用透视人物内心世界的方法，不仅塑造出复杂多面的人物性格，还塑造出内外结合的立体形象。

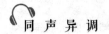

三、寻求人物与环境的冲突和对立

法国著名的美学家狄德罗认为应该在性格与环境的冲突中塑造人物。"人物的处境要有力地激动人心，并使之与人物性格成对比，同时使人物利益互相对立。"所谓"对比"，实质就是冲突。把冲突放在盘根错节的生活大环境中无疑是推进故事的重要手法。环境包括自然环境与社会环境。《拉祜印象》记录的是云南澜沧江边的一个偏远封闭的小山村，这里人们世代过着打猎砍柴、种茶种稻的农耕生活。

节目的一开始就运用了大量的虫鸣鸟叫、鸡鸣狗吠、孩子玩跷跷板时欢快的笑声以及老人歌声等，多种音响营造出一个类似于陶渊明笔下的世外桃源。听众仿佛可以在依次展开的各种音响当中感受到拉祜山乡宁静的美感。就是这样一个恬静古朴的小山村，带给听众的是享受和向往，而生活在其中的人们，尤其是年青一代，他们的思想和生活却因为城市文明和外来文化带来了冲击。

尽管远行之后年轻的拉祜音乐人选择再一次回到家乡，可是城市的生活已经悄然地在他们的内心打上了烙印。他们原本熟悉而亲切的生活环境和方式，如今却有了几分生疏和不适应。例如大扎保认为："在家里种甘蔗，天天风吹日晒，不如在外面唱首歌，别人好吃好喝的招待着，农活已经不想干了。"扎思则说："现在回家的感觉像是客人，连铺床都要妈妈操心。就算在北京不怎么干净，但是回来，看到路边的猪粪、牛粪，就有一种不舒服的感觉。"面对话筒，他和记者有了以下的对话：

记者：你们不会觉得自己变了吗？

扎思：我也觉得，因为从北京到家里感觉很不习惯。

记者：爸爸妈妈习惯你们的改变吗？

扎思：他习惯，我之前说你不习惯我不回家了。

记者：他批评过你吗？

扎思：他批评过，他说不要这么张扬。我说这是生活，生活是要改变的。

通过以上这段对话，我们可以明显地感觉到这种原始、缓慢、宁静的乡野环境，显然已经无法满足年青一代的心理需求，而以扎思父亲为代表的拉祜山乡大部分的长者，作为目前拉祜族的社会主要群体对年轻人的生活状态和想法有着诸多的不满。表面上，这是达保兄弟组合与家乡的自然环境和社会环境发生的冲突，实质上则是现代文明与古老文明、城市与乡村的冲突与对立。这种内在的紧张冲突形成一种张力始终推动着节目向前发展，也影响着节目的节奏。

四、寻求创作者与听众的冲突与对立

岩斯先生始终强调，作为一个节目的制作者，要让听众保持一种持久的兴趣，用悬念引导听众。广播特写中的故事是不断变化的，人物是不断行进的，而听众也会跟随着节目的线索对故事的发展和人物命运的走向有着自己的预判。岩斯先生认为，一件事情要发生却没有发生，产生了与听众预期的冲突，这便产生了一种美感和张力。

通常情况下，要想形成创作者和听众的冲突，往往要在情节选择和结构安排上下功夫。岩斯先生的处理方法颇有新意，他通常先把常规的做法罗列出来，然后排除，避免了俗套和雷同，甚至有时有意地制造两个情节间相互发生突变的模型，让听众对其下一个情节的内容永远充满好奇感。

在《拉祜印象》这一节目中，虽然结构的处理并没有太多的意外之处，但在内容的选取安排上，却是颇下一番功夫。面对40多个小时的素材，我们精心拣择，尽量选取出乎听众意料之外、容易形成听觉冲击、让人印象深刻的情节，与听众的听觉惯式产生冲突。例如达保兄弟演唱的加州旅馆、即兴版的拉祜旅馆的串烧及5个版本《牡帕密帕》的无缝链接等片段，特别值得一提的是，结尾处出现的狗狗合唱版的《夜景生情》为听众展现了一幅人与自然高度和谐的田园画卷，为节目增色不少。这些素材有的是我们在采访中瞬间捕捉记录的精彩，有的是后期合成制作的结果，但共同之处在于不落窠臼，别具新意，有别于歌曲的常规的表现，带给听众耳目一新的感觉。

值得一提的是，以上四类冲突在节目中往往是互相交叉、彼此融汇的。我们在设计冲突时，必须把握"度"的问题。广播节目只有对种种矛盾、冲突的表现，在内容与形式上做到对立中有统一、冲突中有和谐，合乎逻辑和美学的要求，各种矛盾、冲突才会有着和谐美的内在张力，节目的思想价值和审美功能才会得以实现。

2014 中国电视新闻的新面貌新脉象

面对新的媒介环境，2014年中国电视新闻的新动态、新脉象值得回顾与思考。梳理过去的一年，电视新闻呈现如下特征：舆论引导敢于亮剑，"互联网思维"重塑电视新闻生产"大厨房"，大数据和云计算等变革电视新闻采播"新样态"，走基层接地气成电视新闻内容"新常态"，国际新闻报道"掌声"与"嘘声"并存。

2014年是"媒体融合年"，面对新的媒介环境，2014年中国电视新闻的新动态、新脉象值得回顾与思考。电视媒体如何以新闻为阵地，把握主动，体现主流，在融合发展中变革创新，将为未来中国电视新闻发展提供重要参照。

一、电视新闻舆论引导呈现"新脉象"

2014年中国电视新闻紧密结合当前的政治形势，弘扬"中国梦"和社会主义核心价值观，唱响主旋律，传递正能量，取得了一定的经验和成效。经济新常态、反腐新动态需要"健全坚持正确舆论导向的体制机制"，为社会发展营造良好的舆论新生态。电视新闻在发挥媒介优势、组织力量、设置议题方面具有不可比拟的优势。

作为国内最权威、影响最大的主流电视媒体，央视在舆论引导上一改以往宣教式的报道，精心设置议题，利用话题提升舆论引导力，体现中国电视"新脉象"。2014年春节，央视推出调查节目《家风是什么》，继首次推出海采式电视调查节目《你幸福吗》之后，再次采用街头海采的方式"问家风"。与"问幸福"不同的是，"问家风"提出的是开放性问题，受访者的回答不再局限于是或者不是，有还是没有，而是各抒己见，有话可谈。此外，"问家风"超越了个体层面的幸福，家庭是最小的社会细胞，一个个普通家庭的风气体现着社会之风、国家之风。因此，"家风海采"让凝聚在家风中的社会主义核心价值观释放出来。在采访对象的选择上,"问家风"也更加多元,不仅是街头百姓,也有大家名流。之后,央视又相继推出《乡愁是什么》《清明说吧》《爱国是什么》,通过精心预设的话题,电视新闻将藏于民间传统文化中的主流价值观潜移默化植入人心。

另外,在舆论引导方面,电视媒体既注重弘扬主旋律,又充分发挥舆论监督作用,批评揭露腐败现象,"敢于亮剑"。2014年反腐大戏轮番上演,中央提出"苍蝇老虎一起打",电视媒体在权威评析解读方面体现出独特优势,开设"本台评论""新闻短评""编后话"环节,采用双视窗直接连线评论员等方式,积极发挥舆论监督作用。

二、"互联网思维"重塑电视新闻生产"大厨房"

2014年是中国接入世界互联网20周年。互联网作为一种"重新结构社会的方式和力量","不仅撕裂了信息生产模式、人类的交往方式、媒介的结构,而且还导致政治生活、经济形态、社会结构,甚至人们的世界观和价值观发生深刻变化。"① 新媒体的快速发展给传统广电行业带来了深刻的革命性变革,面对新媒体在渠道、内容、受众、市场等方面带来的压力,中央最高决策层从顶层政策设计入手加快"媒体融合"。在新闻传播领域,"顶层设计"就是以中央政策方针为指导,以互联网思维为核心,推动媒体融合。

互联网思维不只是运用互联网这种渠道、介质,而是一种互联互通的观念思维,这一点越来越成为学界和业界的共识。2014年,中国电视在互联网思维运作下重塑电视新闻生产的"大厨房",从中央到地方纷纷探索融合新路径。

在媒体单位内部,央视积极运用新技术新应用开发多渠道终端,目前已经形成了CCTV—1、CCTV—新闻、CCTV—4三个频道组成的电视传播"第一舰队"和央视网、@央视新闻官方微博、"央视新闻"微信公众账号和央视新闻客户端组成的新媒体梯队联动报道的新格局。2014年巴西世界杯的报道中,央视综合频道、体育频道、体育赛事频道、风云频道在发挥电视屏优势的基础上,充分调动微博、微信、客户端,带来了一场全媒体报道的盛宴。地方卫视也积极探索电视新闻生产的新路径。无锡台由集团新闻中心与总编室牵头,以内容生产

---

① 2014年中国新媒体传播学年会会议通知。http://journal.whu.edu.cn/uploadfiles/201406249spc7.pdf

制作为切入点，整合资源，开创了"前端采集一体化，后端发布多样化的'六位一体'联动模式"；河南电视台都市频道以民生新闻为品牌驱动内核，以《都市报道》《都市报道扩大版》和《都市007》形成新闻栏目带，同时成立专门的新媒体组，负责《都市报道》等新闻节目在手持终端（官方微博、微信公众账号）的编辑工作。

在媒体单位外部，央视与专业数据公司、社交媒体积极合作，才有了世界杯、《"据"说春运》等一系列生动的报道案例。地方媒体也积极加强区域之间的合作，整合优势资源。"全国省级台民生新闻协作体"自2006年成立以来，内部联系更加紧密。2014年11月16日由北京科教频道、江西公共频道等10个省级地面频道发起成立的"全国法制节目合作体"又推出日播法制新闻节目《法治中国60'》，10个频道共同出资，共享素材，联合制作，共同播出。

互联网思维运作下电视新闻生产的创新体现出两点不同：一是移动化趋势明显。中国互联网络信息中心（CNNIC）发布的第34次《中国互联网络发展状况统计报告》显示，截至2014年6月，中国网民规模达6.32亿。其中，手机网民规模5.27亿，网民上网设备中，手机使用率达83.4%，首次超越传统PC整体80.9%的使用率。这意味着电视新闻生产的移动化社交化已成不可逆转的趋势。二是电视新闻生产的内容不再只是在各个渠道之间复制粘贴，而是依据平台特点，重新组合重构，发挥多终端发布的组合优势。

但是电视与新媒体的融合目前仍集中于操作层面，如何避免融合流于表面，深度推进电视与新媒体在理念和机制上的融合，打造电视新闻生产的"大厨房"，仍是2015年中国电视有待探索的问题。

三、大数据、云计算等变革电视新闻采播"新样态"

互联网技术的快速发展带来了海量的数据源，与之相伴的数据挖掘与分析技术也给各行各业的发展带来深刻变革。2012年是我国"大数据元年"，数据新闻作为依托大数据思维下新闻表达的新语境，在2014年成为井喷式增长的内容竞争点。不仅是移动端、PC端，电视屏幕端也将数据新闻作为提升新闻原创性，应对新闻竞争的一种方式。

2014年春节期间，央视《"据"说春节》《"据"说春运》报道，是官方媒体首次大规模使用数据作为独立的新闻形式。在报道中，观众看到了由百度公司制作的"百度地图——春节人口迁徙大数据"展示的动态迁徙图。2014年"两会"期间,央视推出的"两会大数据""据说两会"报道,可视为大数据在重大时政报道中的完美首秀。在数据的搜集上,央视不仅采用官方权威数据,也加大与百度、腾讯微博、亿赞普数据公司的合作,为新闻报道提供兼具广度与深度的数据。在数据的可视化呈现上,不仅有静态图表的使用,还结合虚拟演播室技术,通过三维图像实现数据的立体化呈现。例如《环境与食品安全最受百姓关注》中,演播室内出现的立体卡通人物形象与主持人讨论食品安全的话题,令人印象深刻。

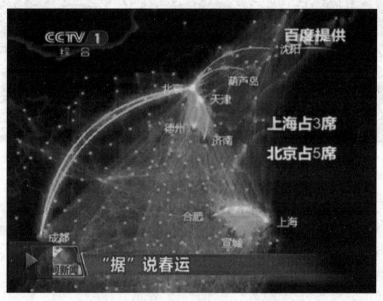

2014年1月28日,中央电视台综合频道《晚间新闻》栏目
播出的《"据"说春运》视频截图

在新闻的采编方面,4G技术让新闻传播更加迅速,"两会"报道期间,天津、福建、河南、浙江等多家省级电视台记者手持4G手机进行采访、回传。"秒拍""微拍"等短视频技术也带来不一样的体验。

多种演播技术在演播室内的应用:大屏、触摸屏等让电视新闻播出形式更加丰富;3D虚拟前景技术和全息影像技术还原"新闻现场",主持人步入虚拟环境解读,给观众带来身临其境的效果。在2014年巴西世界杯足球赛期间,东方卫视的新闻演播棚开辟3D专区,每日报道翔实赛况,在智能摄像机的位移捕捉和后台美编与技术的渲染合成中，将立体三维效果的人物、球体、场馆、榜单甚至花絮呈现在主持人身侧，观众看得逼真，而棚内了无一物，主持人根据熟悉的解说内容，通过观察摄像机下挂预监屏的实时合成、切换来做出判断，同步调整播报的跟进内容，最终完成棚内虚拟现场报道。

2014年6月25日，东方卫视《东方午新闻》栏目
播出的《巴西世界杯射手榜》视频截图

新技术成为驱动媒体转型的引擎，带来的是电视新闻在采编播流程方面的全新改变。随着技术的进一步发展，谷歌眼镜甚至先进的物联网技术的应用也将给电视新闻报道带来更为广泛和深刻的变革。

四、接地气成电视新闻内容"新常态"

自2011年新闻界深入开展"走转改"活动以来，接地气已经成为电视新闻内容的"新常态"。中央台、地方台纷纷把脉基层，将基层工作的创新作为宣传思想工作的重心。

主流电视媒体纷纷改变宏大叙事模式，语态更亲民，选题更接地气。以央视为例，不仅推出了《走基层·吾老吾幼》《新春走基层·回家的礼物》《走基层·百姓心声》《走基层·流水线上的爱情》《走基层·在岗位上》《寻找最美乡村教师》《寻找最美乡村医生》《寻找最美消防员》等一系列基层报道，而且对关系社会民生的重大问题不回避，对房屋拆迁、物价上涨、环境污染、留守儿童等进行全面深入的报道。

在新闻播报的语态上，央视新闻也做出了积极的探索。2014年1月1日，主播康辉在联播报道中说："朋友们都在说，2013就是爱你一生，2014就是爱你一世，那就让《新闻联播》和您一起传承着一生一世的爱和正能量吧。"这种"新闻联播祝福"被网友称赞"萌萌哒"。2014年3月4日晚，《新闻联播》为观众展示了一位网友创作的沙画作品，一匹骏马奔向"中国梦"，"天安门城楼"和"北京·两会"等景象跃然沙上，最后作者还画上大手牵小手的温馨画面和"幸福家园"字样，表达对两会的祝福，令网友眼前一亮。央视就此专门成立联播报尾创新小组，小组核心创意团队有三四个人，还专门为"报尾"创作了音乐。在春节长假的最后一天，《新闻联播》以《时间都去哪儿了》为背景音乐，晒出从网上征集的一张张百姓全家福。主播的画外音娓娓道来："全家福，捕捉了欢笑，定格了幸福，将亲情的瞬间变成永恒。怀揣着这样的全家福，心中暖暖的。"被网友称赞为"最感人的歌曲"。

2014年地方台在把脉基层的报道中也可圈可点。地方台充分发挥离观众最近的优势，立足本地特色，凭借品牌化的民生新闻为观众提供更有贴近性和服务性的节目。一方面，电视问政类节目推出重大主题报道，成为城市舆论的中心；另一方面加大民生新闻的报道，以民生、民情、民意为主要关注点。2014年7月2~6日，武汉台推出《电视问政》，这是武汉市自2011年掀起"治庸问责武汉风暴"以来的第六次电视问政，共直播了5场节目，收视率、收视份额、观众规模都达到了历史最高水平。哈尔滨台《天天读报会》用东北方言解读新闻，主持人用即兴脱口秀对时政新闻进行民生化评析，在覆盖地区的2013年全年满意度排名中位居哈尔滨地区第一、黑龙江省第三。河南电视台都市频道以民生新闻为品牌驱动内核，以《都市报道》《都市报道扩大版》《都市007》形成新闻栏目带。此外，成都台的《今晚8:00》、济南新闻频道的《今晚》、芜湖台的《生活传真 1890好实在》及青岛新闻综合频道开办的第一档新闻直播节目《今日》等，都已经成为当地的品牌新闻栏目。

不可回避的问题是，在地方民生新闻迅速发展的同时，同质化、低俗化、煽情化的倾向仍未得到遏制，如何改变这种不良倾向，实现民生报道从"小民生"向"大民生"转变，成为地方台亟须探索的出路。

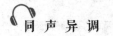

五、国际新闻报道的"掌声"与"嘘声"

在国际传播中,电视媒体的画面具有不可替代的视觉传播力,视觉影像较于文字、声音最容易跨越语言文化带来的障碍,实现国际跨文化传播。回顾2014年中国电视国际新闻报道,可谓"掌声""嘘声"齐备。

在与日益崛起的新媒体竞争中,电视直播因其共时性和现场感成为重大新闻事件中电视新闻传播制胜的撒手锏。2014年中国电视在重大国际新闻直播中迈上新台阶。"马航事件"成为中国电视最值得回顾的国际新闻报道。在"马航事件"报道中,央视在澳副总理新闻发布会、我国军机抵达澳基地和中国驻帕斯总领馆发布会上实现了三次全球独家直播,直播信号被CNN等多家国际媒体采用,在这场互联网时代的全球新闻传播战中发出了响亮的中国声音。

中国传媒大学教授王晓红认为,"电视是书面用语,网络视频是日常话语"①,电视新闻的艺术表达也成为电视应对互联网挑战的一大优势。在2014年7月14日巴西世界杯的决赛报道中,除了一个个的进球,导播切出来三个令观众印象深刻的镜头:雨中振翅的蝴蝶、以超大月亮为背景的里约耶稣像以及决赛观众席上的球星小贝和他的孩子,成为电视艺术价值的生动体现。

除了"掌声",2014年中国电视国际新闻报道的"嘘声"更值得反思。"马航事件"的报道同时暴露出我国媒体国际传播能力的孱弱。国外媒体的独家新闻"干货"成为"马航事件"转折的关键节点,与之相较,中国电视媒体的报道更多集中于搜救进展、失联人员家属情况等内容,报道框架的单一,报道故事中人文情怀的过度融入,使得其对"马航事件"的报道尚局限于情感价值领域,缺少能够扭转局势走向的"关键信息"。

在日益激烈的国际信息竞争中,中国媒体一直努力融入国际传播体系,力求把中国价值理念融入媒体的报道之中,为国外受众提供观察国际社会、国际事务的中国视角。尽管已经做出一些尝试,但在国际突发性新闻实战中,常常会听到"嘘声"阵阵。中国电视媒体在互联网时代全球新闻传播战中如何"有所作为",如何开辟国际化电视新闻传播渠道,提高国际传播力,当多多反思。

展望2015年,互联网思维作用下中国电视新闻的生产播出必将是值得关

---

① 毛茹等:《知著专访王晓红:电视是书面用语,网络视频是日常话语》,"知著网"微信公号2014年12月14日文章。

注的议题。在经历媒体内部、外部的互联互通之后，媒体与用户的互联互通更为关键。社交元素或将尝试被用于电视新闻的选题、制作、播出。在这一方面，央视的Eyes-on-clouds计划值得期待。在内容方面，时政新闻会因平台的多元变得更"有料、有趣"，突发事件新闻会在移动端快速反应与屏幕端直观解读相辅相成中呈现协同报道的新生态，地方台将在以民生新闻为内核的基础上加大对国内国际新闻事件的舆论引导。在电视新闻节目的播出管理上，国家管理将从播前管理转向播后管理，更多地依靠社会监督和媒介批评的方式对节目内容进行评议。

新的媒介环境考验着已经年过半百的电视媒体，如何反应，关键在于能否顺应形势，改变僵化的思维观念。"以用户为核心"不是新媒体产品的专有名词，电视媒体在新闻的报道中，也应当有这样的"产品思维"。

当前我国电视新闻发展的现实困境

随着中国社会的改革与转型,中国电视新闻传媒制度也在经历着变迁。这种变迁的轨迹与社会转型过程存在诸多神似的特质。遵循经济利益最大化、政治风险最小化的原则,中国的新闻传媒制度在媒介性质上从过去的"宣传教育工具"转变为新闻事业"既具有形而上的上层建筑属性又具有形而下的信息产业属性",在管理上实行"事业单位性质,企业化运行"的管理制度。

一、中国电视新闻传媒制度之惑

作为事业单位,"党管媒体"与"媒体国有"的所有权制度是电视媒体的核心制度,政府始终是中国电视新闻媒体的主办者,也是电视新闻传播与传播市场的管理者。作为"党和政府的喉舌"电视新闻媒体必须遵循党性原则,把握舆论导向,宣传党的方针政策,为社会和公众提供公共产品与服务是电视媒体的责任。正如我国《广播电视管理条例》第三条明确规定:"广播电视事业应当坚持为人民服务、为社会主义服务的方向,坚持正确的舆论导向。"因此,作为上层建筑意识形态,电视传媒业首先应重视社会效益和公益性。

作为企业单位,电视媒体又必须按照市场化运作,注重经济效益,讲求盈利,讲求投资回报。从确认传媒的产业属性以来,电视媒介便逐步推进产业化发展路径,比如组建传媒集团,媒体的营销制度、人事制度、财务制度、激励制度等开始按照现代企业运行方式进行改革。但在我国的电视产业链中,电视台是不允许进入市场的,为了让电视台能在市场上运行,就只有把电视台当中可经营性资产实施剥离,变成可以运行的市场主体。"企业化运作"下的电视媒体必然带上了鲜明的资本寻利倾向,国家也需要媒体创造一定的社会财富来支持社会建设发展。

说电视新闻媒体是事业单位,却几近遭到财政"断奶",逐渐从政府财政预算中剥离出来；说是企业，却由于特殊的属性和体制，难能成为自主经营、自我发展、自负盈亏的独立主体。经原国家广电总局批准的29个广播影视集团罕有建立起现代企业制度，各级广播电视部门的管理机制仍旧"集体惯性僵硬"，宣传管理和经营管理相混合。传媒这种"事业单位，企业运作"的传媒制度使得电视台面临着双重身份的矛盾，"一元体制，二元运作"的特殊架构使得电视台既要发挥舆论的导向功能，实现社会效益，又要承担经济上的创收任务，实现经济效益，造成在实际操作中很多时候只能"戴着镣铐跳舞"。

显然，中国电视台目前的处境尚为尴尬。有时候，为了坚持舆论宣传，电视台可能会舍弃许多商业行为而影响市场效益；有时候，为了追求收视及经济效益，电视台淡忘了自己作为舆论引导者的身份，编造出类似于"纸馅包子"的假新闻，新闻被广告软嵌入，山西繁峙矿难新闻记者受贿的丑闻，等等，这些都会使电视媒体的公信力和媒介批判精神在观众心中大打折扣。

其实，"事业单位，企业管理"本身就是政府与市场相互妥协的产物，也是中国传媒业改革不彻底的暂时出路。目前，我国的电视体制就是一个兼行政事业和产业为一体的混合体，在这种杂糅属性的体制下，电视从业人员最头痛的问题就是如何维系电视媒体双重身份的平衡，如何让"事业单位"和"企业运作"这本身存在悖论的两个轮子达到协调一致。电视媒介这种双重属性的内在冲突成为当前新闻改革最大的桎梏，同时也给电视新闻传播带来了诸多问题。

（一）地方政府对电视新闻传播内容的过度干预和强制管理

地方政府往往掌握和控制着许多重大消息和信息，有时候出于对政府形象、业绩的考虑，或者怕承担责任，有些政府部门就要求其管辖下的电视新闻媒体不要公开报道或者延迟报道某件事情或某些信息，以致造成信息的封锁和媒体的失语。就像2003年"非典"全面爆发的前期，一些地方政府沿袭一贯的思维方式，不让媒体报道疫情，结果各种谣言通过手机短信和网络得以滋生，不仅造成极大的社会恐慌，而且极大损害了党和政府及媒体的形象。这种不尊重新闻传播规律的做法严重影响了公众对媒介和政府的信任度。在2011年6月国务院食品安全办和卫生部共同主办的"科学认识食品添加剂"座谈会上，卫生部新闻宣传中心主任表示，为了打击或者遏制一些极个别媒体有意误导人民群众，传播错误信息，将加强传播的监控。如果哪一家媒体、哪一位记者发布了误导公众的信息，将被列入"黑名单"。政府通过制度手段约束新闻媒体不得发布误导公众信息的做法，本质就是政府对新闻生产内容干预的强管理模式，这违背了政府对待媒体的"三善论"以及新闻专业理念，同时也不利于政府角色从"全能型"向"服务型"的转变。

（二）"双轨制"的传媒体制使中国电视新闻业处于行政式管理

多年来，我国的传媒业按照行政级次、行政区域来划分配置资源，形成"六个行业四个级别"的架构，电视机构隶属于中央、省、市、县等各级地方政府，各台新闻资源的占有仍跟行政分级对应，服务方向也主要面向所属地方。中央电视台能获得全国范围内的新闻资源，在全国范围内拥有采访的优势，大多数省、市级电视台却只能获得省域内的新闻资源。在电视行业分级办台、分级管理的体制之下，我国没有形成一个全国统一开放的电视新闻市场。虽然我国电视台分布较广，较为全面，但是各地区的发展却极为不均衡。一般来说，我国电视台的实力往往与当地的经济实力成正比。近几年，以东方卫视为代表的一些省级卫视也开始着力提高全国性内容的生产能力，提供全国性资讯，但是其影响力远不如中央电视台。每年的"两会"都是电视媒体群雄逐鹿的焦点，各级各地区的电视台记者都纷纷涌入北京进行近距离的报道。然而只有中央电视台可以在人民大会堂设立开放式访谈区，记者可以第一时间对参会代表及省部级高官进行现场面对面访谈。不同级别的电视台，有着不同的资源配置，如此情况下进入新闻市场，怎能做到公平、公开的新闻竞争？

（三）电视传媒的双重属性导致电视新闻传播主体身份模糊

从世界范围来看，电视台可以被分为国营电视台、公营电视台和商业电视台，不同电视台在传播功能和角色上各有侧重。以美国之音为代表的国家媒体，有主流意识形态方面的要求，主要功能是传递政府声音；以BBC和NHK为代表的公共电视台强调艺术性，传达社会立场和声音，体现公共利益，促进社会公平；以CNN为代表的商业电视台则是典型的企业，以商业利益为王，收视率是其追求的首要目标。媒体发展的一个前提就是要有清晰的功能定位。然而中国电视传媒的双重属性却困惑了许多电视人。兼具事业和产业双重属性的中国电视新闻媒体，承担着舆论宣传、公益代言和市场谋利的三项重任，正如孙玉胜如此描述《焦点访谈》的复杂角色："一方面，它肩负着沉甸甸的舆论导向使命,它要符合政治和政策导向的要求;另一方面,它承载着厚重的观众期待和观众对媒体的正义寄托,它要完成自己的社会职能;同时还有作为一个电视新闻栏目所定义的属性,它要符合新闻传播规律和电视表现规律,它还要在这些规律的约束中参与同类和不同类栏目的竞争,要运用这些规律形成自己的表达风格从而形成稳定收视。"① 宣传控制要求以传者为中心,市场驱动要求以受众为中心,新闻专业主义的约束则要求超越这两者,复杂的角色定位常常使电视新闻从业者身处矛盾的漩涡中,价值取向呈现明显的分裂。"发领导新闻时,可能你就是个传声筒,而且是尽量把声音传得更响,更容易让人接受的传声筒。有时你是一个企业的经营者,你必须为这个频道的盈利负责。而有时觉得自己肩负社会责任,维护社会性的公平公正。"② 传媒角色的模糊,传媒功能定位的不清晰,将阻碍传播主体内在的发展动力。

从理论上讲,只有当媒体完全处于中立地位时,才能生成一种完全有效的传媒制度。所以要想克服电视新闻现阶段所遭遇的诸多困境,就应该朝着传媒独立于政府和市场之外的制度安排改变,把新闻的公共性理念导入这片土壤中,改善社会控制模式以及权力关系,以推动中国电视的新闻改革。

由此不妨假设一个大胆的思路:打破现有的电视新闻媒体格局,进一步优化全国电视台的结构,形成公共电视台、商业电视台、国有电视台多元存在的格局,严格划分公益性电视台与经营性电视台的界限,在此基础上实行界限分明的运作和经营方式。对于公益性新闻机构,承担社会"公共领域"的功能,以追求公共利益为宗旨,不介入广告和经营市场;对于商业性电视台,要在依法管理、规范其为社会服务的前提下,让其充分参与市场竞争,形成一批在国际传媒市场上具有竞争力的传媒集团。

中国电视新闻传媒制度的改革必然与管理改革同步,既要积极,又要理性,这又将是一个渐进的过程,不可能一蹴而就。就当前而言,新闻报道应充分利用现有政策提供的空间,把文章做足,用积极有效的新闻实践推动新闻理念与政策的演进。

---

① 杨凤娇:《中国电视新闻传播格局的变迁》,中国广播电视出版社2009年版,第81页。
② 朱羽君、高传智等:《瞭望之路——中国广播电视新闻改革研究课题报告》,中国传媒大学出版社2008年版,第245页。

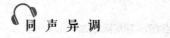

二、中国电视新闻舆论监督之弱

在我国大力推进政治体制改革，积极推进民主政治时，新闻舆论监督是不可小觑的力量和重要手段。《东方时空》《新闻调查》《每日质量报告》等一系列舆论监督类节目的相继诞生不仅推动了许多社会问题的解决，而且使电视新闻人赢得了很好的职业荣誉。

2008年以来，政府颁布了《政府信息公开条例》，出台了官员问责制度，官方在汶川地震时向媒体敞开了胸怀，显示出电视新闻在舆论监督方面进入了一个新的阶段，但是在舆论监督的日常化及与公民社会的舆论监督应达到"公民的政治参与和对国家权力的制约"的要求来看，中国电视新闻的舆论监督功能还没有发挥到位。

（一）舆论监督的政治环境有待优化

对权力的监督是衡量舆论监督最重要的指标。我国的电视新闻机构隶属于各级党政部门领导和管理，而且行政管理壁垒森严。所以电视台难于突破地域和行政级别的限制，很难监督自己的上级和同级权力部门。作为中央电视台，实质是中央政治体系的组成部分，中央政府需要对地方进行监督，新闻媒体的新闻传播就成为中央政府对地方进行监督和治理的一种技术手段，因此在地方政府和地方行政官员中，中央电视台的新闻舆论监督可以形成一定的威慑力，然而国家的高级决策层却往往成为新闻舆论监督的盲区。作为地方电视台，属于当地行政部门管辖，因此牵扯到中央直属单位、企业的选题，往往只能绕道。所以中国电视新闻舆论监督就呈现出"级层递减"的趋势：在中央电台被曝光的往往是县处级，省台上"亮相"的多是乡镇干部，市台只敢对村委会干部进行监督了。这让许多省台工作的制片人发出这样的感慨："老虎不能打，即使是死老虎也难打；苍蝇又打不着，因为它会飞。"[①]一项对《焦点访谈》的调查显示："在政府机关或准权力机构中，处于基层的县一级机构和农村基层机构是批评的主要指向，合计占总量的73.8%；政府机构受批评的多寡与政府机构的级别高低呈反向趋势，政府机构工作人员中受批评的频次也与工作人员的

---

① 朱羽君、高传智等：《瞭望之路——中国广播电视新闻改革研究课题报告》，中国传媒大学出版社2008年版，第90页。

级别高低成反向趋势。"①

　　"只打苍蝇,不打老虎",这句戏言形象地表达了电视新闻舆论监督的痛楚:监督普通百姓易,监督公务员难;监督低级别官员易,监督高级别官员难;监督一般问题易,监督复杂问题难;高级别新闻媒体进行舆论监督易,低级别新闻媒体进行舆论监督难;异地监督易,本地监督难。鉴于这种新闻报道背后的权力制约和利益纠葛,为了生存,许多电视台新闻节目选择"报喜不报忧"的策略,即使随着政策的宽松,一些负面事情可以被报道,但在报道的尖锐性和深度性上也乏善可陈。如此缺陷,中央电视台的新闻人直言不讳:"《焦点访谈》——只有污点,没有焦点;只有名栏目,没有名记者;只有政策思维,没有媒介立场;只重社会责任,鲜见专业理想。"② 这样的报道大大弱化了新闻媒体的社会监督功能,也让那些怀揣激浊扬清、彰显正义新闻理想的记者常常痛苦不已。

　　新闻舆论监督是防止权力腐败的有效手段之一,因此国家公务人员,尤其是各级领导干部常常成为新闻舆论监督的重点对象。所以出于维护地方和部门利益的考虑,或者担心自己的个人形象、名誉、升迁受损,一些领导干部总是视新闻舆论监督为洪水猛兽。一位地方官员的话道出了许多中国官员的心声:"舆论监督是个好东西,我举双手赞成。它可以有效地防止一些人以权谋私,打击歪风邪气。但是,我不赞成你在我的地盘上搞舆论监督。我最希望你去搞别人的舆论监督。换位想一想,你要在这里当书记、市长,整天有人揭你的短,时间长了,就显得你无能。特别是提拔干部时,说你没有政绩,影响提拔。既然走上了当官这条道,谁不愿意被提拔呢?"③

　　地方政府的过多干预,以及新闻舆论监督缺乏制度性保障,导致新闻记者进行舆论监督时采访难、取证难,甚至人身安全都受到威胁。电视记者在对一些所谓负面消息进行采访时,常常会吃"闭门羹",新闻事件的当事人不愿接受采访,新闻事件发生地的政府甚至还会处处作梗。有些地方政府托人与记者"通融",给记者"封口费",希望把事情压下来;有些官员不自觉地搞地方

---

　　① 杨德灵、胡黎明:《舆论监督面临的八大难题》,中国记协网,http://news.xinhuanet.com/zgjx/2008-05/27/content_8261630_1.htm。

　　② 庄永志:《下一个十年》,http://www.memail.net/movie/archives/2293.html。

　　③ 丁柏铨:《新闻舆论监督与扩大人民民主》,《新闻记者》,http://news.eastday.com/eastday/xwjz/node287348/node287349/ula3857386.html。

保护主义，索性躲避记者的采访；还有些向记者提供虚假的材料，以掩盖事实真相。这些都给记者正常的采访制造了巨大的障碍。甚至还有些地方政府采取"暴力抗拒"，导致记者遭围攻、被殴打、受侮辱，这给记者身、心两方面都带来了压力和伤害，使记者在实行舆论监督时如履薄冰，对舆论监督类的报道望而生畏，从而大大削弱了记者进行舆论监督的积极性。有记者表示，搞舆论监督就如同在悬崖边上跳舞，很有可能冷不防被人推下悬崖，也有可能自己一不小心跌入悬崖，得处处防备。这一系列的现实问题都制约着电视新闻舆论监督的良性发展。

（二）新媒体对电视新闻舆论监督的"双刃剑"效应

随着以网络为代表的新媒体在我国的发展，网民群体日益扩大，通过新媒体建言献策或者投诉曝光成为人们争取社会话语的一种诉求方式。源自网络的民意撬动了一个又一个事件，网络舆论监督应运而生，对本身就已疲软、脆弱的电视新闻舆论监督造成了巨大的威胁和挑战。

近几年，牵动全国舆情的热点事件大多来自互联网，据人民网舆情监测室《2009中国互联网舆情分析报告》，2009年77件社会热点事件中约30%来自网络爆料。2010年则有多家媒体报道，网络维权已经成为普通民众的首选。北京大学法学院教授姜明安认为，目前在反腐的举报中，网络举报占了60%以上，反腐格局发生了根本性的变化。网络反腐极大地推动了中国的民主、法制进程。①像浙江杭州飙车案、"我爸是李刚"、宜黄的强行拆迁、南京"天价烟"局长周久耕、王鹏遭跨省追捕、红十字会郭美美等热点事件都是由互联网曝光的。网络常常成为自发爆料的平台，电视则反应迟钝，未能成为舆论的引领者。

很多时候，网络上什么火，电视舆论监督才关注什么，电视总被网络舆论牵着鼻子走。比如，2009年湖北石首群体性事件发生后，百度贴吧立刻有大量帖子追踪报道石首街头的真实情况，而当地电视台在5天之后才开始出面"辟谣"，中央电视台则是在事件发生一个多星期之后才在《新闻1+1》播出相关的评论报道。电视舆论监督的姗姗来迟让观众倍感失望，甚至在一些热点事件上，电视还视而不见，处于失语状态 比如2007年厦门PX事件已经在网络上被炒得沸沸扬扬，但是在众多报道中却难觅电视媒体的身影。

---

① 刘鹏飞：《2010：网络舆论格局新变及传统媒体的作为》，人民网传媒频道，http://media.people.com.cn/GB/40628/13705869. html。

不过由于网络的开放性和隐秘性,网络舆论监督也存在一定的问题。由于曝光内容的不实造成"流言"现象也时常存在。网络舆论的这种致命缺陷正需要电视媒体权威性的弥补。电视媒体应该凭借自身的组织资源和公信力,对网络上的热点事件进行深入挖掘和全面采访,从而对网络舆论起到确认与放大的作用。在这个新媒体时代,电视新闻媒体需要整合网络舆论监督的优势功能,形成舆论监督的合力来共同促进社会民主的发展和进步。

面对网络舆论的挑战以及电视新闻舆论监督自身所处的困境,电视媒体要有所作为,首先需要政府对舆论监督"松绑"。在网络大行其道的当下,一味地禁、堵、阻的行政做法已经不合时宜,关键是要因势利导,促进信息开放和官民互动。政府要打破传统的上下级隶属关系,重新构建地方政府与电视媒体的关系,让电视媒体真正成为一个民意表达的公共平台,让电视新闻传媒真正成为社会公正的守望者。

三、中国电视新闻传播市场之散

新闻既有政治属性,又有商品属性,我国播出的大量国际新闻就是以商品形式从国外的通讯社或广播公司购买或互换的。既然新闻业有一定的商品属性,也应具有产业发展的内在规律和特征,即在市场的驱动下完成产业化转型。但是从目前我国新闻业的发展现状来看,中国电视新闻业还没有形成一个统一开放的市场格局,非市场因素还起着非常重要的作用,以致传媒产业化过程与我国经济体制改革的步伐严重脱节。适度提高中国电视新闻业的市场集中度,构建统一开放的电视新闻传播市场格局是中国新闻改革的必由之路。

"中国电视新闻业统一开放的市场,是指在全国范围内形成新闻资源配置的统一市场机制,各新闻采集制作体、新闻传播体和新闻交换体系依照统一的法律法规和政策体系构成的市场规则,在全国范围内进行竞争、合作、分化和融合,形成市场机制下的、有管理的、开放的市场体系。"[1]

但是国家在大力促进传媒产业化发展的同时,为了保障新闻媒体的舆论引导作用,又按照国家的行政系统组织对新闻业进行管理,既强调纵向的"归口管理",又强调各级地方党委和政府的属地管理。这样的管理措施使得中国电

---

[1] 杨凤娇:《中国电视新闻传播格局的变迁》,中国广播电视出版社2009年版,第92页。

视新闻市场显现出独有的行政垄断特征。

首先,受行政管理格局的影响,中国电视新闻传播业长期处于区域化分割状态。从整体数量上来看,中国电视新闻媒体很多,且多数在新闻管理上都拥有独家垄断权,但是新闻市场的集中度却很低,每家电视媒体所占的市场份额也很少,只能在自身行政级别所属的一亩三分地里"施展拳脚"。又由于各区域经济和文化水平的差异导致各地方电视台的发展不平衡。据了解,上海电视台的年收入大约能是西藏电视台的660倍。如此发展模式导致了严重的资源浪费和竞争的分散。诚然我们可以通过行政手段人为地划分和扶持一个全国性的超级电视台,并且拥有在国内新闻市场的绝对垄断力量,但放在世界范围内,其竞争优势便难有"特供"了。此外,区域分割状况还严重制约着新闻传播跨区域和跨媒体的整合,造成我国新闻传播竞争力偏弱。在一个相对封闭和完全独立的电视新闻传播市场里,媒介生产与需求的互动关系大多只能在人为设定的局部区域发生作用,信息、技术、人才、资金等各种生产要素无法自由流动。政府对新闻市场的行政性干预很大程度上影响着中国电视新闻业统一有序、公平竞争的市场格局的建立。而且如此分割和封闭的新闻传媒业与中华民族新闻传媒产业整体复兴的要求不相符合,与提升国家文化软实力和国家新闻传播话语权的要求也不相符合。所以政府一方面要通过"有形的手"来指导电视新闻的改革,以完成政治宣传任务,更重要的是要让"无形的手"来引导电视新闻传媒的生存与发展,让多层次、多类型的电视新闻媒体成为事实上的市场经济主体。

其次,从目前来看,形成统一开放的新闻市场格局,参与国际新闻大传播的竞争对我仍然任重道远。其一,国家不妨从传媒国际竞争战略的角度出发,改革现有的新闻管理方式,打破传统的按行政区域和行政级别分配新闻资源的体制,打破过去条块分割的新闻市场格局,实现新闻生产要素合理流动和资源优化配置。其二,允许更多的大众传媒进行跨区域竞争,那些实力较强的地方电视新闻媒体或者新闻频道便可以真正进入全国新闻市场,与中央电视台等全国性的大传媒机构展开竞争,随着实力的增强或者空间拓展的需求,它们还可以把目光瞄准海外市场,以增强全球新闻传播的影响力。其三,消除行政垄断,推动各个电视新闻主体在新闻市场上积极参与竞争,基于有效的市场竞争,实力强劲的新闻媒体可以兼并长期亏损的新闻媒体,这不仅可以帮助地方政府减轻财政负担,还有利于进一步增强强势媒体的竞争力和生命力,带来更好的经济效益,促进统一开放的新闻传媒市场的建立。

需要特别明确的是,媒介融合成为新媒体时代的潮流,统一开放的新闻市场,还要根据受众的需要,对新媒体市场进行整合,构建适应于多媒体传播的市场主体需要的全媒体市场,为中国新闻改革营造良好的市场氛围。

总之,在新媒体的冲击下,电视新闻市场走向统一和开放已是大势所趋,但这并不意味着这个市场是完全无拘无束的,而是要在完善的市场规则体系下才能良性运行。完善的市场体系需要各方的努力,政府要转变观念和职能,把握新闻传播规律,建立完善的法律规范,依法监督和协调新闻传播主体的行为;新闻传播主体要遵守相关法律规则和制度,提高自觉意识,在"有形的手"和"无形的手"的庇护下展开公平竞争,获取经济利益的同时不忘维护公共利益。

中国电视媒体如何提升国际新闻传播力
——从央视马航事件报道说开去

2014年3月8日，MH370航班与管制中心失去联系，机上载有239人，其中154名乘客为中国公民。作为国际重大突发新闻事件，马航客机失联事件（以下简称马航事件）涉及国家之多、范围之广、情况之复杂可谓前所未有。随之，一场全球新闻传播战也拉开了序幕。

新媒体的不断涌现从技术上保障了信息可以在全球范围内无疆界流动，马航事件迅速成为国际传播领域关注的热点。国内外媒体竞相角逐，传统媒体新媒体同台报道。

在互联网时代全球新闻传播战中，在"第一时间"发出准确的"独家新闻"尤为关键。与伊拉克战争、"9·11"不同，马航事件并没有传统意义上的新闻"现场"，其特殊性给新闻人提出了更高的要求。为此，在新的传播环境下探讨中国电视媒体如何"有所作为"的话题具有重要现实意义。

一、表现："掌声"与"嘘声"

（一）"掌声"[①]：央视实现全球三次独家直播

在国际传播中，电视媒体的画面具有不可替代的视觉传播力，视觉影像相较于文字、声音最容易跨越语言文化带来的障碍，实现国际跨文化传播。面对重大新闻事件，电视直播又是最具活力最具影响力的传播手段。中央电视台在马航报道中实现的三次全球直播，直播画面被多家国际媒体引用，响亮发出了中国声音。

---

① 参阅央视新闻内部资料。刘飞飞：《一起寻找MH370的日子》；薛璟：《是偶然还是必然？——我台三次全球独家直播马航MH370事件的感悟》。

回顾央视面向全球的三次独家直播，第一次是在3月22日，中国空军伊尔—76运输机飞往澳大利亚珀斯皮尔斯空军基地帮助搜救，前方记者第一时间拍摄了两架飞机先后抵达的画面。"前方记者沙晨告之，澳副总理特拉斯已抵达珀斯皮尔斯空军基地，并很有可能就马航MH370事件举行新闻发布会。部门领导闻讯迅速指示将澳ABC电视台的信号引到演播室，同时要求记者随时准备直播。11点40分，就在我们向沙晨询问现场情况的时候，特拉斯突至空军基地并发表了讲话。我们立即中断询问，打开窗口并切入直播信号，从而一举成为全球独家对特讲话进行直播的媒体。"[1] 直播期间，记者还对澳副总理进行了提问和视频连线，后方编辑迅速将相关提问编辑成片并第一时间送播。新闻频道因此将原定12点播出的《新闻三十分》顺延。

3月24日，中国军机发现白色漂浮物后返回珀斯国际机场，央视国际部立即联系前方记者，前方记者提前掌握到飞机抵达的大致时间（北京时间下午2点左右），记者守在机场，寻找到最佳位置，飞机一进机场，就利用TVU（网络电视）实现了第二次全球独家直播。

当天下午5点多，中国驻珀斯总领馆就中国军机当天搜救情况首次召开发布会，央视继续通过前后方的密切配合独家直播了这场发布会。

央视在澳副总理新闻发布会、我国军机抵达澳基地和中国驻珀斯总领馆发布会上实现了三次全球独家直播，直播信号被CNN等多家国际媒体采用。在马航事件这场互联网时代全球新闻传播战中，中国电视媒体凭借新闻敏感适时地占领了信息高地，在全球热点事件中扮演着自己独特的角色。

由于共时性和现场感，直播实现了新闻采、编、播的同步进行，在时效性上最大限度地接近新闻本原，最能展示电视独特的传播优势。在与日益崛起的新媒体竞争中，对重大新闻事件的现场直播成为电视新闻传播制胜的撒手锏。

（二）嘘声：缺少独家新闻"干货"，中国媒体尚有差距

虽然，中国电视媒体在马航事件中表现有可圈可点之处，但与国外老牌媒体相比尚有差距。

下面的段子在网上广为流传："马航事件新闻战——几乎所有的干货都是

---

① 薛璟：《是偶然还是必然？——我台三次全球独家直播马航MH370事件的感悟》。

纽（约）时（报）、华尔街（日报）、路透、BBC等英美媒体挖出来的：CNN司法口老记找到国际刑警坐实假护照；WSJ（《华尔街日报》）挖掘罗罗引擎线索，后披露折返；NYT（《纽约时报》）认定西拐，很可能从美政府线人处拿到雷达数据；ABC第一时间披露众包搜索；BBC等最后找到卫星公司，让我们知道了8:11。它们的报道真正对马来西亚形成了压力，体现了媒体的力量所在。"

《华尔街日报》在3月13日宣布："美国调查机构怀疑马来西亚MH370航班在失联后仍处于飞行状态，因其数据显示失联航班总计飞行5个小时。"美国CNN和ABC等媒体也作出了与马来西亚官方信息不同的报道，这些报道推翻了相关权威部门发布的信息，迫使马来西亚方面向公众公开事件真相。

国外媒体的独家新闻"干货"成为马航事件转折的关键节点。与之相较，中国媒体的报道更多集中于搜救进展、失联人员家属情况等内容，缺少能够扭转局势走向的"关键信息"。比如，3月17日，央视新闻频道《新闻直播间》播出马航客机失联特别报道，请来两位专家仅就卫星如何通过搜寻飞机做出解释，缺乏推动事件发展的重磅报道。

诚然，中国媒体报道我国救援工作的布置与进程给观众带来了最新动态；但是，报道框架过于单一，是否有利于全球语境下的新闻传播？国际重大新闻事件中独家新闻乏力，中国媒体自身独特价值何以彰显？此外，由于马航将乘客家属安置在北京丽都饭店，国内媒体多能现场采访并整合机上乘客的相关资料。有些媒体还能够巧妙选择新闻第二落点，报道故事时融入人文情怀，然而这样的报道与真正意义上的"独家新闻"还有差距。

国外媒体的"倒逼反证"，推动了马来西亚方面公开信息，使得公众离真相越来越近。而中国媒体缺少独家新闻"干货"，这告诉我们：仅仅"到达"，仍然不是"媒体的力量"本身。因为，有一些新闻没有"现场"，而有一些"现场"无法到达。①

央视著名记者水均益坦陈：马航事件中，中国媒体与世界的确存在差距。②他认为在马航事件中，中国媒体的状态和拼搏精神值得肯定。另外，他提到，在马航事件中，毕竟涉事方是马来西亚的航空公司，发生地也在我们国家之外，

---

① 马少华：《无法到达的新闻现场》，《腾讯大家》，http://dajia.qq.com/blog/338631007998481访问时间2014年5月。

② 水均益：《马航事件中，中国媒体与世界的确存在差距》，2014年04月28日 11:10:37，正义网http://news.xinhuanet.com/yzyd/legal/20140428/c_1110443043.htm，2014年5月访问。

中国媒体也是一个外媒,在这个意义上讲,中国媒体没有任何优势,无论是传统的优势,还是我们的软实力优势。

马航报道,引发了很多国人的反思,中国媒体落后在哪里?有哪些"现场"是我们无法到达的?为什么我们总是追着外媒的消息跑?为什么我们没有核心信息源?

二、反思:中国为何缺少能够挖出"核心信息"的"资深记者"

"深喉"(deep throat)是"水门事件"中披露核心信息人士的代称,资深记者往往能够挖出"深喉"的权威核心信息,这在马航事件报道中最值得中国媒体反思。美国广播公司(ABC)的记者David Wright[①]最早得到内部消息,跟着美军P-8 海神巡逻机前往目标海域搜寻,并从军机上发回电话报道。当时的ABC官方Twitter不断跟进,爆出发现疑似碎片的消息。这样的"资深记者"源源不断地带来独家消息,使当时美国的其他主流媒体也望洋兴叹。事实上,David Wright是身经百战的老牌记者,脚步遍及美洲、中东、欧洲、非洲、亚洲。他赴伊拉克超过12次,2004年、2005年两度荣获用以嘉许美国最杰出电视节目的艾美奖(Emmy Award)。

因此,在全球新闻传播战中拥有挖出"核心信息"能力的"资深记者"成为制胜关键,然而,我国主流媒体在国外派驻资深记者方面相对薄弱。

首先,过分强调语言背景、弱化新闻传播素质的思路应当改进。当前,央视等主流媒体驻外记者多为外语专业出身,与具有新闻专业背景的从业者相比,工作之初,前者在新闻敏感、报道专业化方面存在不足。国际一流媒体在选派驻外记者时,已不把外语背景视作首要条件,而更多地看重记者的新闻专业素养。根据对美国驻外记者的抽样调查,能够用派驻国家当地语言进行采访的记者比例为49.1%,不足半数。[②]如果派驻资深记者,语言培训则非常关键;但语言培训要根据派往国的语言种类而有所差异。一般来说,美国驻外记者的语言培训是25周,足够学习拉丁语系的语言、德语或其他的语言,但是学韩语、日语、汉语和阿拉伯语就不够了。美国国务院为外交家提供24周拉丁语系的和

① 详细介绍参见美国ABC网站: http://abcnews.go.com/Author/David_Wright, 2014年5月访问。
② 刘昶:《国际一流媒体驻外记者选派机制解析》,载《电视研究》2011年第12期。

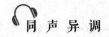

德语的培训,而韩语、日语、汉语和阿拉伯语的培训是88周。①

再者,我国驻外记者多从年轻人中选拔,整体年龄结构偏低,相关选派规则不利于资深媒体人驻外。央视等主流媒体驻外记者招聘公告中多规定,应聘者年龄一般在35岁以下。实际招聘中,驻外记者往往在30岁以下。有些选派单位甚至规定"超过45周岁一般将不能取得驻外记者资格"。因此,现有行业规则给资深记者驻外带来阻碍。国外情况与我国差别较大,美国驻外记者的平均年龄是43岁,其中男性平均年龄是44岁,女性平均年龄是38岁。报纸和通讯社驻外记者的平均年龄是41岁,电视驻外记者的平均年龄是48岁。② 此外,亚洲人普遍显得比实际年龄要年轻,所以,在国外重大新闻一线采访很容易被人误以为是实习记者。然而在面对国际重大新闻事件时,成熟的记者往往更容易取得采访对象的信任,也更加具有权威性。

此外,我国主流媒体在记者派遣年限方面的通行做法也不利于资深记者的培养。目前,驻外记者派出年限一般为3~4年。驻外记者第一年初来乍到,往往处于适应时期,难以拥有丰富的人脉。最后一年又存在回国手续办理等问题,难以全身心投入工作。此外,如果选派记者长期驻外,还存在着与家人长期分离等现实问题。相比之下,国外资深记者往往与家人长期在驻外国家生活。电视驻外记者平均驻外12年,报纸驻外记者的驻外时间平均8年,通讯社平均9年。③

凤凰卫视评论员闾丘露薇分析,中国媒体获得的独家消息少,与媒体资源以及媒体视野有关。记者的人脉,也需要供职的媒体愿意花时间让记者去培养。④ 水均益认为,从马航事件中反思,作为记者和媒体,首先需要开发的一个资源优势,就是要交朋友。任何一个驻外记者都要交朋友,要有广泛的、各种各样的线人。也许长时间利用不上有价值的线索,但是只要有一次,可能就是独家的消息。⑤ 国际一流媒体驻外记者拥有自己的通讯员(fixers)网络,有的

———————————

　　① 玛格丽特·卡特:《为海外任务热身》,载《媒介时间》1988年2月,第31页。转引自李宇:《增强国际传播力背景下驻外记者的素养与选派》,载《中国记者》2011年第11期。

　　② [美]斯蒂芬·赫斯著,陈沛芹、吴国秀译:《国际新闻与驻外记者》,中国时代经济出版社2010年版,第15页。

　　③ [美]斯蒂芬·赫斯著,陈沛芹、吴国秀译:《国际新闻与驻外记者》,中国时代经济出版社2010年版,第37页。

　　④ 王石川:《报道马航事件媒体比拼软实力》,《北京观察》2014年第4期。

　　⑤ 水均益:《马航事件中,中国媒体与世界的确存在差距》,2014年04月28日 11:10:37,正义网:http://news.xinhuanet.com/yzyd/legal/20140428/c_1110443043.htm,2014年5月访问。

还在当地发展特约记者（stringers）①，同时充分利用留学生资源提供实习记者岗位（intern），这些建立人脉资源的模式都可以为我国驻外记者相关体系的优化作为参考。

三、追问：中国电视新闻国际传播如何"有所作为"

由于中国的经济快速发展和国际地位的提高，中国成为世界"地球村"中一支瞩目的"部落"。在当前的互联网时代，新闻传播媒体间的较量已经扩展到全球，这不仅考验着媒体专业性，甚至考量着一个国家的软实力、硬实力。"当今的国际传播格局中，信息资源量与主导国际舆论的能力成正比，经济实力与传播能力强大的国家能够在国际舞台上掌控舆论操控权，同时也掌握了为其他国家'设置'形象的权力。"②

作为当前仍是最具影响力的大众传播媒介的电视媒体，作为我国政府国际传播重要工具的电视新闻，它不仅仅要满足国内外观众的信息需求，还肩负着传播中国的声音，建立中国在世界上的话语权，塑造国家形象，营造有利于国家发展的国际舆论环境的重任。就此，电视新闻国际传播的责任和挑战无疑是巨大的。

一方面，中国电视新闻在国际竞争中取得的成就值得肯定。但是，毋庸讳言，从整体实力上看，我国电视新闻传播与世界传媒强国还存在差距，其信息传播力和辐射力不强，话语控制力和影响力不够，在国际舞台上的声音还很微弱，我国在国际新闻竞争中仍然处于劣势。上述问题在马航事件报道中也有所体现。笔者认为，互联网时代全球新闻传播战，中国电视媒体想要"有所作为"，在以下方面的着力必不可少。

（一）参与国际媒体竞争，提高中国媒体的世界影响力

缺乏有影响力的电视媒体是我国电视新闻国际传播的致命弱点，因此，提升我国媒体的国际影响力和知名度是我国电视新闻国际传播有所作为的第一步。

抓住机会进行自我推介是我国电视媒体提升认知度的重要策略之一。据中央电视台驻新德里记者回忆，在2011年举行的第48届亚广联大会上，记者看到

---

① 按照新闻稿件为单位付稿酬，特约记者往往是当地特定领域的专家。
② 吴飞、边晗、毕研韬：《美国国际传播战略的几个关节点》，载《新闻界》2013年第8期。

有VOA、KBS设展,有NHK发放材料,作为中国最大的国家电视台CCTV却悄无声息。这实在是不无遗憾。不过,在2011年欧洲广播联盟(简称"欧广联")交换年会上,CCTV在自我推介方面做足了文章。2011年适逢新闻交换年会10周年之际,CCTV及其下属的"国际视通"公司以主赞助商身份出现在年会现场,并举办了开幕晚宴、主旨论坛、现场展览等一系列活动。这样的推介方式对于提升CCTV影响力具有积极的作用。另外,我国电视台不妨也借鉴CNN的做法,举办全球性的公益活动来提升媒体的影响力。

想完全依靠自身力量在国外电视媒体市场上立足将会困难重重。因此,中国媒体可以借助与国外知名媒体或者海外熟悉当地语言、风俗习惯和运作机制的华文媒体合作的方式来提升我国电视媒体的海外认知度。

(二)弱化中国标签,强调全球视野

所谓"全球视野",张振华教授在《全球化语境与新闻传播》中解释为:"首先是指要把中国的发展放在世界这个背景中做恰当的定位和恰当的表述,防止坐井观天、自我陶醉;还指要理性地看待国际事务,包括涉华问题和涉华舆论,防止偏居一隅,过度政治化、感情化看待和报道某些事物;还指切忌对复杂的事务做简单化解读及不切实际的利我性解读;还指我们尽可能用世界听得懂的语言和普世性思维来报道中国。"[①]

在国际新闻传播时,我国的电视新闻报道要改变汉语的思维方式和讲话方式,使用国外人乐于接受的思维方式和语言表达方式,寻找最佳切入点,寻找适合传播内容的最佳传播方式,把我们的立场和观点寓于对事实的客观报道中。可以借鉴"共鸣策略",它强调的是将媒体的话语与受众所珍视的价值联系起来,引起受众的共鸣,从而使受众获得更大程度的满足。对外传播更应该注重引发受众的共鸣,从而跨越不同群体之间的文化障碍,使传播致效。[②]

在这方面我们应该积极像西方媒体如CNN、BBC等学习,学习它们用镜头说话的报道形式、善于讲故事的报道技巧、提供翔实的背景材料等方式,让我国的国际传播多一些具体说明和人文色彩,少一些抽象概念、生硬说教,在亲

---

① 张振华:《全球化语境与新闻传播》,《道法之问——广播电视散论(二)》,中国国际广播出版社,第7页。
② 喻国明:《共鸣策略:"让世界了解中国"的价值起点——以西方媒体国际影响力构建的模式为借鉴》,载《新闻界》2013年第2期。

切自然的潜移默化之中让外国观众接受我们的传播内容。

（三）提高国际新闻自采力，加快在国际新闻中的反应速度，传播中国观点

对于国际上的重大新闻事件，我国电视新闻应该给予充分的参与和报道，表达和凸显中国立场和中国声音，这样才能在国际上占据一定的话语权和主动权。

首先，这种主动权体现在国际新闻的自采能力和我国电视记者在国际重大新闻事件中的表现力上。其次，在国际新闻报道中要抢占时效，力争独家。西藏拉萨"3·14"之后中国媒体的几天失声造成主动权拱手让给别人的教训，以及"5·12"汶川地震之后中国媒体第一时间把地震的情况公之于众受到世界赞扬的经验，告诉我们我国电视新闻国际传播要提高首播率，要第一时间到达新闻现场，率先发言，力争做到独家报道，独家专访。再次，主动权和话语权表现在面对重大国际事件时要展示自己的观点，发出中国的声音。因为同一个新闻事件，不同国家的媒体基于不同的意识形态和不同的利益诉求会展现出不同的立场和观点。在对2011年3月爆发的利比亚战争的报道中，中央电视台记者深入到战争核心区班加西，用中国自己的角度来报道利比亚局势，体现全球性视角和客观立场，并动态跟进国际组织的反应，梳理各国不同的立场和观点，放大中国政府主张区域和平的声音。加强我国电视新闻对重要国际事件和国际活动的关注和报道，是我国政府发表主张和看法的重要平台，也是一个争夺国际话语权的天赐良机。

另外，如果没有重大事件报道的时候，我国电视新闻的国际传播内容可以多做一些专题片或者深度调查的新闻纪录片，用专题和评论来展现中国的观点和视角，同时还应把中国哲学、中国人的思维、中国人的逻辑解释出来，以宣传我国的传统文化。

电视终究是内容为王，只有让西方主流媒体尽可能多地采用我国电视媒体获取的素材或制作的内容，我国电视新闻报道才能真正立足于世界新闻之林。

（四）开辟国际化电视新闻传播渠道，提高国际传播力

在内容为王的前提下，渠道的整合力对于国际新闻传播也起着至关重要的作用。建设多层次、立体化的传播渠道将大大提高对外传播的影响力。

　　开播专门的国际频道,提高海外落地率,扩大国际频道的覆盖面是电视新闻国际传播最基本的渠道。以中央电视台为例,如今遍布世界各地建立了50个海外记者站,并且形成以英语新闻频道和中文国际频道为主,西班牙语、法语、阿拉伯语、俄语、葡萄牙语等七个语种的电视传播格局。2010年,中央电视台电视频道播出语种数甚至超过主要国际一流媒体,覆盖国家和地区的数量也在快速增长。这为我国电视新闻国际传播奠定了现实性基础。除了自己建设传播渠道外,优质的品牌节目也可以借助国际大台的平台来进行播出。

　　在当今的新媒体环境下,我国应该充分地把电视新闻的播出平台从电视转向更广阔的网络空间。全球联通的互联网为我国电视新闻的国际传播提供了新的传输通道和传播平台。中央电视台主办的中国网络电视台(CNTV)和新华社主办的中国新华新闻电视网(CNC)的建立为我国电视新闻国际传播增添了更多渠道。借助海外有影响力的网站来推广我国电视新闻节目或频道是一个提升海外能见度的重要渠道。某种程度上讲,节目的海外能见度比频道的落地率更加重要。我国电视媒体可将一些精品的新闻节目适当编辑后投放到国外知名网站、论坛以及Twitter、YouTube、Facebook等网站上,充分利用互联网双向、互动等特点,拉近与境外受众的距离,并及时收集受众需求,不断改进新闻报道,丰富节目内容。2011年中央电视台面向全球媒体推出的新型服务——视频发稿业务,其国际视频发稿平台不仅针对国外电视机构等传统媒体,还会进入网站、手机和移动电视等新媒体终端。2014年中央电视台在战略层面更加重视新媒体的发展,在实践中为新媒体平台优先供稿,更加契合互联网时代的新趋势。总之,在国际传播时要建设不同的传输渠道,把我国电视新闻提供给境外电视机构和其他终端用户,以传播中国声音和中国电视媒体的新闻价值观。

　　中国正走在通往世界大国的路上,为了塑造我国的国家形象,为了提升国家软实力,甚至为了推进世界传播新秩序的建设,中国媒体必须随中国"走出去",打造国际一流的电视媒体,成为我国电视新闻国际传播的重要载体。然而,面对纷繁复杂的国际形势,面对日趋激烈的国际舆论竞争,我国电视新闻国际传播能力建设任重而道远。

手机电视发展前景探析

一、手机电视能否真正促进融合

美国市场调研资深分析师麦艾特认为，当前业内普遍感觉手机电视服务现状不够理想的主要原因是：此前手机服务的前景被过度夸大，从而导致业界期望值与现实间的落差过大。他指出，目前美国手机电视服务用户仅占全部移动电话用户的2%左右，与两年前业内分析师预计的10%的目标相去甚远。但是，3G商用化将推进移动数据业务向多媒体方向发展，手机电视作为3G的主打业务之一，已受到利益各方的重视。①

尽管目前手机电视业务的发展还面临许多现实困难，但从长远来看，手机电视业务将会获得快速发展。

应该说，手机电视之所以受到人们的热捧还在于融合了用户移动与视频的需求。这也表明融合已成这个时代的主流。无论是电信技术的发展、电信运营商的转型，还是用户需求的变化，融合的态势已日渐明晰。

从中国目前的情况来看，要进入手机电视的全业务时代，必须为用户提供切合需求的综合信息服务。由此，首要的任务就是关于电信与广电的合作，手机电视的发展急需三网融合的破题。手机电视的融合性业务涉及电信和广电两大产业，其中任何一个产业的缺失都不可能使手机电视健康快速发展。全球手机电视运营的经验表明，电信运营商与广电运营商合作提供手机电视业务将是一种主流模式。另外，技术和业务的融合可以为用户带来更加丰富、更加便捷的信息应用服务。信息服务将由单一业务转向文字、语音、数据、图像、视频等多媒体综合业务，用户可通过单一终端或接入方式使用各类信息服务。

---

① 《美国手机业务惨淡经营》，http://net.it168.com/pl/2008-03-19/200803190824667.shtml。

无论是中国的国情、还是用户的需求，都表现出对融合的迫切要求。如果电信运营商与广电仍然各自为政，肯定难以充分满足用户真正的需求。

业内通信专家认为，对于3G视频业务来说，技术和业务的开发都不存在难题，内容匮乏是制约整个产业发展的首要因素。手机电视想要得以发展，更需要产业链的打造，而不是停留在标准之争上。因此，对于电信运营商来说，要加速与信息服务产业链各环节的合作，推动真正的三网融合。

除此之外，寻找适当的商业模式，理顺相关产业链的利益分配格局也是一大关键。在产业分离阶段，广电和电信在各自的地盘上分别处于绝对优势地位。争取主导权实质上就是在产业链上争取利益的分配权。因此，作为融合性业务产业链的领导者，运营商必须创造一种合理的盈利模式，实现产业链共赢。手机电视是三网融合的典型项目，关系到国家无线和移动通信产业的战略布局，潜在市场价值就有万亿元。

手机电视作为介于广电和电信行业的新媒介形态，随着其市场化进程的推进，将会为越来越多的受众所接受和喜欢，其市场潜力是巨大的。但其发展过程中迫切需要解决的问题还有很多，从中国目前发展现状来看，政策成为阻碍新媒体产业发展的不可回避的重要原因。因此，必须打破行业壁垒，制定融合监管政策，同时适应技术发展，加强动态监管。其中，职能部门需要转变监管理念，体现服务职能，协调好手机电视市场各种利益关系，调节各管理部门矛盾冲突，从而推动手机电视产业顺利发展。

二、收费与免费的博弈

手机狭小的屏幕，持续时间并不长的电池，以及移动状态下收视的不稳定性，这些制约因素都不足以吸引消费用户为手机电视服务掏太多的腰包。手机电视服务市场发展状况将在很大程度上取决于服务的价位，消费者最关心的是为这种需求所需支付的成本，以及是否物有所值。收费与否及收费的标准，成为手机电视发展的瓶颈之一。

2007年In-Stat调研公司[①] 一项对上千名移动电话用户的调查显示，尽管有多达八成的被调查者表示愿意接受手机电视服务，但却不愿意为此额外支付每

---

① 该公司为全球著名的行业研究机构，专注于互联网产业链，针对电信、消费电子、半导体等领域进行研究、评估与预测。

月15美元的服务费。IDC公司的调查显示,在使用手机电视服务的用户中,大多数并未选择包月服务方式,而是选择了依据收看或下载数量计费的方式。

为刺激手机电视服务市场的发展,部分运营商开始设法通过降低手机电视服务费用的方式吸引消费用户,一定程度上增加了对用户的吸引力。

许多业内专家相信,手机电视若要大行其道,最可行的办法就是借助传统电视服务或互联网的盈利模式,使手机服务接近于免费,而运营商的收入主要依靠广告支撑。广告可以给手机电视运营商带来额外的广告收入,有调查显示,光是广告收入就能筹足架设网络所需的资金。但是,这种方式也受到强烈的质疑,从用户到业界专家都认为,这种在收取订阅费的基础上,还要让受众被动接受广告的做法很不合理。手机电视业务的盈利还可以产生在互动服务上,完善的视频点播功能可成为盈利的又一渠道。

目前手机电视的主要收入来源仍是用户的包月服务费用,而这种模式正越来越多地受到谷歌公司的YouTube以及诺基亚公司的Medeo等免费移动视频门户网站的冲击,尤其是新一代移动电话网络与移动电话产品的出现,大大加快了移动电话用户的无线联网速度,使用户利用移动Web浏览器访问这类无线视频门户成为现实,从而迫使手机电视服务趋向于免费服务模式。

业内专家指出,随着话费的下降,语音收入对运营商利润的贡献将会降低,电信业将向数据业务转变,增值业务会逐渐成为主流。在这当中,手机电视将成移动互联网时代的杀手级应用,从日本、韩国和其他国家发展实际来看都是这样。

不过即使客观条件一切就绪,关键的问题是我们为什么要使用手机看电视? 英国ROK娱乐集团的移动电视公司市场总监布鲁斯尖锐地指出,在家里的电视上能看到什么,用手机也能看到什么,为什么还要付费呢? 并且可收看的手机电视节目也就几个。

三、如何监管手机电视业务

由于各国在管制环境、经济文化水平上存在差异,国外在发展广播方式手机电视的过程中都有自己独特的一面,但也呈现出一些共同的特点。

各国对手机电视业务的管制倾向于轻管制,而政府的支持和参与是广播网手机电视发展的重要因素。各国(运营商)在标准的选择上倾向于使用基于本国数字电视标准发展而来的、拥有自主知识产权的手机电视标准，频谱资源是影响各国（运营商）选择技术标准的关键因素。多数广播方式手机电视试验和商用案例均采用了移动运营商与广播公司合作运营的模式。

2004年10月，国家广电总局颁布了《互联网等信息网络传播视听节目管理办法》，其中第一章第二条规定："本办法适用于以互联网协议作为主要技术形态，以计算机、电视机、手机等各类电子设备为接收终端，通过移动通信网、固定通信网、微波通信网、有线电视网、卫星或其他城域网、广域网、局域网等信息网络，从事开办、播放（含点播、转播和直播）、集成、传输、下载视听节目服务等活动。"而第二章第六条规定："从事信息网络传播视听节目服务，应取得《信息网络传播视听节目许可证》，《信息网络传播视听节目许可证》由广电总局按照信息网络传播视听节目的业务类别、接收终端及传输网络等项目分类核发。"因此，无论是广电运营商还是移动运营商，要想开展手机电视业务都必须持有广电总局颁发的牌照。到目前为止，国家广电总局已经颁发了4张全国性牌照和2张地方性牌照。但我国目前广电和电信互不进入的规定，使得移动运营商不可能获得此牌照。而作为接收终端的手机则由移动运营商运营，归改组后的工业与信息化部监管。实际上，已被移动运营商作为增值业务运营的手机电视业务，并没有明确包含在目前的电信业务分类中，对于此类业务，工业与信息化部也没有给出特别的市场准入措施。

在手机电视标准的确定上，国家广电总局率先发力，在2006年10月发布了自主研发的移动多媒体广播行业标准CMMB，传输技术采用STiMi技术，确定了手机电视的信道传输标准，目前其他关键性标准也在筹划之中。工业与信息化部也将手机电视列入今年的重大专项。在2008年3月的政策通报会上，当时的信息产业部明确表示将开展手机电视有关知识产权评估和相关技术评估，推动手机电视的发展，加快行业标准的制定和政策的出台。在今年的手机电视国家标准方案征集中，国家标准化协会提出的"TD—SCDMA+DAB+AVS"的组合方案成为中国版的3G手机电视标准，作为中国3G标准的配套系列。除上述标准外，国内目前还存在多种手机电视标准。而在运营商看来，手机电视只是多媒体信息服务的方式之一，各地运营商在开展试商用时，采用了不同的技术标准，也选择了不同的合作伙伴。所以，各地的试商用状况有一个很直接的表现就是开通手机电视的用户无法在省际间实现漫游和互联互通，导致手机电视市场需求增长缓慢。

内容监管方面无疑属于国家广电总局的社会监管职能,但是对于新媒体的监管,如果按照传统媒体的监管方式,显然是不现实的。在新的环境下,节目内容制作和运营机构的数量在不断增加,而且个性化的视频节目也越来越多。另外,新媒体的出现,使得其产业竞争性逐渐增强,节目内容更加符合市场化需求。如果按照传统的广播电视管理手段,必然不能满足用户信息内容多样化的需求,手机电视产业发展势必受限。另一方面,由于媒体的多样性发展,传统广播电视媒体的社会影响力会逐渐被新媒体弱化。

一方面要给予包括手机电视在内的新媒体充分的发展空间,另一方面还要对其有所约束以促其良性发展,我们要走的路还很长。

四、需求并不代表市场

如今人们为解决生存压力而忙于工作,在家里看电视、休闲的时间越来越少,处于户外移动的时间越来越长。分别监管着广播电视内容与手机终端的广电与电信都看到了这片移动多媒体市场的海市蜃楼,判断出消费者在户外移动的过程中,在没有其他更好的消遣方式之下,用手机听广播、看电视会成为一种需求。

然而,需求可能并不代表市场。需求的满足核心之一就是内容,而内容又要从质和量两个层面来看,也就是移动接收的信号效果好不好,让消费者感兴趣的移动内容是否足够丰富。另外,技术不成熟也是手机电视发展不容乐观的原因。由于数据的压缩等程序的影响,手机电视的直播与电视相比,很难同步,严重影响消费者的视觉情绪和视觉效果。除了尚未统一的各种标准,提前尝鲜的用户反馈的体验报告更可怕,那就是看手机电视感觉很糟糕。

手机硬件的先天不足直接制约着手机电视的视觉快感。中国移动全力主推的中国3G,也就是TD-SCDMA,将视频通话从技术变成了现实的场景,按照中国移动自己的宣传:3G的频谱带宽可以承载视频通话等业务,实现了手机的"听、说、读、写"功能到"看"的功能演进,实现了虚拟场景到真实场景的过渡,使人们可以面对面地交流,清晰的画面,实际的场景,彻底消除了远隔万里的空间、时间的障碍。在这种设想下,3G技术的成熟,将"天涯若比邻"的幻想变成了现实。但目前的手机电视的显示屏和分辨率成为手机电视视觉效果

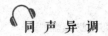

表现的最大障碍，无论再好的技术、再大的市场需求，当展示的终端先天不足时，会将这种技术、需求以及市场给抹杀。笔者曾经试用过CMMB制式的手机电视，在固定的状态下且信号较强的地段，其收视效果非常好，画面也非常流畅。但若处于移动状态，信号就不够稳定，并且电池的消耗非常快。目前，这些问题尚无法彻底解决。动态的画面给人的是一种视觉满足，我们看到消费者对视觉需求满足的电视机的屏幕需求越来越大，清晰度和分辨率要求越来越高，以满足人们视觉享受的需求。使用电脑和笔记本观看影片和电视节目的清晰度和分辨率有时无法愉悦人们的眼球，距离太近眼睛容易疲劳。手机的纤薄、小巧化的流行趋势，与带来视觉享受的大屏幕电视的流行趋势背道而驰。手机狭小的屏幕尺寸和分辨率让人们的眼球产生疲劳感，失去了视觉的愉悦和享受。那些每天在办公室里饱受电脑煎熬的眼球，如果想用手机电视来愉悦自己的眼睛和心情，可能还是无法达到赏心悦目的效果。

五、手机电视并非主角

不管手机未来的演进方向如何，都无法替代消费者对视觉快感的需求，上网功能再完善，也无法和电视的视觉感受相媲美。任何产品都有自己的核心需求，这种需求和功能是唯一的，是其他产品无法替代的。手机最大的功能是及时通话，手机电视就像手机的拍照功能、MP3、MP4、上网、浏览功能一样是通话的辅助功能，而不是核心需求。商家过多地渲染奥运比赛是基于人们对及时信息的特定需求，只是为了巧借奥运商机销售产品，这使手机电视趁势"火"了一把。随着奥运圣火的熄灭，人们对于手机电视的热度正在下降。

从手机电视被热炒的那天起，可能就是一股"虚火"，技术的不成熟可以优化，市场的需求可以培养，但是手机的特质注定了手机电视无法满足消费者的视觉需求，这决定了手机电视不可能像移动运营业务中的短信和语音业务那样成为重要盈利点。视频通话在3G业务的应用更多地也只是噱头，叫好不叫座。手机电视的出现，只是为我们提供了传统媒体之外的另一种可选择的方式。

就中国目前的手机电视发展来看，依托传统电视媒体的程度非常大，自主播出的灵动性不够。曾经一度低迷的广播在交通和天气服务上又找到了自己的拥趸，体现出自己所长。而比广播的移动性更强，更具便携性并且具有可视性的手机电视不仅仅要在娱乐、休闲节目上满足受众的需求，更要在实时资讯上做足功夫，找到属于手机电视自己最具特色的产品，这样才会让高端的技术得到最具意义的应用。

（本文系中国传媒大学国家社科基金项目"世界广播电视发展趋势"课题组阶段性成果之一）

当前媒体融合存在的问题及解决路径

"媒体融合"真正成为业界和学界关注的热点，是从2014年8月18日开始的——当日中央深化改革领导小组第四次会议通过了《关于推动传统媒体和新型媒体融合发展的指导意见》。在这段时间内，对于媒体融合中央高度重视，习近平总书记在2014年的"8·19"讲话和2016年的"2·19"讲话中都提到了媒体融合；我国的传统媒体也进行了多种尝试和探索，并取得了一定成果——传播渠道多元化，产品形式多样化，传播力显著提升。然而，由于传统媒体的融合没有现成的样板可供借鉴，基本是"摸着石头过河"，难免出现一些问题，对此进行及时冷静的审视、反思和总结，寻找相应的对策，有助于媒体融合下一步的开展和新型主流媒体的建设。

一、媒体融合发展中出现的问题

(一)当前的媒体融合存在观念上的误区

商业化新兴媒体拥有令人羡慕的渠道和用户，但这些是基于互联网思维在市场上产生的，现在很多传统媒体在融合过程中持有的仍旧是传统媒体思维，在观念上存在一些误区，导致媒体融合难以深入。

1. 有些传统媒体进行媒体融合的逻辑起点是错误的

从根源上讲，传统媒体遭遇"四面楚歌"是因为用户链接失败；进行媒体融合的最终目的是与用户进行有效链接，这应该是媒体融合的逻辑起点。然而，很多传统媒体热衷于拥有"三微一端"，强调做优做强内容，但对于传播对象的了解却非常薄弱，缺乏应有的重视。

与传统媒体形成鲜明对比的是，商业化新兴媒体非常注重用户研究。随着大数据技术的应用和成熟，在腾讯、阿里、百度、今日头条等公司，用户画像技术已经得到成熟的运用，这些公司以庞大的用户数据为依托，建立起目标用户模型,对用户的阅读兴趣和阅读爱好进行了准确掌握。

当前的传统媒体,虽然可能有大量的读者、观众,却并不擅长把他们转化为用户,对这些读者、观众的相关信息知之甚少,即使通过调查了解到一些,也是非常粗线条的,很难为"量身定做"信息产品提供依据,不能适应分众化传播的要求。

如今,我们正处于一个信息过载的时代,传播方式已经从过去的"人找信息"变为"信息找人",人们对于信息的狂轰滥炸不厌其烦,只有为用户量身定做的信息,才可能更受欢迎。从这个角度来看,传统媒体在转型过程中,应该从用户的角度出发,先了解传播对象的构成和要求,才能确定用什么样的渠道、提供哪种内容。否则,逻辑起点一旦出错,后边往往就会错上加错。

2. 对于互联网思维本质的把握存在偏差

对于传统媒体来说,看到了互联网的便捷和能量,但对互联网本质的理解和把握有时并不到位。在谈到互联网逻辑时,喻国明总结了两个关键词非常到位:连接和开放。他说:"当前互联网已经成为今天传播领域的基础性的底层设施,就像一台计算机的操作系统一样,规定着你的运作方式、决定着你的价值评估、划定着你的运营空间。"[①]

现在的媒体融合,虽然做了很多工作,但有时不能准确把握互联网"连接和开放"的本质。有些传统媒体在进行媒体融合时,虽然信息的发布渠道不断增多,产品的形式也从原来的文字到音频、视频等多种样式,但其在本质上还是"做好内容—赢得受众—招揽广告"的老思路。这种思路存在两个问题。首先,不能激活个体化资源。基于互联网的商业化新兴媒体之所以力量强大,主要在于激活了原来处于社会角落的个体化资源,允许用户撰写、分享、评论、讨论,其内容是由大批网民自发贡献、提取、创造和传播的。网民的原创产品,不仅包括原创文章,也包括评论性文字,这些都是具有价值的。其次,传统媒体的老思路与当前的互联网的文化趋势格格不入。传统媒体思路是一对多的传播方式,注重从长辈、权威那里继承知识,是美国人类学家玛格丽特·米德所说的"前喻文化"。在移动互联网时代,基于互联网的商业新兴媒体注重彼此之间分享意见、见解、经验和观点,其用户在社会生活中的年龄、职业、职位在

---

① 喻国明:《互联网逻辑下传媒产业转型升级的关键与发展进路》,载《新闻与写作》2014年第7期,第51页。

很大程度上已被消解，更注重人与人之间的平等交流，这正是马格丽特·米德所说的"后喻文化"。随着互联网的普及，"后喻文化"已经成为流行趋势，传统媒体所代表的"前喻文化"已经很难适应当前互联网的文化发展趋势。

（二）在媒体融合过程中技术驱动力不足

纵观人类信息传播史的演变，每一次都是因为技术的革新重塑了传播业态——"在人类传播史上经历了五次革命——语言传播、书写传播、印刷传播、电子传播、网络传播（以电脑为主体、以多媒体为辅助的多种功能的信息传播）。每一次传播革命都对社会进步具有重大的推动作用，将人类带进一个新的境界、新的时代。"[①] 进入互联网时代以后，通讯技术对传播的影响更加凸显，媒体的发展已经由"内容驱动"变为"内容技术双驱动"。其实，早在 2014 年 8 月 18 日中央全面深化改革领导小组第四次会议审议通过的《关于推动传统媒体和新兴媒体融合发展的指导意见》中就强调"推动媒体融合发展，要将技术建设和内容建设摆在同等重要的位置"。然而，在当前的媒体融合中，传统媒体对传播技术未给予足够重视，造成驱动力不足。

1. 人工智能已经成为信息生产和传播的关键技术，传统媒体未能充分发挥其作用

传统媒体式微，不是输在信息质量上，而是输在信息数量上。《人民日报》、央视、新华社为代表的传统媒体，具有强大的采编能力，但一天当中能够通过各种终端推送的信息总量，却无法和今日头条等商业化新兴媒体相比。今日头条等新兴媒体，运用算法盘活了互联网上的各种信息，对用户进行千人千面的推送，在新闻数量和用户数量上体现出传统媒体不具备的优势。以算法为基础的腾讯新闻、今日头条，"月活"用户都超过 2 亿，非一般传统媒体所能比。的确，利用算法分发新闻存在一些问题，难以有效进行价值观引导，信息质量不高，但并不能因此否定算法这种技术。作为一种人工智能，算法正在不断学习和进步，对用户的了解将会逐步深入。今日头条总编辑张辅评在 2017 年年底接受《新闻战线》采访时说："……每个星期都会对算法进行一些优化和调整，近一年内今日头条的算法进行了 4 次比较大的模型迭代。"[②] 值得注意的

---

① 邵培仁：《论人类传播史上的五次革命》，载《中国广播电视学刊》1996年第7期，第5~8页。
② 建文：《智能推荐：认知和改进完善都需要时间——访今日头条总编辑张辅评》，载《新闻战线（上）》2017年第12期，第71页。

是，传播力决定着影响力和引导力。假如传统媒体所能吸引的用户远远少于商业化新兴媒体，就失去了传播的基础，何谈价值观引导？另外，传统媒体进行媒体融合，就是要吸收商业化新兴媒体的传播方法和理念，而算法无疑是新媒介的核心传播技术之一，岂有盲目抵制和放弃的道理？

令人振奋的是，新华社2017年年底发布了我国首个媒体人工智能平台——"媒体大脑"，具有 2410（智能媒体生产平台）、新闻分发、采蜜、版权监测、人脸核查、用户画像、智能会话、语音合成等功能，向海内外媒体提供服务。2018年6月13日，在俄罗斯世界杯开赛前，作为世界杯内容制作的技术平台，新华社MAGIC智能生产平台对外发布，在世界杯期间，机器生产了37581条世界杯短视频新闻，最快一条生产耗时仅6秒。

2. 传统媒体大数据基础薄弱，收集、开采和可视化能力有待提升

大数据时代的来临，对人类的生活产生着重要作用。正如哈佛大学社会学教授加里·金说："这是一场革命，庞大的数据资源使得各个领域开始了量化进程，无论学术界、商界还是政府，所有领域都将开始这种进程。"[1] 在信息传播领域，大数据的作用也非常突出。人民日报媒体技术股份有限公司原总经理叶蓁蓁（现为人民网总裁）认为，大数据技术是重构媒体版图的一个重要方面，它将重新构建媒体的决策、采访、编辑、分发和评价的工作体系，使生产流程从过去基于工作经验升级为基于数据。[2]

作为新闻传播的一个重要组成部分，数据新闻具有自己独特的优势：在展示方式上比较直观，易于理解和传播，而且在新闻叙事和预测判断方面具有很大价值。最近几年，人民网、央视等媒体，与百度、腾讯等互联网企业联合，在数据新闻方面推出了像"数字两会""H5读懂'十三五'"等大型数据新闻报道，为用户带来全新收视体验和分享视角。但总体上来看，传统媒体在对大数据的开发和利用上仍旧比较弱，多数传统媒体并没有形成自己的数据库，也不具备大数据的分析开采能力。由于大数据的积累是一个过程，结果是一步赶不上，步步赶不上。其实，传统媒体在获取政府数据方面具有很多优势，不应坐失大量数据资源从眼前白白流失。

另外，大数据基础薄弱还影响着传统媒体对人工智能的开发。大数据是人

---

① 转引自杜慧：《大数据时代商业化的社会学研究》，载《商业研究》2016年第10期，第28页。
② 《专家：媒体融合是必然趋势新技术将重构媒体版图》，人民网财经频道，2016年7月29日。

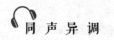

工智能的"能源"，没有足够的数据，人工智能再先进也很难达到应用的程度。在媒体未来的发展中，人工智能的作用会越来越显著。面对大数据，传统媒体不能成为旁观者。

3. 缺少"用户画像"，难以做到分众化精准传播

"用户画像"是由交互设计之父阿兰·库珀（Alan Cooper）最早提出的，是指真实用户的虚拟代表，根据用户的目标、行为和观点的差异，将他们区分为不同的类型，根据其典型特征形成一个个人物原型。现在的很多商业化新兴媒体，都根据"用户画像"来进行新闻分发。今日头条、一点资讯都是通过用户画像和给资讯打上标签，然后根据时间、位置、天气等环境特征，让算法进行匹配，因时因地推送给用户。这种方法的优点是"量身定做"，信息传播效率相对较高。

然而，现在的传统媒体在"用户画像"方面进展缓慢。虽有部分传统媒体在所主办的新媒体进行"用户画像"的尝试，比如《四川日报》打造的封面新闻就通过算法分发新闻，但总体上相对较少。由于进行"用户画像"需要深厚的技术基础和资金基础，而且进行"用户画像"是一个日积月累的过程，很难在短时间内形成数据积累，这些因素导致传统媒体未能跟上步伐。

在基于互联网的新媒体时代，信息传播途径越来越多元化，很多信息从稀缺品变为公共品，这时只有通过了解用户的分众化传播，才能提高媒体的传播力。如果传统媒体不能利用好"用户画像"技术，将在媒体融合进程中被掣肘。

（三）传统媒体的体制机制影响融合进程

媒体的体制机制是与信息传播方式相对应的。现在媒体的体制机制，是针对传统媒体的特点和要求，在20世纪50年代学习苏联媒体设置的。随着信息技术的革新，媒介之间的界限逐渐模糊，这种新闻体制难以实现资源的有效配置，不仅不会促进新闻传播的发展，反而会限制其功能的发挥。可以想象，一个穿着不合脚鞋子的运动员，怎么可能跑出优异的成绩？

1. 传统媒体的组织架构难以适应媒体融合

传统媒体的组织架构一直是趋于中心化的，在进行媒体融合的过程中，多数传统媒体只是把原有的组织架构"移植"到新媒体部门，很容易导致其所主办新媒体的组织架构不适合新媒体的生长。学界有人把媒介分为"高维媒介"

和"低维媒介",认为"互联网是一种'高维媒介',用'低维'逻辑去运作和管理它是荒唐可笑的,更是无法产生预设效果的"。[①] 基于互联网的新媒体无疑是属于高维媒介的范畴。进行媒体融合时,是从"低维媒介"向"高维媒介"转变,如果原有适应于"低维媒介"的组织架构并没有变化,就会对媒体融合产生副作用。

拿一家报社来说,一般分为要闻、经济、民生、文体、专副刊、摄影等多个部门,现在又增设了新媒体部,它们各有自己的利益和服务对象。由于拥有众多采访资源的各部门,并不受新媒体部的指挥,顶多是提供稿件;而提供的这些稿件,往往又缺乏新媒体的元素和视角。在这种情况下,传统媒体所主办的新媒体,很难和具有扁平化组织架构的商业化新兴媒体比拼。

如果不能重构采编流程,减少管理层次,使组织机构扁平化,就不具备新媒体生长的气候和土壤。现在有些传统媒体,虽然花大力气兴办新媒体,但因组织架构原因,无法形成有机融合,仍旧是各个部门"单打独斗","水是水,油是油",分得清清楚楚。按照这种方式发展,其媒体融合很难有实质性进展。

2. 原有的行政化管理和考评机制不利于媒体融合

传统媒体的行政化管理有待改革。传统媒体的人员管理以行政化为特征,是根据级别垂直分布的。在原来的传播模式下,由于新闻生产流程较长,信息源和信息发布渠道相对单一,这种管理模式是可以的。但现在,传统媒体行政化的管理与商业化新兴媒体的市场化管理相比,所激发的活力和创造性都处于劣势。而且,如今追求时效性以秒计,如果遇到重要新闻层层上报,就难以获得"首发效应"。

传统媒体原来的考评制度,是针对如何做好报纸、电台、电视台等媒体而设立的,随着近几年的媒体融合,很多媒体对考评制度进行了调整,但基本上还是以原有的为主体,在促进媒体融合的过程中表现出"动力不足"。要想让传统媒体融合发展,就应该以传播效果为导向,大幅提升记者在新媒体发稿所得考评分值的权重。如果不把新闻的点击率、转载率、互动情况纳入考核,很难从根本上发挥作用。

在传统媒体进行媒体融合之时,人才的缺乏是一个重要问题。一是人才

---

① 喻国明:《用"互联网+"新常态构造传播新景观》,载《新闻与写作》2015年第6期,第39~40页。

"逆淘汰"严重。所谓"逆淘汰",就是指选择离开的不是能力差的,反而是优秀者。在2017年,30多位知名媒体人告别传统媒体,严重影响了这支队伍的士气。二是人才结构不合理。传统媒体在融合发展中,需要采编人员、管理人员和技术人员三类人才,而现在的实际情况是,适应新媒体的技术人才、管理人才都非常短缺,多数是单一技能的新闻采编人才。只有在媒体融合过程中把"去行政化"和以效果为导向落到实处,传统媒体现在面临的人才缺少问题才有可能解决。

(四)"中央厨房"建设喜忧参半

要想使媒体融合尽快从相"加"变为相"融",打造一批新型主流媒体,建设"中央厨房"成为一个重要选项。以《人民日报》为代表的传统媒体,这两年积极建设"中央厨房",而且所建设的"中央厨房"已经开始发挥作用——打破了过去媒体的板块分割的运作模式,建立起总编调度中心,集中指挥、高效协调、采编调度、信息沟通功能逐步强化。在重大报道活动中,媒体的"中央厨房"已经显露出优势。但是,"中央厨房"建设中出现的一些问题,也应该认真反思。

1. "中央厨房"的建设存在本末倒置现象

由于管理层的号召,全国各地媒体纷纷上马"中央厨房",但有些媒体只见"厨房"不见"炊烟",这些"中央厨房"沦为向领导汇报和外界展示的"形象工程",一有人参观就从各部门调来编辑记者形成"大阵仗",参观的人刚走这些"群众演员"便离开中央厨房回到各自部门工作。"'中央厨房'实质是流程再造、内容提升、技术改进、物理空间四者合一的完整融合体系。"[1] 这四者的重要性其实并不在一个水平线上,流程再造居首,物理空间的重要性最小。然而,很多媒体恰恰是花巨资建成了物理空间,就宣告"中央厨房"开始"生火"了。在这种情况下,即使做出"酒席",恐怕味道也不敢恭维。

建物理空间易,流程再造难。人民日报媒体技术股份有限公司原总经理叶蓁蓁曾告诉《传媒茶话会》:"目前部分媒体走进了'中央厨房'建设误区,投入大量资金对原有采编系统进行技术升级和空间平台建设。忽略了最重要的业务平台建设,即:用新机制激发人员积极性,用新团队补偿原有团队能力不

---

① 潘建中:《"融"出最强化学反应 "合"为新型主流媒体》,载《新闻战线(上)》2017年第12期,第96页。

足,导致投资很大,却不见产出内容精品的实际效果。"① 没有进行流程再造,宽敞的物理空间、巨幅的显示屏,没有任何实际意义。

另外,"中央厨房"的建设只是一种探索、一个过程。作为"中央厨房"建设的"母版",《人民日报》的"中央厨房"还在不断完善中。由于传统媒体自身媒介类型的不同,辐射地域的差异,在建设"中央厨房"时应该量身打造符合自身特点的类型,不可盲目照搬。但底线是能重塑采编流程,有利于信息资源的配置和分发。

2. "中央厨房"的常态化运行实现难度较大

"中央厨房"的建设为媒体融合提供了一个很好的切入点,但其常态化运行问题,依旧未能真正解决。

"中央厨房"多属"节庆模式",距离日常化开启,还有不小的距离。《人民日报》的"中央厨房",一直努力进行日常化运作,但到现在为止,还是在重大活动中才显现出其作用。从2015年"两会"报道开始,到2017年1月为止,《人民日报》的"中央厨房"一共启动运行20次。对于一些地方媒体的"中央厨房"来说,运行的频率更低,有些建成后成了"到此一游"的"景点",在新闻报道实践中发挥的作用非常小。

"中央厨房"的产品在数量和质量上都有待提升。2017年,《人民日报》"中央厨房"出品的网络访谈类作品——《习主席来了》(Who is Xi Dada?)荣获中国新闻奖国际传播一等奖。这可以算作"中央厨房"产品质量上的一个突破。不过,相对于全国媒体"中央厨房"的数量来说,并没有烹饪出琳琅满目的"菜肴"。2017年3月31日,天津建筑面积为1000平方米的"津云"中央厨房正式启动运行,《天津日报》、《今晚报》、天津电视台、天津电台、北方网等主流媒体纷纷入驻,但到2018年6月为止,"津云"生产的产品,尤其是影响力比较大的新闻产品,数量还很少,恐怕这需要进一步的调试磨合才能改变。

"中央厨房"难觅"厨师长"。按照现在"中央厨房"的架构,必须有一个人坐镇指挥中心,才能够随时筛选信息,做出采访和分发决定。但这个职位要求非常高,如果"中央厨房"全天候运行,一个媒体要找到几个合适的人完成全天候值班难度不小。如果这一关键环节不能发挥作用,"中央厨房"的运转就

---

① 刘岩:《"中央厨房"到底是个什么梗?》,微信公众号传媒茶话会,2017年4月24日。

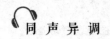

很难顺畅。

3. "中央厨房"的产品同质化现象突出

"中央厨房"追求的是"一次采集、多种生成、多元传播",这种模式不仅高效,而且能节省大量人力物力,但在实际操作过程中发现,"中央厨房"通过多个终端发布的新闻产品,往往存在同质化问题。

不同终端的差异化要求,在一次采集过程中很难全部照顾到。报纸新闻与电视新闻,电视新闻与广播新闻,由于产品的形式不同,对采访的角度、侧重的要素都有不同之处;即使同属视频新闻,在大屏播放和在小屏播放要求也不一样。例如,通过电视看新闻,对声音要求就会高一些,因为用户会通过声音来获取信息和体验;而通过手机播放的短视频,则会对字幕要求更高,因为很多人都是在公共场合看,经常不开声音,而通过借助字幕来观赏。

当然,不能由于出现同质化问题就否定"中央厨房"建设。对于媒体融合来说,建"中央厨房"是一种大胆的、有价值的尝试,因为"互联网思维的核心是试错和快速迭代,如果传统媒体一直不敢尝试,则永远不可能开发出适应市场的互联网产品"。[①]

二、传统媒体进行媒体融合的路径

(一)认清优势和劣势,扬长补短

传统媒体的最大优势就是内容生产,但必须是分众化的原创内容生产。随着信息共享的普遍化,一般性的新闻内容已不再稀缺,而且今后很可能通过机器人写作就能完成,而有针对性的新闻以及深度报道、评论等,将是传统媒体内容生产的优势所在。在内容生产之外,传播渠道、用户链接、传播技术等方面,很多传统媒体都落后于商业化新兴媒体。通过媒体融合和进行有效的用户链接,如何提高传播力、影响力、引导力、公信力,是摆在传统媒体面前的一道必答题。

传统媒体要想通过媒体融合建成新型主流媒体,有两条道路可走:

一是补足短板,在内容、技术、渠道、用户四个方面均衡发展。"木桶效应"告诉我们,一只木桶能装多少水,取决于最短的木板。互联网为背景的商业

---

① 郭全中:《媒体融合实践的五种路径》,载《新闻与写作》2016年11期,第51页。

化新兴媒体之所以风光无限，就是因为它们拥有技术、渠道、用户，而又能轻松地获取传统媒体的内容。如果具有内容生产优势的传统媒体能够补足"短板"，在技术、渠道、用户方面有所建树，媒体融合必然获得实质性进展。浙江日报报业集团的媒体融合就是建立在基于大数据的先进技术平台——通过建立"媒立方"，建设大数据资源平台、智能生产和传播平台、用户沉淀平台。浙报集团还以31.9亿元收购了杭州边锋和上海浩方游戏竞技平台，从而把一个拥有2000多万活跃用户、3亿注册用户的游戏平台收入麾下。《四川日报》的封面新闻也是注重技术推动力的媒介，其算法推荐技术在业内知名，并且在2017年不断升级，正朝着"AI+媒体"的方向前进。如果《浙江日报》《四川日报》等能够通过自有技术进而畅通传播渠道、积累用户的话，今后将具有较强竞争力。当然，这条道路难度比较大。

二是借船出海，与拥有技术的公司合作。有学者在论述媒体融合时提出"新木桶效应"——"应该按照'新木桶效应'的原则，着眼于木桶的长板，进入市场进行外部结合，用自己的长板跟别人的长板合作，形成强强联合，用最佳配合形成一个新木桶。"[1] 现在，很多传统媒体采取的就是这种策略，发挥自己的内容优势，利用新媒体的技术优势和传播渠道以及用户资源，使传播力呈几何级增长。人民日报社在发展自有技术的同时，也比较注重借助外部技术。在2017年全国"两会"报道中，人民网联合腾讯网推出大型直播节目《两会进行时》，每日连续9小时直播，总时长超过100小时。《人民日报》的权威性加上腾讯的技术，使得这次报道累计访问量突破一亿人次。2016年，央视与国双公司签约，获得对方大数据服务，通过制作发布具有互动内容的H5产品，利用埋入统计信息的大数据探针，对用户的性别、年龄、位置等信息进行收集和分析，从而更好地了解用户。"借船出海"的优点是见效快，缺点是很难掌握核心技术。

（二）以传播效果为导向，坚持"移动优先"

媒体融合必须以传播效果为导向。在信息稀缺时代，传统媒体掌握着信息发布的主动权，对于传播效果的好坏，一直缺乏系统深入的研究。而如今判定传统媒体融合的进展状况如何，最主要的是看其传播效果如何。人民日报

---

① 喻国明、姚飞：《强化互联网思维推进媒介融合发展》，载《前线》2014年第10期，第56页。

社经过近几年的媒体融合已经初见成效。截至2018年6月，人民日报社现拥有报纸、杂志、网站、客户端等十多种载体，400多个发布终端，覆盖用户总数达7.86亿。更引人瞩目的是，其新闻产品的点击量达到几十万以至于几百万已经是大概率事件。

媒体融合必须坚持"移动优先"。习近平总书记说："读者在哪里，受众在哪里，宣传报道的触角就要伸向哪里，宣传思想工作的着力点和落脚点就要放在哪里。"① 一组数据可以告诉我们现在传播对象集中在何处。2018年1月，中国互联网络信息中心（CNNIC）发布的第41次《中国互联网络发展状况统计报告》显示，截至2017年12月，我国网民已有7.72亿，普及率已达55.8%，其中手机网民规模达7.53亿。由此不难看出，移动端是最大的用户聚集地。有没有贯彻实施好"移动优先"战略，主要看资金投入、人才调配、产品生产等方面的体现。

（三）变革媒体组织机构，催生融合"化学反应"

就整个媒体融合来说，体制机制的改革，是最关键和难度最大的。只有使传统媒体的组织架构、体制机制围绕新媒体进行重塑，才能够为媒体融合走向深入提供条件。

重塑采编流程，让"一次采集、多种生成、多元传播"落到实处。对于重塑采编流程，《解放日报》下手快、魄力大、力度强。2014年，延续多年的各个部门的组织架构被完全打破——原有《解放日报》的各个部门就地解散，其主要采编力量围绕"上观新闻"的9个频道进行新闻生产。经过组织结构再造后，《解放日报》通过"栏目制"，在报社内公开招标，随后经过筛选确定，使得原来垂直化的架构趋向扁平化。

借建"中央厨房"，削弱原有层级管理机制。我国传播体制是受苏联模式影响形成的，其体制机制在互联网时代未能与时俱进。今后，要想推动媒体融合发展，还需加快转企改制步伐，让传统媒体旗下的新媒体走向市场；削弱原有垂直型管理体制，使资源能在部门之间共享和流通。

改革考评制度。管理学中有一个观点，"你考核什么，就得到什么"。只有传统媒体的考评真正向媒体融合倾斜，才能促进融合发展。央视对于新媒体

---

① 习近平：《坚持军报姓党坚持强军为本坚持创新为要为实现中国梦强军梦提供思想舆论支持》，载《人民日报》，2015年12月27日，第1版。

新闻部编辑人员的考评,除了每个人的基本工作量之外,还对其加工的产品的传播效果进行考评。封面新闻将稿件的点击量、转发量、评论量等用户评价作为重要考核指标,就是很好的探索。

(四)发展平台型媒体,重视社交传播

现在媒体的竞争,很大程度上是平台的竞争,放眼望去,业内翘楚多是平台型媒体——腾讯的微博微信、今日头条等,都是平台型媒体。平台型媒体具有媒体内容规模化的优势,腾讯的"企鹅号"、阿里的"大鱼号"、今日头条的"头条号",都吸引了大批入驻者,从而使其信息发布能力"如虎添翼"。传统媒体在进行媒体融合的过程中,也应该注重建设平台型媒体。现在,已经有一些传统媒体在这方面进行探索和尝试。

2017年2月19日,央视新闻移动网上线,它既是一个覆盖亿万用户的新闻资讯应用,也是一个专业记者直播的首发平台、原创内容版权的保护平台、汇集电视新闻机构的媒资共享平台、用户参与内容生产的交互平台。央视新闻移动网开通了央视新闻矩阵号,吸收机构账号入驻,使其成为实现平台化的重要载体。央视新闻移动网上线当日,就有37家省级和计划单列市电视台入驻。新华社在平台型媒体方面也有尝试。2017年2月19日,新华社启动"现场云"全国服务平台,媒体只需签订协议入驻现场云,就能享受"现场新闻"移动采编服务。截至2018年2月12日,该平台已有2400多家机构用户入驻,覆盖全国省级、地市级媒体,入驻记者、编辑1.2万多人,直播总场数已达3.5万场。2018年6月11日,人民日报社宣布全国移动新媒体聚合平台"人民号"上线,构建兼具主流价值与创新活力的新媒体内容生态。

另外,在媒体融合过程中,还应重视媒体的社交化。在互联网时代,"去中心化"流行,通过社交传播获取信息和知识已经成为常态,这也是微信、微博、QQ、人人网能够吸引海量用户的原因。正如有的学者所言:"门户媒体和以前的传统媒体的传播属于以内容为导向的'信息传播',而社交媒体和场景媒体属于以关系为导向的'关系传播'。"[1] 挖掘社交媒体的作用,注重"关系传播",对媒体融合也是非常重要的。

---

① 李明海、董小玉:《相融相生与关系重构:论媒体融合的进路与近路》,载《现代传播》2017年第1期,第17页。

三、结语

2016年2月19日,习近平总书记在新闻舆论工作座谈会上说:"如果我们党过不了互联网和新兴媒体这一关,可能就过不了长期执政这一关。"作为党和人民喉舌的传统媒体,只有通过媒体融合建设新型主流媒体,才能提高传播力、影响力、引导力、公信力,这既是不可推卸的职责和使命,也是事关自身生存和发展的关键问题。正视和反思当前媒体融合过程中存在的问题,走出思想上的误区,寻找适合自身的方法和路径,才能在融合发展中走得更快更好。

正确把握六个"关系" 做好党报舆论监督

舆论监督是党和人民群众赋予党报的一项重要职能，也是党报助力党和政府解决问题、改进工作的有力手段。2016年2月，习近平总书记在党的新闻舆论工作座谈会上强调："坚持正面宣传为主，同时加强舆论监督。"①作为新闻报道的一种特殊形式，舆论监督报道具有不可替代的作用，也有着独特的特点和规律。做好舆论监督报道，需正确把握六个"关系"。

一、把握好"上"与"下"的关系

党报在进行舆论监督报道时，必须要把握好"上"与"下"的关系——既要认真领会、吃透党和政府的精神，又要深入调查、了解人民群众的心声，确保舆论监督报道的选题是党和政府、人民群众都高度关注的问题。这一点刘少奇在《对华北记者团的谈话》中曾有明确表述："党的新闻事业是党和人民的耳目喉舌，是党联系人民群众的桥梁。报纸每天把党的政策告诉群众，又把群众的呼声、要求、困难、经验以及党的工作中的失误反映给党。"②把握好"上"与"下"的关系，是党报进行舆论监督报道的基本要求。

把握好"上"与"下"的关系，首先要在思想意识上认识到党性和人民性是统一的。党和人民群众的立场、目标、利益都是一致的，党性和人民性自然也是一致的。党报的舆论监督报道应坚持党性原则，切实宣传好党的主张；又要坚持人民性原则，实现好、维护好、发展好最广大人民群众的根本利益，体现出对党负责和对人民负责的一致性。认识到这一点，才能把宣传好党和国家的路线方针政策与反映人民群众的愿望有机结合起来。

其次，作为记者，在采写舆论监督稿件时要"上""下"兼顾。一方面，熟悉

---

① 《习近平总书记党的新闻舆论工作座谈会重要讲话精神学习辅导材料》，学习出版社2016年版，第7页。

② 方汉奇：《中国新闻传播史》，中国人民大学出版社2002年版，第290页。

和了解上级精神，能够有政治家办报的思想认识，从大局出发审视问题；另一方面，要脚踏实地，深入基层，了解群众的想法、看法，多关注社会民生问题，有"为民请命"的情怀。在进行舆论监督报道时，"上""下"兼顾是好作品产生的前提。《解放日报》于2018年8月2日刊发在6版的《后河脏臭如绿色沼泽，谁是污染源》，就是一篇很好地把握"上"与"下"关系的稿件。十九大报告中明确指出，加快生态文明体制改革，建设美丽中国；习近平总书记也多次强调"绿水青山就是金山银山"。这篇稿件既切合中央精神，又反映了群众的具体问题，通过深入采访写出后河被污染的可能原因。记者通过这个典型案例，披露了广泛存在的河流污染的问题及其治理措施，把贯彻中央精神与反映人民群众想法很好地结合起来。

二、把握好"点"与"面"的关系

党报要想做好舆论监督报道，要把握好"点"与"面"的关系，即在进行舆论监督时正确看待个体与整体、特例与普遍之间的关系。唯物辩证法认为，任何事物都是对立统一的。在我国的发展过程中，难免出现一些不合理的现象，但与当前国家的大局相比，毕竟是次要问题。作为从事舆论监督的记者，需要正确看待负面与正面的关系，分清哪是点、哪是面，哪是支流、哪是主流。

把握好"点"与"面"的关系，首先，要掌控好舆论监督的量和度。如果打开一张报纸，看到过多负面报道，很容易对人形成误导。美国传播学者、新闻评论家李普曼曾提出著名的"拟态环境说"，认为我们生活在两个环境里——现实环境和拟态环境，而后者是大众媒介塑造出的环境。作为党报，应该掌控好舆论监督的数量、频率和尺度，使新闻报道所呈现的拟态环境尽可能接近现实环境，这样才有助于积极有效地开展舆论引导。

其次，选题要具有普遍意义和典型意义。能够纳入舆论监督视野的题材很多，但写什么、不写什么，是对记者选题水平的考验。这需要从大局出发认真研究，尽量使选取的题材具有代表性意义。《人民日报》在2016年8月30日曾刊发了一篇舆论监督稿件《"怎么证明我妈是我妈！"》。该文作者的一位同事办理出境游手续遇到了困难，另一位同事为母亲办异地医保手续遇到了麻烦，他们都是被"怎么证明我妈是我妈"给难住的。这让记者联想到了当时存在的各种奇葩证明、循环证明现象，于是写了这一稿件，引发了媒体关注和群众共鸣。

第三,点面结合增强说服力。在进行舆论监督报道时,只写"点"容易缺乏概括性,只写"面"又难以深入,适当采取点面结合的方法进行报道更有说服力。这种方法有助于抓住问题的实质,避免一叶障目不见森林,确保舆论监督不偏离正轨。

三、把握好"快"与"准"的关系

党报要想做好舆论监督报道,要把握好"快"与"准"的关系。在二者的定位中,"准"是基础。舆论监督报道对准确性的要求非常高,如果哪一个地方出现纰漏或者错误,不仅可能会产生难以估计的负面影响,有时还会对簿公堂。当然,"快"也很重要。一篇舆论监督稿件,能不能快速采写刊发,决定着其生命力和影响力。这是因为,当发现问题后,如果能够较早采写刊发,就会获得"首发效应",占据舆论宣传的主动地位,产生更大的影响力。更重要的是,采写刊发舆论监督稿件,往往承受着很大的压力。由于舆论监督往往涉及多方利益,相关单位或个人会通过各种途径对媒体施加影响,每耽搁一天,稿件能顺利刊播的可能性就会减小很多。

把握好二者关系,最关键的是"准",没有"准"的"快"宁可不要。真实是新闻的生命,这一点在舆论监督报道中尤为突出。要想确保稿件的准确性,首先记者必须深入调查。没有调查就没有发言权,记者只有根据新闻线索进行深入调查,才能确保稿件的真实准确。在调查过程中,要尽量多掌握第一手材料,而对间接性材料则要经过分析验证后才能使用。

其次,必须注意采访和报道的平衡性。兼听则明,偏听则暗。合格的舆论监督记者,写一篇稿件要对投诉人、被投诉者、相关部门以及业内人士进行多方位、多角度采访,力争客观公正。如果遇到某一方拒不接受采访,也应将被拒绝的过程以及对方的态度写出来,让读者了解实际情况。只有这样,报道才能避免偏听偏信,才会减少纠纷和麻烦。

另外,舆论监督报道必须透过现象反映本质。马克思主义新闻观认为,"新闻的真实性,包括现象真实和本质真实两层意思。"[①] 对舆论监督报道来说,尤其要注意,稿件不仅要反映现象真实,更要反映本质真实。这就需要记

---

① 朱国圣、林枫:《马克思主义新闻观研究》,新华出版社2010年版,第117页。

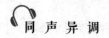
者用更多智慧、花更多时间和精力。

四、把握好"批评"与"建设"的关系

党报要想做好舆论监督报道，必须把握好"批评"与"建设"的关系。习近平总书记指出："舆论监督的出发点应该是积极的、建设性的。"[①] 开展舆论监督，不是为了批评而批评，必须有正确的出发点和落脚点，即为了党和国家的工作大局与人民群众的切身利益，为了统一思想、凝心聚力、维护社会团结稳定。

要把握好"批评"与"建设"的关系，首先，要有强烈的问题意识，这是舆论监督的前提。"新闻媒体要直面工作中存在的问题，直面社会丑恶现象，激浊扬清、针砭时弊。"[②] 我们国家从本质上是和谐的，但并非没有矛盾，更不是一点不同意见都没有。作为党报，有责任和义务对社会生活中存在的问题、偏差行为及丑恶现象进行监督，这是党报协助党和政府解决问题的一种重要方式。舆论监督报道与正面宣传相比，侧重点不同，但目标是一致的，都是为了国家的发展和人民的幸福。

其次，进行舆论监督必须把握一个原则，即围绕解决问题、改进工作进行。有些社会问题，由于我国经济社会发展的局限性，在短时间内没有办法解决，对这些问题就不适合做公开报道。遇到这种情况，可以考虑通过内参向党和政府反映，以便引起重视，加快解决的速度。

第三，批评和肯定相结合。舆论监督很少有一篇稿件完成的，当批评的稿件刊发后，如果被监督对象进行了积极整改，则应在后续报道中进行肯定和表扬。《天津日报》每周都有一块舆论监督版"海河之声"，对于反映的问题有了进展之后，专门通过一个名为"回音"专栏进行后续报道。这样一种有批评有肯定的报道方式，有利于激励被监督对象向好的方向转变。

《天津日报》对拆除一处违法太平间的系列报道，是一个将"批评"与"建设"很好结合的案例。2017年清明节前后，《天津日报》热线电话接到京海公寓几位业主的反映，说他们公寓紧邻原来的海河医院，这家医院在院内有一个停尸房，差不多20年了，后来海河医院在2014年搬走了，没想到停尸房没走，改成

---

① 习近平：《摆脱贫困》，福建人民出版社1992年版，第87页。

② 《习近平总书记党的新闻舆论工作座谈会重要讲话精神学习辅导材料》，学习出版社2016年版，第7页。

太平间了，近年来经常有殡葬活动在太平间门口进行，堵路吵闹，周围的房子都不好卖。记者通过深入走访了解到，这个太平间是非法的，要想挪走需要多个部门合力才可能完成。于是，针对相关问题刊发了多篇稿件，有批评也有肯定。这些稿件在给各部门施加舆论压力的目的只有一个，督促他们联手挪走太平间，还周围居民一个好的环境。当太平间拆掉后，周围的居民欢欣鼓舞，对党和政府的行为拍手称赞。

五、把握好"感情"与"理性"的关系

党报要想做好舆论监督报道，还要把握好"感情"与"理性"的关系。感情能为新闻报道提供动力，理性能为新闻报道掌控方向。当记者面对不良倾向、不道德行为、不合理现象时，很容易把个人潜意识中的意见和带情绪化的东西掺杂在报道中，如果感情的天平一旦倾斜和失衡，就很可能造成报道偏颇甚至失实，小则造成当事人不满，大则可能形成误导，造成负面舆情，影响社会稳定。把握好"感情"与"理性"的关系，是彰显舆论监督报道正义之光的要求。

首先，必须学会用理性驾驭感情。有人说"记者笔下有财产千万，笔下有毁誉忠奸，笔下有是非曲直，笔下有人命关天"。[①] 的确是这样，党报记者担负着重要使命，决不能因一时冲动而置理性于不顾。合格的舆论监督记者，必须善于用理性控制感情。如果说感情是波涛汹涌的河流，理性就是"我自岿然不动"的堤岸，只有确保"感情的河水"不漫过"理性的堤岸"，才可能造福于民。

其次，记者必须保持中立的态度。马克思曾告诫人们，"根据事实来描写事实"，而不是"根据希望描写事实"的报刊，才是"真正的报刊"。记者和采访对象之间，既要紧密联系深入了解，又要保持一定距离；既要报道投诉者的观点，又要报道被投诉者的观点。新闻舆论监督是把双刃剑，用好了威力巨大，用不好贻害无穷。作为舆论监督报道的记者，无论面对什么样的问题，无论内心多么澎湃汹涌，都必须保持客观公正的态度。

第三，记者的舆论监督报道必须以法律为准绳。在十九大报告中，"坚持全面依法治国"被明确作为十四条新时代坚持和发展中国特色社会主义的基

---

① 《习近平新闻舆论思想要论》，新华出版社2017年版，第111页。

本方略之一。做舆论监督报道必须绷紧法律这根线，在法律的框架下采写稿件和解决问题，既做到内容合法，也注意手段合法，还要学会运用法律维护自身利益。拴上法律的"保险绳"，有助于舆论监督报道排除不利因素的干扰。

六、把握好"线上"与"线下"的关系

媒体是社会舆论的发射器，新媒体的普及进一步放大了这种功能。近几年，中央和地方党报都加快推进媒体融合，努力发展新媒体，提升传播力、引导力、影响力、公信力。党报的舆论监督报道搭上媒体融合的快车，把握好"线上"与"线下"的关系，能够更好地揭短亮丑，发挥"澄清谬误、明辨是非"的作用。

首先，要使舆论监督报道"线上""线下"相得益彰。线上征集线索，线下进行采访和解决问题，是党报经常采用的模式。现在，舆情监测系统已经被很多媒体采用，大大增强了收集舆论监督线索的能力。还有一些党报在网络上专门设置端口，不仅收集线索，还解决问题。例如，人民网的《地方领导留言板》，开辟了一条"网络问政"的捷径。这个留言板从2006年创办，形成"你发声我解决"的完整互动链条。截至2017年5月，各级领导干部通过《地方领导留言板》与网民直接互动，帮助解决各种问题超过70万项。

第二，线下稿件上网，实现多元传播。如今，"两微一端"已经成为各大党报的标配。由于具有传播速度快、互动交流功能强等优势，新媒体可以使舆论监督稿件的传播力倍增，从而对监督对象形成更大的舆论压力，促进问题的解决。《天津日报》的舆论监督稿件一般采取报纸、网络、微博、微信、津云客户端同时发布，增加稿件的覆盖面和影响力，形成联合作战的"集结效应"。另外，由于新媒体具有较强的互动交流功能，可以在稿件发布后随时了解受众反应、舆情走向。

如今，互联网尤其是移动互联网已成为舆论争夺的主战场。面对这种形势，党报的舆论监督报道必须结合好"线上""线下"，发挥有效舆论引导作用。

合唱的魅力在于协调同声异部

稍有声乐知识的人都知道，合唱的魅力在于同声异部的协调。我们常常惊讶于一支乐队的指挥，在那支魔术一般的指挥棒下，会产生如此美妙的曲子。其实，这其中的奥妙也在于协调。不同的器乐，吹拉弹拨的不同方法，各自展现各种器乐的魅力，最后合成为一个美妙的旋律，如同小溪的流动，最后汇成大江大河的奔腾。

我们的新闻，反映丰富多彩的现实世界，这远比一支乐队所要表现的丰富得不止千千万万倍。我们相信，我们反映现实世界的方法，绝不止一种；我们反映现实世界的角度，绝不止一个；我们反映现实世界的层面，绝不止一面。但遗憾的是，呈现在我们面前的东西，有时如同默片时代的黑白，显得不够丰富。

现实世界远比我们知道的要有趣得多。我们虽然暂时无法了解世界的全部，但我们至少可以尽可能多地以不同的方法来展现。我们要的是合唱，要的是多声部，而不是一个声音在唱；我们要的是协奏、要的是几重奏，而不是一种器乐在奏。同声异部的合唱才是我们的追求，只有一个声部的大合唱不是我们的所需。

我们的新闻，不仅仅是某一种要让人知道的资讯，它还要让人接受，还要让人信服。如果没有丰富多彩的表现手法，没有从各个角度的挖掘展示，没有能击中人心的既高妙又真诚的招数，又岂能让有思想并正思考着的人们轻易接受？从这个方面而言，它与合唱、与协调的道理是一样的，需要多角度的呈现、多方位的表现、多层面的展现。以一种方法表现出来的新闻，表现的只能是鲜活的世界的半休眠状态。

　　其实，只需翻阅一下我们的前人留传下来的精彩篇目，我们便已然知晓这个世界比所有的活火山叠加在一起还要活跃得多得多，它几乎就是世界的全部，那种景观或可用"炫丽"来形容。我们的新闻应走在通向炫丽的道路上。

　　我们的世界是丰富的原始森林，不是次生林，更不是单一植物的种植园。生物学家认为，单一植物最终会毁掉这个原本丰富的世界。凡理相通，如果我们的合唱是同声同部的合唱，那这种合唱最终将为受众所弃。如果我们的所奏仅仅只有单弦，那我们的耳朵最终将失聪。

　　如果要让人们接受，那我们必须拿出自己的本事，唱得更动听些。

　　本书收集的是诸雄潮、张丽、赵婷婷三位作者所写的一些论文。这些论文中的一部分与一些同仁合作，他们是：孙璐、邵丽丽、刘飞飞、陈燕霞、郑宇飞、黄倩、白小豆、王姗、刘辉、徐婧、张洪伟、杜巧梅、吕方舟等。他们的援手，既是友情相助，也是智力贡献，在此，对他们的帮助和支持表示感谢。